# 中国代际收入流动及其影响机制研究

Research on the Intergenerational Income Mobility and Its Influence Mechanism in China

曹仪 著

中国华侨出版社
·北京·

图书在版编目（CIP）数据

中国代际收入流动及其影响机制研究/曹仪著.—北京：中国华侨出版社，2021.2
ISBN 978-7-5113-8495-9

Ⅰ.①中… Ⅱ.①曹… Ⅲ.①国民收入分配—研究—中国 Ⅳ.①F124.7

中国版本图书馆CIP数据核字(2020)第253256号

### 中国代际收入流动及其影响机制研究

| 著　　者/ | 曹　仪 |
| --- | --- |
| 责任编辑/ | 王　委 |
| 封面设计/ | 盟诺文化 |
| 经　　销/ | 新华书店 |
| 开　　本/ | 710毫米×1000毫米　1/16　印张/13.75　字数/226千字 |
| 印　　刷/ | 河北文盛印刷有限公司 |
| 版　　次/ | 2021年2月第1版　2021年2月第1次印刷 |
| 书　　号/ | ISBN 978-7-5113-8495-9 |
| 定　　价/ | 58.00元 |

中国华侨出版社　北京市朝阳区西坝河东里77号楼底商5号　邮编：100028
法律顾问：陈鹰律师事务所
编辑部：（010）64443056　　传　真：（010）64439708
发行部：（010）88189192
网　　址：www.oveaschin.com　　E-mail：oveaschin@sina.com

如发现印装质量问题，影响阅读，请与印刷厂联系调换

# 摘　要

　　社会的代际收入流动反映了居民经济收入对家庭背景和外部环境的依赖性，是衡量社会机会公平程度的重要因素，它关系到社会资源的合理分配和政府相关公共政策的制定。在生命周期的每个阶段，劳动者个人因素、家庭环境与社会因素都可成为调节机会公平的关键性因素。社会环境和家庭环境的提升有助于代际收入流动的提升，文明和谐的社会文化有助于减轻贫困群体的社会排斥，有利于青少年身心健康的发展。健康积极的家庭环境有助于降低贫困家庭子女不良生活习惯的概率，进一步提升劳动者人力资本水平。政府的公共支出规模在改善收入流动性方面也可以发挥关键性作用，如幼年时期的妇幼保健系统，人力资本累积阶段的公共教育系统，成年时期要素市场（劳动力、资本和土地）结构和制度等，在公共支出的调节之下，劳动者的竞争环境可以变得更加平等。

　　有关中国代际收入流动水平，目前主要存在三种观点：一是中国经济水平的飞速发展有效推动了居民收入的向上流动，社会代际收入流动水平有所提高；二是收入不平等的加剧刺激了经济阶层的持续固化，优势家庭子女保持原有经济地位的概率更高，社会代际收入流动的程度相对较低；三是中国代际收入流动程度处于世界中等水平，加大政府公共支出规模可以进一步提升社会流动性。因此，由于中国社会的代际收入流动水平尚未有定论，利用更加科学的方法对代际收入流动程度进行准确的估算，并对其形成机制进行深入地分析不仅具有理论意义，还具有非常强的现实意义。

　　因此本书的核心问题是：测算中国代际收入的流动程度；探索代际收入流动的内在传递机制；探讨在保障社会经济发展水平的基础上，提升代际收入流动水平。本书主要基于中国家庭追踪调查（CFPS）数据库，采用 IV 估计、分位数回归与转移矩阵分析法对社会的代际收入流动水平进行测算，采用结构方程模型分析法对代际收入流动的内在传递机制进行分析，采用"反事实分析法"探讨收入不平等对代际收入流动的影响，采用数值模拟法分析再分配政策对居民收入、收入不平等与代际收入流动的影响。此外，本书基于代际流动全球数据库（GDIM）(2018)对中国的代际收入流动水平进行了国际比较。

本书的主要研究结论有五点：

（1）近年来，中国社会的代际收入流动依然相对较低，以子女人力资本、社会资本与财富资本为工具变量的代际收入弹性 IV 估计为 0.322，城市的流动性低于农村，父女的代际收入传递程度高于父子。中位数附近的收入家庭，代际收入流动程度最高。处于收入分布函数两端的家庭呈现出较大的收入继承性，且高收入家庭的儿子继承父母经济地位的概率最大，而低收入家庭的女儿受父母经济状况的影响最大。

（2）从家庭层面来看，子女人力资本、社会资本与财富资本在代际收入传递过程中产生显著的中介作用，贡献率达到 40.92%。农村地区父亲经济收入对子女经济收入影响的直接效应更大。从性别差异来看，人力资本与财富资本在父子的收入传递过程中产生显著的中介效应，贡献率为 19.72%，社会资本与财富资本在父女的收入传递过程中产生显著的中介效应，贡献率为 15.22%。

（3）从市场环境方面来看，收入不平等对代际收入流动产生结构化的影响，机会不平等对代际收入流动起到抑制作用，而努力不平等有助于代际收入流动的提升。

（4）从公共政策的层面上来看，加大社会再分配比例，有助于社会资源的均衡分布，提升代际收入流动，但是社会整体经济发展水平将会降低，经济的效率与公平无法同时达到最优。此外，适当提升税率，提高税收起征点，对低收入群体更为有利；降低税率，降低税收起征点，对高收入群体更为有利。

（5）通过国际比较发现，中国的代际收入流动性在发展中国家排名靠前，在世界范围内排名居中，代际流动性依然需要进一步提升。虽然经济的效率与公平难以同时达到最优，但是中国社会目前仍然需要大力发展经济水平，加大公共支出规模。政策的制定要从有利于弱势群体提升经济收入的角度出发，提升公共教育质量与人力资本的市场回报率，从根本上带动收入的代际流动。

以上结论的政策含义是，社会的代际收入流动是市场环境、劳动者自身资本因素与公共政策共同作用的结果。提升代际收入流动需要进一步优化资源配置，健全社会保障制度，兼顾效率与公平，协调区域均衡发展。

**关键词**：代际收入流动；机会不平等；努力不平等；世代交替模型；再分配政策

# ABSTRACT

The intergenerational income mobility of society, which is an important factor to measure the social opportunity equality, reflects the dependence of the economic income on family background and external environment. It is related to the rational allocation of social resources and the formulation of government public policies. At each stage of the life cycle, the personal factors, the environment, and the society can be made of the key factors that regulate opportunity equality. The improvement of social environment and family environment can improve the intergenerational income mobility. The civilized and harmonious social culture can reduce the exclusion from poverty group. A healthy and positive family environment can help improve the children's living habits and the human capital. The government public expenditure can also play a key role in improving income mobility, such as the maternal and child health system, the public education system, and the markets (labor, capital, and land) system. Under the regulation of public policies, the social environment can become more equal.

There are three main views on the level of intergenerational income mobility in China: The first, the development of economy has effectively promoted the upward mobility of the intergenerational income; The second, the increasement of income inequality has stimulated the solidification of the economic class. The children of rich families have a higher probability of maintaining their original economic status, and the degree of social intergenerational income mobility is relatively low; The third, the intergenerational income mobility in China is at a medium level in the world. The increasement of government public expenditure can further increase the social mobility. In summary, since the intergenerational income mobility in China has not yet been determined, it is both theoretical and realistic to use a more scientific method to accurately estimate the level of intergenerational income mobility, and to conduct an in-depth analysis of its formation mechanism.

The core questions of this paper are as follows: Measuring the intergenerational income mobility in China; Exploring the transfer mechanism of intergenerational income mobility; Analyzing the impact of public policy on intergenerational income mobility. This article was mainly based on the China Family Panel Studies (CFPS). It used IV estimation, quantile regression, and transition matrix analysis to measure the intergenerational income mobility in society, and used structural equation model analysis to analyze the internal transmission of intergenerational income mobility. The mechanism was analyzed, and the impact of income inequality on intergenerational income mobility was discussed using the 'counterfactual analysis method'. The effects of redistribution policies on the intergenerational income mobility was analyzed using numerical simulation methods. In addition, this article made an international comparison of the intergenerational income mobility based on the Global Database on Intergenerational Mobility (GDIM) (2018).

The main conclusions of this paper are as follows:

(1) In recent years, the intergenerational income mobility of society is still relatively low. The estimation of intergenerational income elasticity with instrumental variables is 0.322. The mobility in cities is lower than that in rural areas. The intergenerational income of father and daughter is higher than that of father and son. Households with a median income distribution function have the highest intergenerational income mobility. Households at both ends of the income distribution function show greater income inheritance, and the sons of high-income families have the highest probability of inheriting their parents' economic status, while the daughters of low-income families are greatly affected by their parents' economic status.

(2) From the family perspective, the human capital, social capital and wealth capital have a significant intermediary role in the process of intergenerational income transfer, with a contribution rate of 40.92%. The direct effect of intergenerational transmission in rural areas is greater. From the perspective of gender differences, human capital and wealth capital have a significant mediating effect in the process of father and son's income transmission, with a contribution rate of 19.72%. Social capital and wealth capital have a significant mediating effects in the process of father and daughter's income transmission, with a contribution rate of 15.22%.

(3) From the perspective of market environment, income inequality has a structural impact on intergenerational income mobility. Opportunity inequality has

an inhibitory effect on intergenerational income mobility, and efforts inequality contribute to the increase of intergenerational income mobility.

(4) From the perspective of public policy, increasing the proportion of social redistribution will help the balanced distribution of social resources and the increase of intergenerational income mobility, but reduce the economic development of society. the efficiency and fairness of the economy cannot be optimal at the same time. In addition, raising the tax rate appropriately and raising the tax threshold will be more beneficial to low-income groups; lowering the tax rate and lowering the tax threshold will be more beneficial to high-income groups.

(5) Through international comparison, it can be found that the intergenerational income mobility in China gets a high rank among developing countries and gets a middle rank in the whole world. The intergenerational mobility still needs to be further improved. Although it is difficult to achieve optimal economic efficiency and equity at the same time, Chinese society still needs to vigorously develop the economic level and increase the scale of public spending. The purpose of policy formulation is to increase the economic income of disadvantaged groups, improve the quality of public education and the market return of human capital, and promote the improvement of intergenerational income mobility.

The policy implication of the above conclusions is that the intergenerational income mobility of society is the result of the interaction between the market environment, labor capital factors and public policies. Improving the intergenerational income mobility needs to further optimize resource allocation, improve the social security system, balance efficiency and fairness, and coordinate regional balanced development.

**Keywords:** *Intergenerational Income Mobility; Opportunity Inequality; Effort Inequality; OLG Model; Redistribution Policy*

# 目 录

1 绪 论 ·················································································· 001
 1.1 研究背景与问题的提出 ·············································· 001
 1.2 研究目的 ··································································· 006
 1.3 概念界定 ··································································· 008
 1.4 研究方法 ··································································· 010
 1.5 研究的技术路线 ························································ 010
 1.6 主要内容与结构安排 ·················································· 011

2 理论基础与文献综述 ························································· 013
 2.1 理论基础 ··································································· 013
 2.2 代际收入流动研究 ····················································· 018
 2.3 代际收入流动的内在传递机制研究 ····························· 021
 2.4 收入不平等对代际收入流动的影响 ····························· 030
 2.5 公共政策对代际收入流动的影响 ································ 036
 2.6 文献综述 ··································································· 040

3 代际收入流动性估计 ························································· 043
 3.1 引言 ·········································································· 043
 3.2 模型设定 ··································································· 045
 3.3 数据与变量 ······························································· 053
 3.4 基于工具变量法的代际收入弹性估计 ························· 059
 3.5 代际收入弹性的分位数回归分析 ································ 066
 3.6 代际收入流动的转移矩阵分析 ···································· 069
 3.7 小结 ·········································································· 072

4 代际收入流动的影响路径分析 ··········································· 074
 4.1 引言 ·········································································· 074
 4.2 理论假设 ··································································· 076
 4.3 模型设定 ··································································· 079
 4.4 代际收入流动影响机制分析 ······································· 080

  4.5 代际收入流动内在影响机制的城乡差异 ·········· 083
  4.6 代际收入流动内在影响机制的性别差异 ·········· 087
  4.7 小结 ········································· 092

**5 收入不平等对代际收入流动的影响** ················· **093**
  5.1 引言 ········································· 093
  5.2 理论假设 ····································· 095
  5.3 模型设定 ····································· 097
  5.4 基于参数估计的收入不平等对代际收入流动的影响 ·· 104
  5.5 基于非参数估计的收入不平等对代际收入流动的影响 · 113
  5.6 小结 ········································· 129

**6 公共政策对代际收入流动的影响** ··················· **131**
  6.1 引言 ········································· 131
  6.2 模型设定 ····································· 133
  6.3 参数设定 ····································· 136
  6.4 政策模拟 ····································· 138
  6.5 小结 ········································· 149

**7 代际收入流动研究的国际比较与启示** ··············· **151**
  7.1 代际收入流动的国际比较 ······················· 151
  7.2 代际收入流动影响因素的国际比较 ··············· 154
  7.3 机会不平等对代际流动影响的国际比较 ··········· 159
  7.4 公共政策对代际流动影响的国际比较 ············· 161
  7.5 国际经验对中国的借鉴与启示 ··················· 170
  7.6 小结 ········································· 172

**8 维护社会公平，提升代际流动** ····················· **174**
  8.1 完善社会制度，保障机会公平 ··················· 174
  8.2 优化财政支出，聚焦精准扶贫 ··················· 180
  8.3 深化市场改革，推动机制创新 ··················· 186

**9 研究结论与展望** ································· **191**
  9.1 主要研究结论 ································· 191
  9.2 研究展望 ····································· 193

**参考文献** ········································· **195**

# 1 绪 论

## 1.1 研究背景与问题的提出

### 1.1.1 研究背景

习近平总书记在 2017 年世界经济论坛上指出："大道之行也，天下为公，发展的目的是造福人民，要让发展更加平衡，让发展机会更加均等、发展成果人人共享，就要完善发展理念和模式，提升发展公平性、有效性、协同性。"长期以来，各国经济学家就对社会的代际收入流动抱有极大的兴趣，对父母和子女长期收入之间的关系进行估计是社会收入动态研究中的重要组成部分。诸多研究已经发现，社会的代际收入流动在不同国家之间具有明显的系统差异，在有些国家，父母的收入是决定子女经济收入的主要因素，而在另外一些国家，这些因素却并不那么重要。近年来，有关社会代际收入流动的研究，主要集中在发达国家，这是因为发达国家有着更加优越的数据优势，拥有足够的资金来获得可信度更高的数据，此外，发达国家的政治倾向也更加稳定，经济增长率也更加平稳。

相比之下，中国过去 30 年的经济增长速度在人类经济发展史上可谓史无前例，作为世界上人口最多的国家，中国的经济水平自 1979 年以来，以年均 9.5% 的速度增长了 40 年，经济规模增长了 15 倍。伴随着经济迅速变化的还有剧烈的社会变革，所有这一切使中国成为一个独特的研究案例，可以更好地理解社会变化与收入流动性之间的关系。

在传统的中国社会，1949 年以前，大部分的社会财产都是以家庭为单位，父母与子女之间具有极强的互惠关系，父母通常会将家庭经济收入和资产中较大的一部分用于对子女的教育投资和事业发展上，此时，家庭的社会资本与社交网络在子女人力资本积累阶段和进入劳动力市场的过程中发挥了充分的作用。而子女通常也会跟父母居住在一起直到结婚。作为回报，子女也将承担起对父母老年生活的赡养责任。

而在1949年到1977年，中国经济被分为两个部分，城市经济和农村经济。为了使中国的经济社会更加平等，城市地区逐渐开始提供社会福利，这使得社会的收入和财富分配更加扁平化（Meng，2004[1]，2007[2]；Benjamin et al.，2005[3]）。此外，社会主义变革的初期试图通过削弱富有家庭子女的财产继承和为贫穷家庭的子女提供更多的受教育与就业机会来弱化父母和子女在职场上的纽带关系（Cheng and Dai，1995[4]）。这些政治制度在一定程度上提升了社会代际收入流动性。

然而，紧密的家庭联系依然存在，家庭资产继续积累并代代相传。事实上，更有一些制度在进一步降低社会流动性。比如父母与子女的工作顶替制度与企业的内招制度（在1977年开始执行，在1986年被禁止）。这些制度都较大地阻碍了地区内的流动水平（Yu and Liu，2004[5]）。此外，在当时历史时期下，独特的户籍制度，不仅限制了从农村到城市的劳动力流动，也限制了从小城市到大城市的劳动力流动，这些限制都抑制了社会的收入流动性（Wu and Treiman，2003[6]）。

从1988年到2007年，中国城市的收入流动性先逐渐下降后逐渐上升，而农村的收入流动性则恰好相反，先逐渐上升后逐渐下降。开放的市场使得农村在市场竞争中不具备优势，随着教育对居民经济收入的影响越来越显著，城乡经济结构的差距与社会资源的投入差异导致了城市和农村收入流动的二元差异性，二元分化的经济结构与户籍管理制度将有碍于城乡一体化的融合发展（严斌剑等，2014[7]；汪燕敏，2013[8]）。

20世纪70年代末到80年代末，计划经济向市场经济转变，中国社会从政府福利供给回归到家庭责任供给。因此，社会的收入和财富不平等急剧增加（Cai et al.，2006[9]），家庭的社会网络在劳动力市场重新发挥着重要作用，这些都进一步削弱了社会的收入流动。与此同时，地域性劳动力流动的稳定增长则在一定程度上提升了社会的收入流动（Wu and Treiman，2003[6]；Yu and Liu，2004[5]；Takenoshita，2007[10]）。

20世纪80年代以来，随着中国经济市场的制度改革不断深化，要素市场逐渐完善，生产资源在市场间自由交换流动，经济市场化推动了城市地区国有企业的发展和农村地区家庭责任承包制的发展，社会工业化进程不断加快，劳动密集型产业的兴起吸引了大量农村地区的剩余劳动力，进一步加快了社会城乡一体化进程（汪燕敏，2013[8]）。社会经济的飞速发展，同时也带来了收入分配的不平等与劳动者的机会不平等，经济发展的效率与公平不断博弈。中国国家统计局的数据显示，2012年到2018年，中国社会的基尼系数分别为0.474、0.473、0.469、0.462、0.465、0.467与0.474，均超过国际警戒线0.4，并在近年来呈现出上涨的趋势。联合国开发计划署认为，中国20%的最贫困人口仅仅占据4.7%的收入和消费份额，而20%的最富裕人口占据高达50%的收入和消费份额。不少研究者基于经验数据，均认为中国已经成为高收入差距的国家（李实等，2003[11]；程永宏，2007[12]），中国社会的贫富差距已经突破了合理的限度。另一方面，城乡之间的收入差距也在进一步加大，相较于农村地区，城市地区的家庭拥有更加复杂的社会网络关系，更加雄厚的家族财富资本积累与更加丰富的教育信息化资源，城市家庭的子女能获取更多的人力资本投入和财富继承，更加有利于经济收入的增长（徐晓红，2015[13]）。

然而，基尼系数是基于单年的截面数据计算获得，反映的是当年全体居民的收入差距，涵盖所有年龄和所有地区。一方面不同年龄劳动者的收入差距无法代表社会的收入公平，另一方面劳动者通过个人努力而非财富继承产生的收入差距是合理的、可接受的。因此社会的基尼系数并不能准确地描述居民的收入公平，收入公平评价体系的构建应当包含两个部分的内容：一是当期所有居民的收入不平等程度，二是一个家庭内部，代际之间的收入不平等程度，后者被称为代际收入流动性。基尼系数测量的是居民收入的绝对不平等，描述的是静态的结果，而代际收入流动反映的是居民收入的传递不平等，描述的是动态的过程。

### 1.1.2 研究意义

出于对贫富差距的担忧，研究者开始对社会的收入分配与资本公平进行探讨。早年，有关中国代际流动方面的研究主要集中在社会学领域，大多有关社会阶级和政治背景等方面，这些社会学研究学者已经发现就业市场上代际之间的强联系（Lin & Bian, 1991[14]；Cheng & Dai, 1995[4]；Takenoshita,

2007[10]）。通常政府部门（特别是政府官员）的子女在获得高等教育和就业等方面更具社会优势（Lin & Bian, 1991[14]; Walder et al., 2000[15]; Bian, 2002[16]; Meng, 2007[2]）。现在，越来越多的学者将收入公平的研究焦点从收入的静态不平等转移到收入的动态不平等上，劳动者的资本传递产生了收入的代际传递，对收入的代际流动进行研究实际上是为劳动者收入公平的更深层次探索提供一个新的理论视角。

本书的研究意义主要体现在两个方面：

（1）理论意义

首先，伴随着中国近40年经济体制转型的社会问题是阶层的持续固化与居民收入不平等的不断累积，家庭贫富差距对居民机会公平的影响成为社会关注的焦点话题，经济发展机会在不同群体子女之间的不均衡分配导致了代际收入流动程度的进一步降低，对代际收入传递的内在机制进行研究可以为社会体制建设和政策制定提供依据，有助于代际收入流动理论研究的推进与完善。

其次，政策干预可以改变社会资源的再分配情况，消除贫困群体的市场准入门槛，提升劳动者的社会参与度，缓解阶层排斥，促进阶层融合。从微观视角分析公共政策对代际收入流动的影响将有利于政策制定者更好地认识到政策的实施对微观个体经济收入的具体影响。

最后，通过将多研究领域交叉运用，推动了本书各个章节具体工作的相关研究进展。通过将信号理论与项目反应理论相结合，为劳动者内在资本特征的估计提供了一个新的理论视角，为代际收入流动水平的估计与相关影响因素的研究提供必要的分析基础。

（2）现实意义

随着中国经济发展逐渐趋于稳定，诸多大型研究机构对中国社会状况的长期变化进行了调查，通过微观数据库，社会代际收入流动的估算成为可能，大量研究学者开始关注代际收入弹性系数的估计、代际收入传递的内在传递机制研究与相关政策制定等。汪燕敏（2013）[17]通过文献梳理发现，有关中国代际收入流动程度的现状描述主要分为三类，一部分研究者认为，中国经济市场改革的深入推进有效推动了居民经济收入的向上流动，当前社会代际收入流动程度较高（张翼等，2009[18]）；一部分研究者认为，经济阶层较高的群体在长时间的资本积累之后，其子女保持原有经济地位的概率更高，弱势阶层子女经济收入向上流动的概率大大降低，因此中国社会代际收入流动的程度较低（姚先国等，2006[19]）；还有一部分研究者认为，目前中国的代际收入流动水平在国际上处于中等水平，高于不平等程度较高的国家，如美国等；低于不平等程度较低的国家，如瑞典等，收入流动水平有待进一步提高（徐晓红，2015[13]）。

目前，中国诸多研究者对社会代际收入流动现状众说纷纭，尚未有确切的定论。由此可见，利用更加科学的方法对社会的代际收入流动程度进行准确地估算，并对其形成机制进行深入地分析不仅具有理论意义，还具有非常强的现实意义。

### 1.1.3 问题的提出

在传统的社会观念中，个体所能获得的经济成就极大程度依赖他所身处的外部环境和与生俱来的性格特征，虽然在当今社会，教育成为影响劳动者经济成就的最重要的原因之一，但是社会背景的重要性依然显著，家庭的经济状况在劳动者人力资本积累的过程中产生着至关重要的作用，带来了劳动者的机会不平等，这是家族经济地位能够在一定程度上进行传递的重要原因。

社会流动性或个体经济地位的可变性是衡量一个社会公平性的重要指标，也是一个国家经济增长可持续发展的重要决定因素。自20世纪80年代以来，中国经济快速增长，新的社会问题也随之出现，如收入不平等加剧和社会流动性不足。这些问题阻碍了中国经济的持续发展，并将中国陷入"中等收入陷阱"的危险中。近年来，有关代际收入的研究一致发现：中国的收入流动性在国际上处于偏低的水平，持续的收入不平等在很大程度上是由收入的机会不平等造成的（Deng et al.，2013[20]；Gong et al.，2012[21]；Zhang et al.，2010[22]）。

当小部分人变得越来越富裕，剩下的群体却依然停留在贫困的阶层，富裕的家庭将资本传递给下一代，社会的经济资源掌握在少数人手中，家庭背景和出生环境对劳动者的社会地位和经济成就的影响变得比劳动者本身的能力更为重要。而另一方面，占据更有利家庭资源的子女受到来自社会和私人的资本投入倾斜，往往比弱势家庭的子女更大概率获得较高的人力资本，劳动者的个人发展依然较大地受到家庭环境的影响。父子之间的经济关联，也就是代际收入流动描述了未来多代之后社会经济的增长或者倒退。代际收入流动反映了劳动者对未来的期待。相比于纯粹的收入平等，代际收入流动具有更加复杂的经济学意义。在一个高收入流动性的社会里，劳动者的经济收入可以依靠职业技术、个人能力和工作表现实现经济阶层的跨越，较高的代际收入流动反映了劳动者的机会公平，经济收入在劳动力市场的分布将在未来变得更为均衡。

家庭、劳动力市场和公共政策之间的相互作用构成了子女获得经济收入的机会，并决定了成年后的收入与家庭背景相关的程度。对劳动力市场上的每一个经济体而言，获得成功的机会从来都是不相同的，家庭背景的差异造成了社会资本、财富资本与人力资本在劳动力市场的分布不平等，进一步导致了子女资本的存量不均等。经济市场对劳动者努力程度的重视程度带来了劳动者的机会不平等问题，加大社会的再分配比例可以在一定程度上提升弱势家庭的经济水平，优化经济资源的分配，缩小社会的收入不平等。但是过高的社会再分配不仅在一定程度上抑制了高能力者的经济产出，同时还会打击高收入家庭的工作积极性，从长期来看，并不利于经济的稳健发展。因此，宏观经济政策的制定背后是经济公平与经济效率的博弈，对社会再分配政策进行合理优化依然是需要探讨的问题。

## 1.2 研究目的

本书的研究目的主要包含四个方面。本书的第一个研究目的在于对中国社会当前的代际收入流动程度进行科学的测算。虽然前期研究学者基于不同的方法对社会的代际收入弹性进行了估计，然而受限于微观数据库的时效性与相关影响因素数据的可获得性，中国目前的社会流动程度并没有准确的定论。由于经济的效率与公平难以同时达到最优，效率与公平的优先发展决策变得格外重要。基于最新的微观数据库，对社会的代际收入流动进行测算，并对群体差异进行比较。有助于研究者对社会的整体经济发展状况做出全面的判断，在维护社会公平的基础上促进经济的有效发展。

本书的第二个研究目的在于探究收入公平与代际收入流动的相互关系。

目前越来越多的文献关注于研究社会的收入不平等,收入不平等的加剧带来贫富差距的进一步扩大,对社会经济和稳定治安产生潜在的威胁,这一点已被广泛接受,而收入的代际传递描述了收入不平等在未来多代的变化趋势。近年来,基尼系数居高不下,收入不平等的持续主要是由社会资本和劳动者经济收入的代际传递所推动的。在收入差距的评估过程中,收入的流动程度与收入的总体不平等程度一样重要。事实上,相比缩小收入的总体不平等,降低劳动者经济成就对家庭经济收入的依赖,保障劳动者的机会公平更加重要。如果高收入群体获得经济收入的路径主要依赖于劳动者的个人努力或社会技能,那么这种经济不平等即使再高也是可以接受的。而另一方面,如果富裕的家庭其财富积累主要来自上一代的物质资本、社会资本继承,那么这种不平等将不利于经济市场的有效运转,收入不平等对代际收入流动的影响性分析可以帮助政策制定者扩大收入不平等中的有利成分,消除收入不平等中的不利成分。

本书的第三个研究目的在于对代际收入传递的内部运作机制进行分析。除收入的直接继承之外,家庭资本的代际传递是导致收入代际传递的主要原因。父母的资本结构差异与存量差异构成了劳动者家庭背景的主要差距,而收入不平等是劳动者资本不平等导致的最直接的结果。深入分析资本结构与资本存量在代际收入传递过程中产生的影响,有助于帮助研究者探索父子之间收入的传递途径,为帮助劳动者消除对外部环境的依赖提供新的视角。

本书的第四个研究目的在于社会再分配政策对代际收入流动的影响性分析。再分配政策可以降低经济不平等,提升代际收入流动,除此之外,再分配政策同样可以对劳动者的机会不平等产生影响。父母经济收入对子女经济收入的影响依赖于再分配政策。公共教育投入与税收是最常见的两种再分配政策,通过税收可以有效地对社会经济资源进行重新分配,而公共教育则主要对劳动者的人力资本累积产生作用。公共教育投入对人力资本的意义主要来自两个方面,一方面可以提升劳动者的机会公平,另一方面可以产生经济的再分配效应,加大公共教育投入可以在一定程度上降低家庭人力资本投入的较大差异对代际收入流动产生的负面影响。家庭人力资本投资和公共教育可以相互替代,且二者相互独立,家庭人力资本投资和公共教育之间的交互作用对代际收入的传递产生了重要的影响。

代际之间的收入流动性对经济的公平性与效率至关重要,目前代际收入流动的影响机制依然是个值得探讨的研究课题。本书从家庭层面、市场层面和公共政策层面对收入的代际传递进行分析，不仅为代际收入流动的理论分析提供一个新的视角，同时也为政府制定兼顾经济效率与公平的政策提供科学的参考依据。

## 1.3 概念界定

### 1.3.1 代际收入流动

对代际收入流动的相关概念，本书做如下界定：(1)收入的代际传递主要分为三种情形：一是子代停留在父代的经济阶层，即代际收入的继承；二是子代高于父代的经济阶层，即代际收入的向上流动；三是子代低于父代的经济阶层，即代际收入的向下流动。(2)代际收入流动程度指的是收入的代际向上流动与向下流动占所有流动的比例。(3)社会的收入流动主要分为结构性收入流动与非结构性收入流动两种。本书主要讨论非结构性收入流动，即个体或者一个家族在社会经济阶层上的流动。(4)代际收入流动的测度主要包含两个方面：一是子女对父亲经济收入的依赖程度，通常由父子收入的关联系数测量，即代际收入弹性系数；二是家庭内部子辈跨越父辈经济阶层的流动性水平，通常由流动概率测量，即收入转移矩阵。

### 1.3.2 收入不平等

对于劳动者收入不平等的相关概念，本书做如下界定：(1)劳动者指的是进入劳动力市场，具有正常劳动能力的个体，不包括校园内的学生与退休的老人。(2)收入指的是居民可支配收入，不包括资本收益。(3)收入不平等指的是同一时期，整个社会的劳动者收入差距。类似的名称有收入分配不平等，本书统一为一个概念，即收入不平等。

有关收入不平等的测度主要分为两大类，绝对值测度与相对值测度。其中绝对值测度较为常见的有方差、Kolm 指数与极差，相对值测度主要包括有"洛伦兹曲线"、基尼系数、广义熵指数、基于福利函数建立的 Atkinson 指标与变异系数等等。由于绝对值测度受制于量纲的影响，当测量口径发生变化时，即使分配方式没有发生改变，不平等指数依然会发生变化。因此，本书主要采用相对指标对收入不平等进行测度。

### 1.3.3 机会不平等与努力不平等

对于机会不平等与努力不平等的相关概念，本书采用 Roemer（1998）与 Marrero（2012）的定义进行界定，劳动者受制于外部环境的差异而产生的收入不平等即"机会不平等"，劳动者由于自身努力程度的不同而导致的收入不平等即"努力不平等"。机会不平等不利于资源的合理分配，而努力不平等为生产力创新、资本积累产生促进效应，有利于市场的有效发展。

机会不平等与努力不平等的分析原则主要有两种：事前分析法和事后分析法。对于前者，可以看成相同外部环境下，劳动者的收入不平等程度；对于后者，收入的机会不平等可以看成是在任何外部环境下，付出相同努力程度的劳动者，其收入的不平等程度。目前机会不平等与努力不平等的测度方式主要有三种：一是对环境变量和努力变量建立收入的线性回归模型，并对消除环境影响之后的劳动者收入进行反事实模拟。通过比较真实收入与反事实收入之间的差异，来测度劳动者的机会不平等；二是依据标准化组间不平等分解，将收入的总体不平等分解为收入的机会不平等与努力不平等；三是通过随机比较不同环境因素下收入的条件分布来判断社会是否存在机会不平等。本书主要采用机会不平等的 Gini 指数来对机会不平等进行测度。

### 1.3.4 社会再分配政策

基于罗尔斯《正义论》中的定义，再分配指的是国家通过制度的手段将社会资源重新转移给初次分配之后的贫困人群的过程，是帮助弱势群体提升经济收入的有效途径。再分配的基础是初次分配的结果，再分配的主体通常是劳动者与企业。再分配政策主要包括两种：财政收入政策与财政支出政策。财政收入政策主要有税收政策；财政支出政策主要有福利性质的财政支出与有偿购买的社会公共服务支出。本书考虑的财政收入政策主要为税收制度，财政支出政策主要为公共教育投入，再分配的主体主要为劳动者。本书的目的在于研究社会总体居民收入再分配比例对代际收入流动的影响。

## 1.4 研究方法

（1）理论分析与实证研究相结合。本书从代际收入流动理论、代际收入内在传递机制和收入公平理论等进行研究。以国内外文献综述为依据，构建分析模型，基于 CFPS 微观数据库进行实证分析，通过统计检验对理论模型进行验证，并深入挖掘其背后的经济学内涵。

（2）多领域交叉、多学科结合分析方法。本书结合多个学科领域的理论，构建基本的分析框架，从社会学理论角度分析代际收入流动的内涵，依据测量学项目反应理论构建劳动者内在资本特质模型，基于经济学原理探究收入公平与代际收入流动的因果关系，同时借助统计学模型对代际收入流动的内在传递机制进行路径分析。

（3）定性分析与定量分析相结合。为了探究劳动者资本总量、市场环境与政府政策等宏微观因素对社会代际收入流动的影响，本书从世代交替模型出发，采用定性分析方法构建世代之间的收入传递模型，然后通过数值模拟进行量化研究，探究在劳动者资本总量、市场环境与政府政策等因素影响下，劳动者经济收入与社会收入流动性的变化趋势。

## 1.5 研究的技术路线

本书通过对前期研究学者的文献进行综述，结合国内外有关代际收入流动的研究方法，对代际收入流动现状及影响因素进行分析。从劳动者人力资本、社会资本与财富资本的视角探讨代际收入的内在传递机制，并提出理论假设，通过构建结构方程模型对理论假设进行检验。综合运用收入公平与收入流动性的辩证关系，对收入不平等进行分解，深入挖掘收入不平等对代际收入流动的结构化影响。通过构建世代交替模型探讨收入流动性在社会宏观、微观因素影响之下的动态变化，并通过数值模拟加以验证。研究的技术路线如图 1.1 所示。

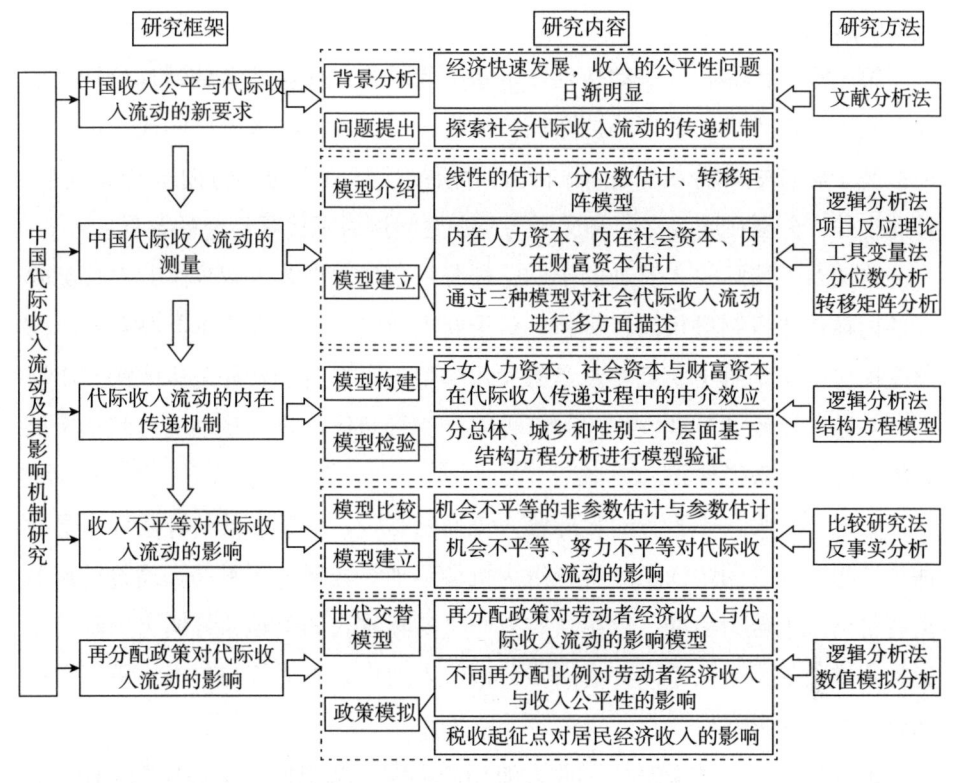

图 1.1 技术路线图

## 1.6 主要内容与结构安排

第一章 绪论。主要对本书的研究背景进行阐述并提出问题，在对我国主要经济形势和收入流动相关背景分析的基础上，提出了对社会代际收入流动估计和代际传递内在影响机制分析的理论与实践意义，同时对论文采用的研究方法、技术路线和论文的主要内容、结构安排进行了简要说明。

第二章 理论基础与文献综述。从代际收入流动估计方法与代际收入流动影响因素研究等多个方面对国内外相关理论成果进行了文献梳理。首先，通过国内外代际收入流动比较，对我国当前收入流动性进行分析。其次，以人力资本、社会资本与财富资本为基础，对收入的代际传递机制进行论证。再次，通过将收入不平等进行结构化分解，探究收入公平与收入流动性之间的辩证关系。最后，在均衡模型的基础上，讨论再分配政策对社会代际收入流动的影响。

第三章　代际收入流动性估计。基于代际收入弹性系数估计，分析当前社会收入流动程度；基于分位数回归分析，探讨不同收入阶层的代际传递特征；基于转移矩阵分析讨论不同收入阶层的代际收入流动方向与转移概率。除此之外，分别在城乡之间和父子与父女之间探讨了代际传递的差异。

第四章　代际收入流动的影响路径分析。建立结构方程模型，对代际收入的内在传递机制进行路径分析，从子女人力资本、社会资本与财富资本的角度探讨了父亲对子女资本总量的投入模型与资本对子女经济收入的产出模型，并通过比较城乡和性别之间三种中介变量对代际收入流动的贡献率来探讨收入传递的路径差异。

第五章　收入不平等对代际收入流动的影响。基于参数估计法和非参数估计法将劳动者的收入不平等分解为机会不平等与努力不平等。通过计算劳动者付出最大努力后的"反事实收入"与实际收入的差距，分析努力与劳动者收入增长的因果关系。并进一步分析收入的机会不平等与努力不平等对代际收入流动的影响。

第六章　公共政策对代际收入流动的影响。基于世代交替模型（OLG），对收入的代际传递进行数值模拟，分析公共教育投入、家庭人力资本投入、个人禀赋与社会再分配政策对劳动者经济收入的世代影响，并通过对不同再分配比例下的代际收入流动程度进行对比，探讨社会再分配比例对代际收入流动的影响。

第七章　代际收入流动研究的国际比较与启示。对世界各国的代际收入流动程度进行了比较，并通过在世界范围内分析教育的代际传递与机会不平等对收入流动性的影响，进一步对代际传递的内在机制进行论证。并通过对公共政策实施的国际经验进行分析和比较，为中国特色的代际收入流动促进政策的制定寻求新的启示。

第八章　维护社会公平，提升代际流动。本书主要从完善社会制度，保障机会公平；优化财政支出，聚焦精准扶贫；深化市场改革，推动机制创新三个方面进行了政策分析，从加大政府公共支出、完善基础保障制度、提升公共教育回报的角度提出从根本上推动社会代际收入流动的政策建议。

第九章　研究结论与展望。

# 2 理论基础与文献综述

## 2.1 理论基础

### 2.1.1 社会排斥理论

自20世纪60年代开始，社会排斥成为一个社会学话题，法国部分政治家、社会活动家和学者倾向于将穷人定义为"受排斥者"（Klanfer，1965[23]）。自经济危机之后，社会排斥成为广为关注的焦点问题。社会排斥可以大致分为三种类型：团结型、特殊型和垄断型（Silver，1994[24]）。团结型指的是居民个体与社会整体的隔离与断裂；特殊型指的是群体性的歧视差异，认为个体无法充分融入社会活动中，市场机制失效将有可能导致这种特殊型排斥；垄断型指的是权利群体通过限制外来参与而导致的差异，垄断型排斥将带来群体之间的不平等（孙炳耀，2001[25]）。

社会排斥理论指的是弱势群体在社会经济活动与劳动保障制度之下被优势群体排斥的过程，同时，分析这种排斥在社会活动中不断积累与传递的机制。文化环境、市场结构、体制政策、劳动者的思想意识等因素共同导致了社会排斥，社会流动性可以较好地度量社会排斥的程度（李斌，2002[26]）。

有关社会排斥产生的原因，西方学者的研究结论主要分为四类（李斌，2002[26]）：一是自我责任论。该理论认为弱势群体的行为与态度需要为其社会排斥负责，外部环境所起到的影响是有限的；二是社会结构论。该理论认为群体之间的差异是由市场的结构性机制（如封闭机制、再生产机制与剥削机制）产生的不平等导致的；三是社会政策论，该理论认为排他性社会政策由于区别对待不同群体，使社会群体无法享受平等的经济生活权利而导致了群体性差异和社会排斥；四是劳动创造论，科技的进步导致了群体之间的文化差异，行业内部的劳动者经济交往和信息交流更加紧密，行外人因此将难以融入该群体，继而产生较大的排斥感受，这种经济活动过程导致的社会排斥是阶层固化产生的重要原因。

## 2.1.2 收入分配理论

传统的收入分配理论主要研究范围为劳动力市场的经济收入、商品和劳动者效用等，而近代经济学者在收入分配研究领域的探讨过程中加入了劳动者能力、交易自由、经济生活权利等非收入概念。

只要市场机制足够健全，劳动者在生产活动中按要素价格获取收入回报就是公平的。传统的福利经济学将劳动者总收入的平均分配程度当作提升社会福利的保障条件，而现代福利经济学则认为，经济效率只是社会福利效用达到最大的基本条件，收入分配的公平性才是保障条件。但是由于社会的经济公平和经济效率始终存在着动态交互的博弈，无法同时达到最优，因此经济学者们始终都在不遗余力地寻找经济效率和经济公平的最优组合状态。目前有关经济学者对收入分配的理论研究，主要集中于非收入因素与社会弱势群体两个方面。

自由交换的权利是分配制度的基础，收入分配制度的原则应当是保障劳动者公平交换的权利，而不是具体的收入和商品分配。因此想要提升弱势群体的经济水平，对其进行物质补偿是远远不够的，提升弱势群体的劳动能力才能使贫困劳动者可以依靠自身的努力，使用资源获得经济回报。

罗尔斯的公平理论认为社会必须给予先天弱势群体更多的关注，即使政府的收入分配是不平等的，但是只要这种不平等可以改善天赋较低或出生不利环境的弱势群体的经济状况，那么这种分配就是合理的。这种不平等的分配原则是对劳动者不合理的外在环境给予一定程度的补偿，让社会上的所有劳动者都拥有平等的竞争机会。因此公共教育的基本职能就是对弱势群体给予最大限度的保护，教育资源的分配应当有助于改变弱势群体的不利环境。

政府的市场调控是收入分配的有效实施途径，但即使是最好的调控政策，也无法保障经济效率和收入公平同时达到最优，无论是发达国家还是发展中国家，劳动市场的收入差距都是显著存在的，部分贫穷的劳动者受限于外部环境和先天天赋有可能难以实现经济的增长，而部分富裕的劳动者借助于家庭的财富继承或其他先天因素得以将财富继续传递下去，劳动者经济收入的不平等并不一定是市场失败的结果，政府的再调节政策在维护市场公平的过程中可以起到较大的作用，这种再调节政策的主要目的并非对劳动者的收入分配进行强制干预，而是充分刺激市场的有效性，提升市场的竞争性。

### 2.1.3　利他主义与家庭经济效用理论

家庭消费行为是劳动者实现个人经济效用最大化的决策行为，Becker将家庭看成基本的生产单元，通过市场消费、时间投入、子女的资本投入等方式获取幸福感、社会威望、健康和子女成就等家庭回报。新古典家庭理论将所有的家庭成员看成一个统一的整体，在家庭经济收入的预算约束下，基于家庭整体经济效用最大化原则进行行为决策。新古典家庭理论假定每一个家庭成员都具有同质的效用函数，忽视了家庭结构对家庭消费行为的影响，单一效用函数最大化并不一定是最佳的家庭决策结果，家庭总支出可能在消费决策中产生，并不是消费模型的外生因素。Samuelson（1956）[27]在新古典家庭理论的基础上提出了家庭福利模型，该模型涵盖了家庭成员的全部效用，而Becker则基于利他主义建立了父母效用模型，父母效用模型由劳动者的个人消费与该消费受益人的效用值建立，基于家庭利他主义，当劳动者将经济收入投资给受益人时，劳动者的经济效用随着经济收入的下降而下降，而受益人的经济效用随着投资额的上升而上升，在此消彼长之下，达到家庭经济效用最大化的均衡点，家庭经济收入的消费决策来自家庭经济效用的相互关系。

在家庭内部由于受到情感、关怀与血缘关系的长期影响，家庭利他行为比利己行为更适合解释家庭消费决策行为。利他主义认为，家庭内部的劳动者在进行消费决策时，会自发寻求家庭整体经济收入的最大化。家庭内部的每一个成员均愿意牺牲各自较小的收入来寻求家庭总体效用的提升，当父母为子女进行资本投入时，如果父母减少自身的消费效用，转而对子女进行资本投入可以有效地增加家庭总体收入，那么父母将持续对子女进行收入转移以达到家庭总体效用最大。同时，如果父母对子女的收入转移将导致家庭总体收入下降，这种收入转移也将逐渐减少以保障家庭总体效用最大化。

基于家庭效用理论，代际收入转移的原因主要有三种：一是利他主义的父母可以通过给子女进行资本投入使子女拥有更好的长远发展，同时获得自身的满足感；二是父母可以通过财产转移以获得子女的行为回报，如有条件的遗产继承；三是将对子女的资本投入看成是对未来的经济储蓄，子女成年后以"养老"的方式对年迈的父母进行经济回报。此外，父母对子女的教育投入同时也是对子女遗传禀赋的一种补偿，当子女的先天禀赋较低时，父母将加大对子女的资本投入，以使其获得更为平等的经济发展机会。

## 2.1.4 人力资本、社会资本、财富资本的信号理论

劳动者在追求高等教育的同时会适当地衡量高等教育所花费的成本和教育回报的预期价值。人力资本及其他资本的经济回报率是劳动市场多个因素相互作用的结果，对经济学家来说这一直都是一个重要的研究课题。Chevalier et al.（2004）[28] 在回顾了多项不同的研究后，对教育的回报率（以工资和工资涨幅来衡量）进行了估计，受教育程度每增加一年，经济收入就会增加10%。教育与经济收入之间的相关关系已经被普遍接受，因此，有理由相信高于平均水平的受教育程度必然带来高于平均水平的经济收入。这也导致了劳动者权衡教育成本与经济回报率之后进行人力资本投资的决定（Spence，1973[29]）。

目前，主要有两种理论可以较好地解释受教育程度与劳动者经济收入之间的因果关系。这两种理论都阐述了教育影响收入的内在机制。人力资本理论直观地认为，教育赋予了劳动者提高生产力的资本，这种生产力的提高导致了劳动力市场的收入增加。毕竟，竞争市场理论要求劳动者所获得的工资水平必须与其边际生产率相匹配。而信号理论提出了一个相反的论点，认为教育只能反映劳动者内在的人力资本，并非受教育程度本身，劳动者内在的人力资本才是提高生产力和导致更高经济收入的原因。在信号理论中，信号是劳动者将一些关于自身的信息传达给市场的想法。例如，在 Spence 的劳动市场信号模型中，劳动者通过获取学历证书向雇主发送有关其能力水平的信号。教育的信息价值来自雇主认为高等学历证书与劳动者能力水平显著正相关。因此，劳动者的学历证书使雇主能够有效地区分低能力劳动者和高能

力劳动者。由于就业市场应聘者与招聘者之间的信息存在不对称，并且这种不对称难以被消除，具备更多劳动技能的求职者将传递更多相关信号，雇主无法直接识别这些劳动技能，只能通过信号判断出求职者的内在生产价值。在这种情况下，受教育程度作为与劳动者学习能力高度相关的外部信号，标志着劳动者内在人力资本的存在，从而解决了劳动力市场的信息不对称问题。解决劳动力市场的信息不对称问题可以有效地降低劳动者的离职率，防止雇主产生额外的招聘和培训成本。因此，信息理论非常适用于雇主识别高生产率劳动者的过程。

但是，仅仅将受教育年限作为人力资本的单一外部信号是不够的。"羊皮效应"发现在控制了劳动者受教育年限之后，毕业证书依然对劳动者的经济收入产生独立的影响。即便具备相同的受教育年限，如果不能获得毕业证书，对市场而言该劳动者依然缺乏一定的学习能力，很难获得较高的经济回报。除了学历证书，劳动者获得同等学历证书所需要花费的时间同样是证明高能力水平的强信号。因此教育的程度、质量与受教育年限等诸多外部信号共同决定了劳动者的能力。

同人力资本一样，个体同样向劳动力市场传播着有利信号来证明自身的社会资本与财富资本。并非是社交网络本身为劳动者产生额外的经济价值，而是这种将社交网络中的稀有资源转化为经济价值的能力为劳动者带来收入增长，这种能力同样无法被直接识别，只能通过外部信号进行判断。比如劳动者公有制或者私有制的工作性质代表着可能存在的社会资源，能帮助劳动者获得更多的就业与晋升机会（邱玉娜，2014[30]），因此，工作性质可以作为劳动者社会资本的有效外部信号。除此之外，政治面貌、职业类别等诸多外部信号共同决定了劳动者的社会资本。对于财富资本而言，金融资产与流动资金同样可以看成是劳动者内在生产力的强信号，物质资产总额更高的劳动者具有更高的生产力水平。

在以往的实证研究中，通常只采用有限的外部信号来测量劳动者的内在人力资本、社会资本与财富资本，这种测量方式存在着一定的缺陷，不同种类的外部信号在数量上无法直接加总，更加无法简单地进行价值比较。目前还没有出现一种完善的方法可以准确地度量出劳动者的内在人力资本、社会资本和财富资本。

## 2.2 代际收入流动研究

### 2.2.1 代际收入流动的理论研究

社会流动理论主要通过两种逻辑来描述社会流动的机会公平：现代化逻辑与社会政治逻辑（李路路，2015[31]）。前者认为随着市场现代化的不断深入，经济技术革新将不断改变社会的整体资源分配结构，所有影响社会流动的不利因素都将被清除，社会流动程度将大大增加，代际之间的经济依赖关系将被显著缓解；而后者认为，对社会经济结构影响最大的因素并非经济技术本身，而是政治、文化和制度等诸多意识形态的因素，提升经济发展并不能有效促进社会流动水平，而是需要一个更加负责而漫长的过程。借助社会流动理论，经济学家们从经济、制度和职业结构等角度进一步推进了对代际收入流动的机制研究。

社会代际收入流动基于其产生的原因，可以划分为结构性社会流动与非结构性社会流动（姚先国等，2006[19]）。结构性社会流动为社会经济资源在总体分布上的结构性变化，这种变化影响范围较大，通常为社会经济制度变迁的结果。而非结构性社会流动通常为个体或者一个家族在社会经济阶层上的流动，这种变化通常影响较小，通常为个体或者一个家族在稳定的社会制度之下努力的结果。社会代际收入流动整体水平由社会的结构性流动决定，而家庭代际收入流动的程度由非结构性社会流动决定。社会的非结构性流动将缓慢推动结构性流动变化（图 2.1）。

Becker and Tomes（1979）为代际收入传递的理论研究提供了分析基础。Solon（2004）基于 Becker Tomes 模型对代际传递实证研究中常用的对数线性收入回归模型进行合理化处理，并以此来探究代际收入流动会随着时间和地区的变化而变化的原因。这种依据对数线性收入模型估计出的代际收入流动测量值被称为代际收入弹性系数，代际收入弹性的测量是基于不同时期两代人收入的

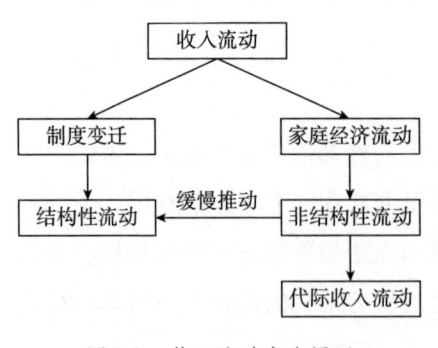

图 2.1 收入流动产生原因

联合分布。社会的收入流动性可以看成是父亲边际收入对子女边际收入的传递。代际收入弹性（IGE）衡量的是子女的收入差异占父辈收入差异的百分比。如果两个家庭父母的经济收入差距为100%，其子女的收入差距为70%，因此代际收入弹性为70%，这是子女从父辈那里继承的收入不平等，这代表了较大的代际传递和较低的社会流动性（Corak, 2013[32]）。

自适应模型假设父母将收入分配为自身消费和对子女人力资本投资两个部分，以期望子女未来收入回报最大化，使得柯布—道格拉斯效用函数最大化。子女的未来收入是子女人力资本的回报，这取决于政府的公共投入（如公共教育与公共医疗）以及家庭的私人投入。除此之外，子女的人力资本投资还包括几代人的家族遗传，因为基因遗传和文化遗传均与劳动者的经济收入显著相关。

模型的诸多实证分析表明，代际收入流动既与家庭教育收益率呈负相关，又与家族遗传能力呈负相关，但与政府的公共教育投入呈正相关。该模型也可用于短期扰动因素的影响研究。例如，随着人力资本收益回报的增加，代际收入流动变得更低。如果人力资本回报率的增加能较大程度上解释收入不平等的加剧（Bound and Johnson, 1992[33]），那么，这个结论符合一个经常被提及的猜想，即收入不平等的增加可能带来代际收入流动性的下降。另一方面，研究也表明，代际流动会随着政府公共人力资本投入的增加而上升。然而，Mayer 和 Lopoo（2008）[34] 通过实证研究发现，自反贫困战争开始以来，美国青少年在成长过程中经历了政府在教育、健康和营养方面的更多投资，然而美国的收入差距依然在持续加大，代际收入流动程度依然较低。因此，代际流动的变化趋势在理论上就变得模糊不清。提高人力资本回报率与加大公共资源投入，到底哪个因素对代际收入流动的影响更大？这是一个值得探究的问题。

### 2.2.2 代际收入流动估计的实证研究

在收入动态追踪调查（PSID）、国家青年纵向调查（NLSY）和国家儿童发展研究（NCDS）等大型数据库的支撑之下，国外研究学者对不同国家的代际收入弹性有了更加精确的估计。例如，基于 NLSY、NCDS 和北欧注册数据，Jäntti et al.（2015）[35]对收入的代际弹性进行了国际研究，发现美国的代际收入弹性为0.517，英国为0.306，北欧三国（挪威、芬兰和丹麦）的代际收入弹性均小于0.2。Vogel（2008）[36]基于德国社会经济调查（G-SOEP）数据计算出劳动者的终生收入，并对德国的代际流动性进行研究，估计出的弹性系数约为0.24。Lee & Solon（2009）[37]根据PSID数据计算出美国的代际收入弹性在0.45到0.48之间。Dunn（2007）[38]基于PNAD数据库计算出巴西的代际收入弹性系数在0.52左右。

对于发展中国家，由于社会结构容易出现突然的变化，同时缺乏可靠的研究数据，有关代际收入弹性的研究则相对较少。在20世纪80年代之前，衡量中国代际收入流动性并没有什么意义。这是因为在计划经济制度下，政府严格控制劳动力的需求和供给，不存在自由的劳动力市场，劳动者的工资无法准确地衡量劳动力的边际价值。然而，在20世纪80年代经济改革之后，在市场经济制度下，劳动者的市场工资逐渐发挥作用，因此收入弹性成为衡量社会流动性和代际收入分配公平的重要指标。近年来，越来越多的经济学家对社会的代际收入传递进行了探索。

何石军、黄桂田（2013）[39]计算出中国代际收入弹性系数在2000年、2004年、2006年、2009年分别为0.66、0.49、0.35、0.46。韩军辉（2010）[40]利用滞后（前期）数据作为当期数据的工具变量计算了中国的代际收入弹性为0.446。丁亭亭（2016）[41]通过利用Jorgenson-Fraumeni未来终生收入法，计算中国1988年、1995年、2002年、2007年的代际收入弹性分别为（大于0.262）、（大于0.483）、（0.466, 0.544）以及（0.483, 0.554）。Zhang和Eriksson（2010）[22]使用1989年到2006年的CHNS数据分析了父母家庭收入与儿童个人收入的相关性，估计出代际收入弹性系数约为0.45。Gong et al.（2012）[21]根据2004年中国城市家庭教育和就业调查（UHEES）数据，考虑生命周期和测量误差的影响，估计出父子之间的代际收入弹性约为0.6，父女约为0.97。陈琳与袁志刚（2012）[42]根据中国家庭收入调查（CHIP）和中国综合社会调查（CGSS）数据，计算出中国的代际收入弹性在1988年到2005年间先是大幅下降，之后保持稳定，城市地区的弹性系数约为0.4，而农村地区弹性系数约为0.3，城市地区高于农村地区。陈杰等（2015）[43]对1991年到2011年的社会代际收入流动进行测算，认为代际收入流动经历了从上升到下降再到上升三个时期。Guo and Min（2007）[44] 运用中国城市家庭教育和就业调查数据（UHEES 2004）估计出中国城市地区的代际收入弹性系数为 0.32，并且认为教育对代际收入流动的提升产生了重要作用。Sun et al.（2012）[45] 也使用了 2006 年的 CGSS 数据，发现劳动力转移在降低中国收入的代际持续性方面产生了重要作用。

理论上，代际收入流动的估计必须建立在父子的终生收入上。但是劳动者的终生收入是无法测量的，因此，早年的研究学者通常采用短期收入数据来代替劳动者的终生收入。然而，使用单年的观测数据会产生显著的下偏估计（Solon, 1992[46]；Mazumder, 2005[47]；Bohlmark & Lindquist, 2006[48]；Haider & Solon, 2006[49]；Dunn, 2007[38]）。为了尽可能地减少这种偏误，近年来，大多数研究者们主要采用了多年收入数据的均值来对劳动者的终生收入进行估计（Solon, 1992[46]；Lee & Solon, 2006[37]；Nicoletti & Ermisch, 2007[50]）。但是 Mazumder（2005）[47] 认为由短期收入造成的测量偏误是非常难以消除的，即使是 5 年数据的均值依然会产生较大的向下偏误。

此外，另外一种代际收入弹性估计过程中可能产生的偏误为生命周期偏误。Grawe（2006）[51] 和 Haider & Solon（2006）[49] 指出当子女处于 20 岁左右时，经济收入较其一生而言偏低，以此估计出的代际收入弹性会产生衰减偏误。而当父母处于 60 岁左右时，当年的经济收入同样不同于劳动者的终生收入，因此以当年父母的经济收入进行建模会进一步下调代际收入弹性的估计值（Grawe, 2006[51]；Haider & Solon, 2006[49]）。为了消除前一种周期偏误，前期的研究学者主要采用到 40 岁的子女样本（有观点认为劳动者在 30 岁到 40 岁取得的经济收入最接近终生平均收入）；为了消除后一种周期偏误，主要采用父母多年的收入平均值作为终生收入的替代值，或者使用父母的特征变量对终生收入进行预测。

## 2.3 代际收入流动的内在传递机制研究

### 2.3.1 人力资本对代际收入流动的影响机制

人力资本被称为"非物质资本"，与"物质资本"的概念相对。在经济学概念中，为劳动者身上凝结的固有资本。劳动者的受教育程度、工作技能、知识技术程度与健康状况等均属于人力资本的范畴。人力资本的主要特征在于它不随商品的买卖而进行转移，始终与劳动者的经济价值联系在一起。劳动者的人力资本累积主要通过政府公共资源投入与家庭私人资源投入获得。人力资本投入的主要途径包括：(1)教育经费投入；(2)医疗健康保障投入；(3)劳动者地区迁移的资金投入；(4)知识技能培训的资金投入。其中教育经费投入对人力资本累积的影响最为重要，教育的经费投入产生教育资本。通过教育培训可以提升劳动者的生产力水平，提高工作质量、知识技能和技术水平，从而提升劳动者的生产率。对于整个社会而言，教育经费投入的增长是经济增长的源泉之一（图2.2）。

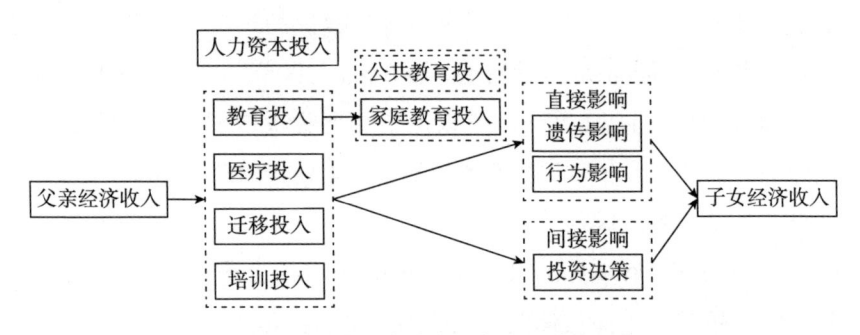

图2.2 人力资本对代际收入流动的影响

基于人力资本理论（Becker, 1993[52]），家庭人力资本（包括健康和教育）在代际传递过程中发挥了重要作用。特别是有些研究表明，弱势群体继承了前几代人的低人力资本积累，从而限制了穷人改善经济收入的能力（Yao & Zhao, 2007[53]）。在很大程度上，中国现实也侧面证实了上述发现。从健康的角度来看，在医疗保险方面，经济改革之前，传统的农村合作医疗和城市劳动保险在20世纪80年代和90年代的市场化和私有化改革中逐渐崩溃，导致基本医疗保健的持续恶化（Blumenthal & Hsiao, 2005[54]）。因此，健康资本的不平等通过代际传递而逐渐扩大，健康状况不佳的人群几乎没有多少机会大幅改善其家庭健康状况。从教育的角度来看，教育的机会不平等在20世纪90年代高等教育部门的工业化和扩招等教育改革中逐渐加剧（Liu, 2006[55]）。总而言之，受过良好教育的父母通常具有较高的社会经济地位，可以为子女获得更好的教育资源（Li, 2006[56]）。因此，研究人力资本的代际传递对收入流动性的影响不仅具有经济学意义,而且还可以为中国目前的教育、医疗保健和收入再分配改革提供政策指导。国内诸多研究学者,如杨新铭等(2016)[57]与黄潇(2014)[58]均证明人力资本投入为影响代际收入传递的重要因素。

人力资本对代际收入流动的影响主要分为两个方面:一是父母的人力资本可以影响他们对子女进行教育投入的动机,从而影响其子女的未来收入,此为人力资本的间接传递机制;二是父母的人力资本可以通过遗传或非遗传渠道直接传递给子女,这也会影响子女的未来收入,此为人力资本的直接传递机制。

对于人力资本的间接影响机制,Becker 和 Tomes(1979)率先对人力资本的家庭代际传递进行了研究,讨论了在利他理论下,父母经济收入在消费、金融投资和对子女人力资本投入之间的权衡。这种模型可以对代际收入流动性进行更好的理解。之后诸多研究学者在此基础上进行了后续研究。Loury(1981)[59]以及 Lucas(2013)[60]将信贷约束引入模型中,认为在此约束条件下,低收入家庭父母难以获得足够的资金来保证子女的人力资本投入,从而导致代际收入流动性的下降。Moaz & Moav(1999)[61]以及 Nakamura & Murayama(2011)[62]在假定父母与子女的人力资本为离散型变量(受教育或者未受教育)的基础上也得到了相似的结论。与此同时,更有一些实证研究试图分析能否运用公共政策,包括公共教育政策(Restuccia & Urrutia,2004[63])和公共税收政策(Zhu & Vural,2012[64]),来改善代际收入流动性。

对于人力资本的直接影响机制,主要是指人力资本(包括教育和健康)通过遗传渠道(通常是认知能力与健康状况的遗传)或是行为渠道(通常是父母的言传身教与潜移默化的影响)对代际传递产生影响。近年来,越来越多的文献聚焦于这种直接传递机制的研究。Akbulu & Kugler(2007)[65]基于 NLSY 数据分析得出父母的身高、体重和其他健康指标与其子女的身高、体重和其他健康指标高度相关。Eriksson、Bratsberg & Raaum(2005)[66]同样证明了父母与子女的健康状况具有强联系。此外,一些研究学者通过消除未观察变量对父母与子女健康因素的影响,来确定父母与子女人力资本传递过程中的因果关系。Currie & Moretti(2007)[67]在控制家庭背景和遗传禀赋影响的基础上,研究发现当母亲的出生体重偏低时,其子女的出生体重往往也偏低。同样，Loureiro、Sanz-de-Galdeano & Vuri（2010）[68]利用 BHPS 调查数据发现儿童的吸烟行为很大程度上受到父母行为的影响。这表明家庭健康状况的代际传递过程中的确存在着因果关系。

### 2.3.2 社会资本对代际收入流动的影响机制

20 世纪 80 年代之前，研究者们普遍将社会资本定义为影响劳动者经济收入的外部社会环境；80 年代之后，经过 Jacobos、Coleman、Burt 与林南等学者的推动，社会资本的概念逐渐进入社会学和经济学范畴。学术界主要通过微观视角与集体视角对社会资本的理论进行研究（王晶，2013[69]），前者主要将社会资本的概念界定为劳动者在社交网络中调动稀缺资源，以帮助个体获取更好机会的能力；而后者主要将社会资本的概念界定为一种制度文化背景，通过成员信任、社交网络与行为规范帮助集体提升经济效率。本书主要从微观视角探讨社会资本对代际收入流动的影响（图 2.3）。

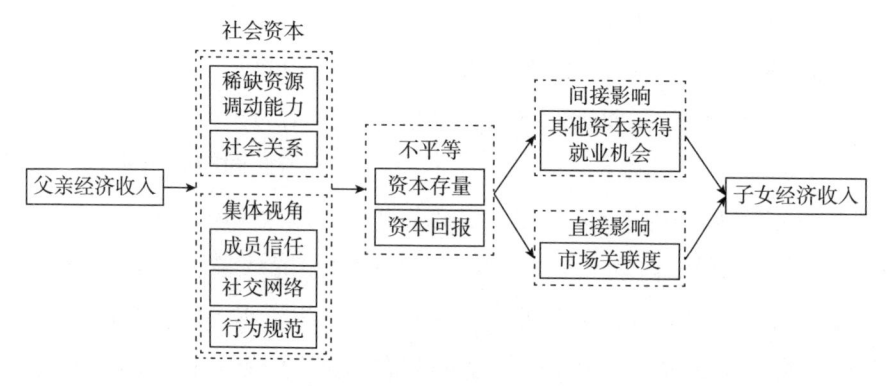

图 2.3 社会资本对代际收入流动的影响

Jane Jacobos（1961）[70]最早对社会资本的重要性进行了研究，此后吸引了越来越多经济学家、社会学家和政治学家的注意。目前关于社会资本的确切定义仍然存在争议，不同的研究学者从不同的视角对社会资本的内涵进行了定义。James Coleman（1990）[71]认为社会资本由社交网络中的每一个要素构成，为结构内每一个个体的行为提供方便。Alejandro Portes（1998）[72]认为社会资本是社交网络中的个体动员稀有资源的能力。而 Ronald Burt（1997）[73]

认为社会资本是社交网络中的个体之间更加普遍的一种联系，通过社会资本可以拥有获得其他资本的机会。林南（2005）[74]则认为社会资本是劳动者通过投资社会关系以期望在市场中获取的有效资源。阶级阶层地位与职业交往带来了劳动者社会资本的差异（李春玲，2005[75]），劳动者之间的产权关系、权威性以及知识技能差异产生了劳动者的阶层差异，劳动者阶层关联度（工作交往度）越高、市场关联度（市场交往度）越高，劳动者的社会资本就会越高（林南，2005[74]；边燕杰，2004[76]）。

林南（2001）[77]从资本的角度探讨了社交网络不平等对经济收入的影响。资本可以看成是劳动者自身经济价值或者追求经济价值的能力。社会资本对经济收入不平等的影响路径主要有两种方式：资本赤字和回报赤字。资本赤字是指出于投资或机会等原因，不同社会群体拥有不同质量或数量资本的程度，而回报赤字是指特定质量或数量的资本为不同社会群体带来不同回报的程度。富裕家庭的子女收入增长更快的原因不仅仅是因为他们拥有更多的社会资本，而且即使是拥有相同数量的社会资本，富裕家庭子女的资本回报率也会更高，获得其他资本的机会也将更多。更高水平的社会资本意味着更高层次的经济水平或者个人能力。同时，一定水平的社会资本代表了劳动者的社会生产力水平。父母的社会资本同样也是子女成长过程中重要的生产要素，家庭社会资源之间的差异在一定程度上可以解释子女成年后经济收入的差异。但是另一方面不少研究学者发现，随着政策制度的不断完善，社交网络对劳动者经济收入的影响在逐渐变小。Zhang et al.（2007）[78]发现在市场化高度发展的地区，家庭社会关系在改善经济状况上的作用在降低。

社会资本理论的一种观点认为，社会资本是一种有助于获得市场技能的社会关系（Loury，1977[79]）。另一种补充观点则认为，社会资本是一种社会关系，有助于将个人能力和社会技能通过市场转化为收入或其他社会经济结果（Granovetter，1988[80]）。这两种观点都表明，社会资本的个体差异是劳动者收入变化的重要来源。此外，如果社会资本在群体中发生变化，那么这两种观点也表明社会资本将成为群体间持续不平等的根源。此外，社会资本可以在父母和子女之间进行传递，因此，社会资本的变化也可能是代际流动性产生变化的原因（Loury，1981[81]）。

社交网络在中国劳动者组织生活中发挥着重要作用，一部分学者认为，中国存在以弱关系为主的社交网络，可以有效地带来经济的增长（Knight & Yueh，2002[82]），减少贫困的发生（Zhang et al.，2007[78]），促进农村工业化发展（Peng，2004[83]）。然而，此前大量有关社交网络的研究大多集中于社会资本对经济发展的益处，而较少考虑劳动者社会资本分布状况对社会收入不平等的影响。边燕杰（1997）[84]认为，中国自"文革"时期之后，存在以强关系为主的社交网络，在劳动力市场为个体获取经济便利，即使市场逐渐开放，这种社交网络依然发挥着重要作用。因此，丰富的社交网络在为劳动者带来快速的经济增长的同时，也引发了严峻的社会问题，家庭中社会资本的不平等是否会影响家庭之间的收入不平等，以及在多大程度上影响经济收入在代际之间的传递。

通过对中国城市劳动力市场进行研究，Knight & Yueh（2002）[82]与Li、Lu & Sato（2008）[85]发现社交网络虽然对经济发展产生积极的影响，但是这种影响在不同群体之间具有分布的差异性，私有部门产生的作用显著高于公共部门，部分公共部门掌握更多社会资源，具有与私人部门不同的收入决定机制，在不完全开放的市场中，公共部门的资源优势难以彻底消除。此外，公共部门不仅具有较高的准入门槛（张昭时等，2011[86]），同时其子女职业向父辈职业靠拢的趋势较大（周兴等，2014[87]），这种职业代际将进一步抑制社会流动，降低劳动者的机会公平。因此他们认为随着市场经济的转型，社交网络对劳动者经济收入的影响在与日俱增。

近年来，有关社会资本影响劳动者经济收入的实证研究发现，社会关系不仅为劳动流动人口提供就业机会（Li & Zhang，2003[88]），同时也为当地居民就业提供更加便利的机会（边燕杰，2001[89]）。社会资本不仅对劳动者的求职与企业的发展产生重要的作用（边燕杰等，2000[90]），同时有助于提升劳动者个人和整个家庭的主观与客观社会经济地位，而人力资本对劳动者收入差距的解释力非常有限（李实等，2013[91]）。另一方面，政治资本作为一种特殊的社会资本，同样对劳动者经济活动产生显著的影响，如劳动者的政治资本将对配偶或者子女的创业活动产生影响（Kryshtanovskaya，1995[92]；木志荣，2007[93]；李雪莲，2015[94]）；企业的发展也离不开制度环境和政府交往（吴一平等，2015[95]）；政治资本高的劳动者，其人力资本与经济收入也倾向于更高（李宏彬等，2012[96]；胡咏梅，2014[97]；谭远发，2015[98]）。

社会资本可以通过直接影响或间接影响对经济收入产生影响。对于间接影响，劳动者可以通过社会资本获取人力资本和其他职业机会，以此增加劳动者的经济收入等其他报酬；对于直接影响，如果绩效收入与市场活动相关，那么社会资本高的劳动者将拥有更高的市场关联度，从而获取更高的经济收入。

社会资本在分配社会资源的过程中，可以提高劳动者获取经济地位的效率，加速阶级阶层的封闭（李辉文，2015[99]；樊平，2004[100]），而高收入阶层的社会资本回报率显著高于低收入阶层（周晔馨，2012[101]），这将进一步刺激家庭对子代社会资本的投资。且与物质资本相比，社会资本难以通过政府的制度政策来进行调节再分配，在中国代际收入传递过程中存在不容忽视的影响（陈琳等，2012[42]）。

### 2.3.3 财富资本对代际收入流动的影响机制

21世纪之后，财富不平等与收入分配不平等的趋势越来越明显，20世纪40年代，美国经济学家库兹涅茨用倒"U"形曲线来描述社会的财富不平等，认为随着经济的发展，劳动者的收入不平等将逐渐增长到最大值再逐渐缩小，呈现出资本的良性趋势，经济增长可以有效遏制收入不平等的加剧。但是Piketty利用大量的市场数据证明，社会的财富不平等符合"U"形趋势，随着经济的增长，社会的收入不平等将首先降低到最低点，再逐渐扩大，资本的回报率始终高于经济增长率。

尽管收入是劳动者经济价值的主要组成部分，但是财富在家庭资本传递过程中扮演了举足轻重的作用，这是代际收入流动研究过程中不容忽视的事实（Piketty，2000[102]）。家庭财富的不平等程度以及极易传递的特性导致了收入在代际之间的传递更加紧密。基于Piketty（2014）[103]的定义，财富为某一特定时间点上某地区居民所有可交易资产的总市值。它是非金融资产（包括土地、建筑、商业库存、机械等）和金融资产（银行账户、股票、债券、养老金和共同基金等）的总和，减去总负债（债务）之后的剩余价值。总的来说，在富人的财富结构中，金融资产的重要性始终高于其他人群。住房和土地是中产阶级的主要资产，由于穷人太过贫困，无法拥有房地产，耐用品和现金构成了经济分配最底层人群的财富（Roine & Waldenstrom，2015[104]）。不同社会阶层家庭的金融财产不仅仅在结构上具有显著的差异,同时金融资产的回报率也有巨大的不同(图2.4)。

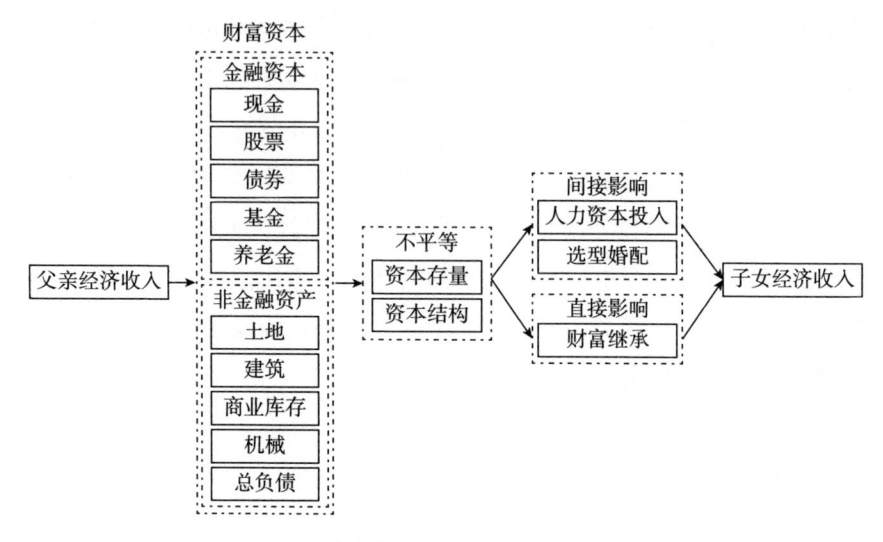

图2.4 财富资本对代际收入流动的影响

20世纪90年代之后,中国家庭的财富结构发生了巨大的改变,公平的财富分配方式逐渐消失,财富差距逐渐拉大,家庭财富构成上,耐用品比例降低,房产与金融资产的比例提升,目前财富资产的差距已经逐渐超过居民的收入差距,而居民房产总值的差距已经占据财富差距的主要部分(李实,2000[105];陈琳等,2012[42])。刘建和等(2014)[106]将财富资本分为家庭金融性资产、家庭房产总值、家庭借款与家庭贷款四个类别,认为房产总值对代际收入流动的影响最强,金融资产影响最为稳定,且金融资产与房产价值对代际收入流动的影响要远大于人力资本与社会资本(陈琳等,2012[42])。目前,城市地区财富资本的分配不均等程度高于农村地区,这是由于土地资产为农村财富资产的主要构成之一,而土地的分配相对均等,金融资产与房产为城市地区财富资本的主要构成,房产与金融资产的分配高度不平等(赵人伟等,1997[107])。

由于财富资本继承性较高,且目前并没有实行有效的政策阻断子辈对父辈财产的继承,这更加刺激了劳动者对家庭财富资本的持续投资,必将影响劳动者对子代人力资本投资的支出选择,如果父母想要为子女增加额外人力资本的动机是在教育回报率相对较高的条件下,通过消耗现有的家庭财富使子女在将来获得更多的经济收益，那么此时家庭的财富不平等就可能会影响代际收入的流动性。同时，这种影响力取决于其余两个因素的相互作用，增加人力资本的成本，以及家庭积累的社会财富。如果给定投资动机和资本成本，社会中的财富总量足够大时，财富的不平等程度将较大地影响子女人力资本分布和社会代际收入弹性系数。另一方面，我国金融市场的逐渐扩大与政府金融政策的影响之下，富人可以通过出借金融资产以获得更大的经济回报，穷人也可以通过金融市场内的借贷获得足够的资金对子女进行人力资本的投入，人们可以推测财富不平等和财富的相对大小会影响代际收入流动。金融资产对代际收入流动的影响随着时间的增长将逐渐增强（李实等，2013[91]）。

除了父子之间财富的直接继承，选型婚配中的财富转移同样成为代际收入传递的重要途径（袁磊，2016[108]）。在中国传统风俗的影响下，以房产、汽车与现金为代表的"彩礼"或者"嫁妆"加大了父辈财富向子辈的转移，特别是在"门当户对"观念的影响下，这种财富转移对子辈经济收入的影响更加显著。

### 2.3.4 其他因素对代际收入流动的影响机制

除了人力资本、社会资本与财富资本，代际收入传递受到多方面的影响，目前国内外研究学者对于代际收入流动其他影响因素的研究主要集中在生物遗传、文化环境和非认知能力三个方面（图 2.5）。

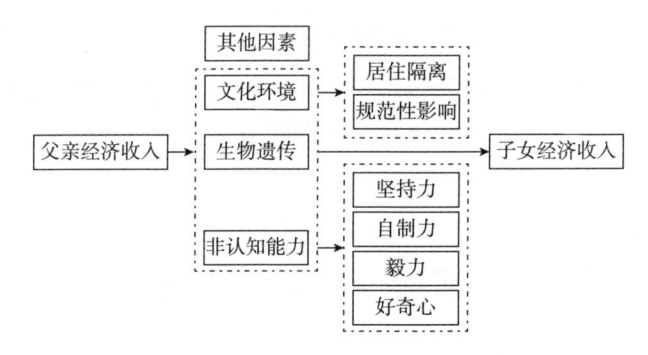

图 2.5 其他因素对代际收入流动的影响

从生物遗传的角度来看，劳动者的能力特征可以通过基因遗传对子女禀赋产生一定的影响，Solon（1999）[109] 认为亲兄弟由于共享相同的基因，因此他们之间的经济收入呈现一定程度的相关性。Bowles 等（2001）[110]认为子女的性格特征将受到父母遗传的影响，从而进一步对子女的人力资本与社会资本产生影响。Currie（2011）[111]认为子女先天条件与后天环境之间的相互影响将对子女的社会生活产生影响。陈琳（2011）[112]认为无血缘关系的代际收入相关性大约只有血缘关系的一半，基因在代际收入传递过程产生了显著的影响。

从文化环境的角度来看，随着经济的发展，不同经济阶层劳动者的居住地存在差异，优势阶层与弱势阶层往往居住隔离，发达地区拥有更高的社会化程度，劳动者经济收入向上流动的概率更大，收入的代际传递显著（Borjas，1998[113]；Sampson，2012[114]）。优势社区的居民将拥有更多的社会活动，优质的社交网络可以提供丰富的市场信息，为居民的经济生活提供便利（王军鹏，2018[115]）。基于社会学理论，参照群体的规范性影响也将对子女的行为习惯与价值取向产生较大的影响（周东洋等，2018[116]；李国武等，2018[117]），从而影响子女的认知能力与非认知能力，最终影响其经济收入。Durlauf（2002）[118]从社区文化的"同伴效应"出发也得到相似的研究结论。除此之外，种族隔离与家庭结构的稳定同样对社会的收入流动性产生显著的影响（Chetty，2017[119]）。

从非认知能力的角度来看，大量研究表明，子女的个人特质，如坚持力、自制力、毅力、好奇心等，也称为非认知能力，将对其一生的长远发展产生重要的影响。美国在 20 世纪 90 年代的 GED 项目发现，辍学的高中生即使通过后期教育培训获得普通高中毕业生必要的知识技能，其未来的经济收入与没有经过教育培训的辍学生没有显著的区别。非认知能力对劳动者的长远影响要大于认知能力（James Heckman，2006[120]）。即使拥有不同的社会背景，成功人士的非认知能力往往具有相似的特点，劳动者积极的性格特征与职业成功显著正相关。

## 2.4 收入不平等对代际收入流动的影响

### 2.4.1 收入不平等对代际收入流动影响的理论研究

收入不平等的加剧将进一步扩大富人的优势与穷人的劣势，并将这种经济差距持续地传递给下一代。不同经济阶层的子女将因为上一代收入的不平等而出现截然不同的未来（McLanahan，2004[121]）。

世界经合组织（OECD）认为，收入不平等的加剧可能会抑制社会流动性的上升，使得有才能和勤劳的人们更难获得他们应得的回报。在意大利、英国和美国等不平等程度较高的国家，代际收入流动性相对较低，而在收入分配更平等的北欧国家，代际收入流动性相对较高。社会不平等程度的加剧促发了对不平等传递的担忧。人们普遍认为，较高的不平等程度会阻碍社会代际流动性的提升（杨穗，2016[122]；Ermisch et al. 2012[123]；Neckerman & Torche 2007[124]；Solon 2004[125]）。

经济学家Alan Krueger提出了"了不起的盖茨比曲线"，反映了收入不平等越高的国家收入流动性越低，劳动者的经济地位更容易受到家庭经济地位的影响，如图2.6所示。其中横轴为基尼系数所代表的社会收入不平等，在20世纪80年代初期到中期，芬兰、瑞典、挪威和丹麦是收入公平性最高的国家，而英国和美国是收入公平性最低的国家。纵轴代表了社会的代际收入弹性，即社会的收入流动性，具体而言，是子女经济收入对父亲经济收入的依赖性，使用一组从20世纪60年代早期到中期孩子出生的数据，并测量了90年代中后期孩子成年后的收入结果。在芬兰、挪威和丹麦等国家，父母经济地位与孩子收入之间的关系最弱，父亲与孩子经济收入之间的弹性只有不到20%，而在意大利、英国和美国，收入弹性几乎达到50%。

国内外学者普遍认为，社会的高度不平等将会破坏社会的代际收入流动性。当父母为子女的未来成就进行人力资本与其他财富资本投资时，富裕家庭与贫困家庭之间的收入差异将会导致其子女在成年后进入劳动力市场获得的经济收入产生巨大差异。这在一定程度上可以帮助富裕的家庭维持其子女的社会经济地位（Neckerman & Torche，2007[124]）。然而，家庭、政府和劳动力市场在塑造青年就业和获取经济收入的机会方面上相互作用，导致收入的不平等和代际收入流动之间的相互关系在理论上并不确定。社会福利视角下收入不平等与收入流动性的关系，无法解释实际社会中不平等程度持续增加而流动性保持不变的问题（周兴等，2010[126]）。权衡（2015）对1989—2006年的居民相对收入流动性与绝对收入流动性进行了测算，认为社会收入流动受到宏观经济形势、经济增长趋势与社会再分配制度的影响[127]。20世纪90

年代初，社会公共制度对代际收入流动的影响较大，再分配制度对不同收入阶层进行资源的调控，使劳动者经济收入的初次分配结果更加均衡。此时即使经济不平等程度提升，社会收入流动性也能保持稳定。

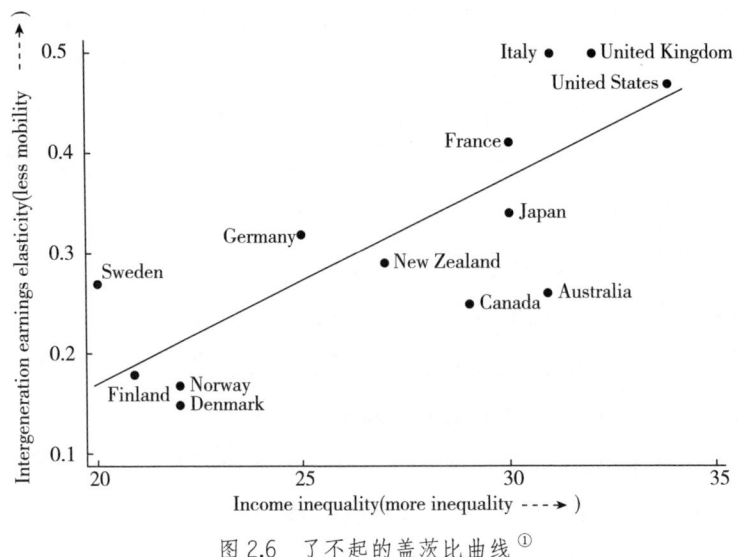

图 2.6　了不起的盖茨比曲线①

如果社会的高度不公平会抑制收入的代际流动，那么就应该加大公共投资，对社会资源再分配以保证儿童的健康发展不再受到父母资源不平等所带来的负面后果（Solon，2004[125]）。当某个家庭"轮流"富裕和贫穷时，不平等是可以接受的。收入的不平等可能会通过某些路径降低社会流动性，同时又通过其他途径提升流动性。此时，收入不平等和代际收入流动之间可能不存在独立的因果效应。"了不起的盖茨比曲线"反映了收入不平等和收入流动性之间的经验关系，但并不能表明收入不平等是造成低流动性的决定性因素。为了深入分析收入不平等与收入流动性之间的相互作用，研究者需要更多的实证研究来解决理论模糊的问题。

Duncan（1966）[128]的路径分析理论为收入不平等与收入流动性之间的关系建立了分析框架。

$$\rho_{kj} = \sum_q \alpha_{kq} \rho_{qj}$$

其中，$k$ 为子女成年后的经济收入，$j$ 为子女在幼年时期父母的经济收

---

① 图表来源 Corak（2013）and OECD

入，$\{q\}$ 为子女的收入技能，$\rho_{kj}$ 为子女幼年时期父母经济收入与子女成年之后经济收入之间的相关系数，$\rho_{qj}$ 为父母的经济收入与子女收入技能（比如受教育程度）之间的相关系数，$\alpha_{kq}$ 为子女的收入技能对成年后经济收入影响的标准化回归系数（比如教育的回报率）。代际收入流动的动态变化受到子女成年后收入技能的回报率与父母经济收入与子女收入技能之间相关关系的影响。

收入技能的分布情况不仅会影响技能的代际传递程度与技能的回报率，还会对社会的流动性产生影响。如果子女技能的分布情况由于父母经济状况的不同而变得不平等，那么收入技能与父母经济水平之间的相关性将会增加，代际传递将被增加。例如，不同收入阶层的子女受到不同的教育投资预算约束，子女的收入不平等可以通过家庭人力资本投资的不平等而进行代际传递（Banerjee，1991[129]；赖德胜，2000[130]；李菁等，2002[131]，谢勇等，2008[132]）。

经济不平等对社会的稳定发展产生消极作用，但并非完全产生不利的影响。除了收入的流动程度，收入的流动方向同样具有较强的经济学意义，就算收入不平等扩大，只要不同经济阶层之间，代际收入的向上流动大于代际收入的向下流动，收入不平等所产生的不利影响就将大幅度削弱（Fields，2010[133]）。事实上，由于个人努力程度不同造成的收入差距，与由于环境不同造成的收入差距之间的辩证关系已经成为社会学、经济学和政治哲学领域的核心问题。黄仁伟（2006）[134]、刘志国（2017）[135]等学者均认为将收入分配平等作为测量社会公平性的指标并不恰当。社会经济不平等的程度取决于劳动者的个人能力无法控制的机会不平等。

John Roemer（1998）[136]将劳动者可以决定的因素，比如工作的时长和工作的努力程度，称之为努力因素，而那些无法决定的因素，比如性别、家庭背景和种族等，称之为环境因素。所谓机会公平就是个人的成就与外部环境无关。对机会不平等、努力不平等与收入不平等的概念进行区分具有重要的经济学意义。如果机会不平等程度影响人们对收入不平等的态度，那么机会不平等将可能会影响劳动者对社会公平和收入再分配的信念。这些信念和态度可能反过来影响社会收入再分配的实际程度，从而影响投资和产出水平。Alesina & Angeletos（2005）[137]以及 Bénabou & Tirole（2006）[138]实证表明这种信念和态度本身在多重经济均衡上起着关键作用，具有明显的经济学特征。

除了信仰和态度对再分配的作用之外，研究者发现，机会不平等对经济增长具有抑制作用（比如教育不平等与信贷不平等），由于劳动者付出不同努力所产生的回报不平等，可能对经济增长产生积极影响（World Bank, 2006[139]；Bourguignon et al., 2007[140]）。这也正是诸多文献对于经济不平等与经济增长的关系难以确定的原因之一。Marrero & Rodríguez（2009）[141]将劳动者的经济收入分解为"机会"组成部分和"努力"组成部分，这两种经济收入在美国20年的经济增长回归模型中均具有显著的统计学意义，机会不平等对经济增长产生消极的影响，而努力不平等则恰恰相反。人们普遍认为，由于环境等不可控因素造成的结果不平等是不合理的，应该得到补偿，而由于劳动者可控因素造成的结果不平等，即努力不平等，则被认为是合理并且可以接受的。

### 2.4.2 收入不平等对代际收入流动影响的实证研究

目前，有关收入不平等对代际收入流动影响的实证研究主要围绕三个方面：收入不平等对代际收入流动的阻碍效应研究、促进效应研究与结构化效应研究。

一部分学者实证研究发现，社会收入不平等的持续增加将引发社会代际收入流动的降低（方鸣，2014[142]；李超，2018[143]），提升社会的收入流动性可以有效缓解收入不平等带来的消极作用（李莹，2019[144]）。首先，父母经济收入的不平等会带来子女人力资本（收入技能）的不平等。相比弱势家庭，富裕的家庭会将更多的资源投入到子女的人力资本投入过程中，随着经济不平等的递增，贫困家庭人力资本投入的预算限制将比富裕家庭更大（Alderson, 2005[145]）。富裕家庭不断增加的人力资本投资可以改变其子女学业技能的分布状况，从而提升子女维持较高经济水平的机会。随着高、低收入家庭的经济不平等增加，其子女的学业成绩也呈现出显著的差异（Reardon, 2011[146]）。其次，父母经济收入的不平等将带来子女人力资本回报的不平等。随着不平等情况的增加，教育的收入回报也会随之递增（Autor, 2008[147]）。如果劳动者的受教育程度可以对其经济收入进行较好的预测，同时，子女的教育水平较大程度地受到家庭经济收入的影响，那么教育回报率的提升将有可能抑制代际收入流动的提升。经济收入的不平等可以通过子女人力资本投入规模和人力资本的收入回报率两个方面对社会的代际收入流动产生影响。再次，在失业率较高的经济时期里，大量的失业人口与较低的工资报酬将会进一步导致社会经济不平等的提升（Barker & Bernstein, 2013[148]），导致社会收入流动的停滞。较高的失业率将会加大青年劳动者对未来工资收入的担忧，受教育水平较低的劳动者在进入疲软的经济市场之后，获得较高经济收入的概率将大大降低。在发展并不完善的经济市场，父辈还可以通过影响子女的就业途径或机会来影响子女的职业发展，带来就业机会的不平等，从而对其经济收入产生影响，最终导致收入不平等的代际传递（王敏等，2008[149]）。最后，社会的经济不平等将会带来贫富家庭居住环境的隔离，如果子女的成长环境受制于父母的经济环境，那么弱势家庭的子女脱离不利环境的概率将会大大降低。

另外一部分学者的研究发现，经济收入的不平等将会促进代际收入流动的提升。首先，公共教育的不断投入将会削弱子女的受教育程度对父母经济收入的依赖，从而提升社会的代际收入流动（Solon 2004[125]）。当社会的经济不平等持续增加，通过政府公共资源的重新配置可以有利于青少年的成长发展（Mayer & Lopoo, 2008[34]，刘志国，2017[135]）。通过改善贫困儿童的生活环境，公共资源投入的增加可以促进代际收入流动性的提升。当底层劳动者通过获取知识技能累积人力资本存量，从而在经济市场收获更高的收入回报，实现经济收入的向上流动时，即使劳动者的收入差距进一步扩大，社会的代际收入流动也能同步提升（章奇等，2007[150]）。其次，政府有关人才引进和企业扩张的激励政策（包括降低税收和贷款利率）可以同时提高社会的经济不平等和收入流动。在企业更替过程中，产生的大量工作岗位流动会带动劳动力的地域流动，从而刺激社会的收入流动性。再次，近年来，离婚率的增加导致了人口流动的提升，经过家庭的分离或重组，孩子的成长环境在短时间内经历了巨大的变化（家庭经济条件迅速提升或者下降），在中产阶级单亲家庭成长的孩子更容易产生经济收入的向下流动，这在一定程度上提升了社会的收入流动，同时也加大了收入的不平等程度。

最后相当一部分学者实证研究认为，即使社会的经济不平等持续增长，社会的收入流动性也依然可以保持稳定。经济不平等对流动性的削弱作用和促进作用可以通过父母经济收入对子女经济收入的不同影响路径同时产生。公共教育与家庭投资对社会的代际收入流动同时产生正向和负向的影响，在这两种影响相互抵消的作用之下，社会的代际收入流动有可能保持稳定（Bloome，2015[151]；Hout & Janus，2011[152]）。此外，青少年的人力资本回报具有边际效应递减的规律，额外的收入技能可以产生的经济收益始终是有限的（Downey，1995[153]）。即使是收入不平等程度再高的社会，金字塔顶端的家庭对子女投入再多的人力资本也不会造成巨大的收入技能分布不平等。同时，富裕的家庭常常为子女进行非物质资本投入来培养其社会技能（比如社交能力、学习能力等），如果劳动者的个人能力对收入流动性的影响大于家庭的经济基础，那么收入不平等与社会流动性之间的关联将不再密切。如果收入不平等与代际收入流动之间并不存在明确的因果效应，那么这两者之间可能存在结构化的中介效应。

本书认为社会的收入不平等中，存在合理的一部分，即努力不平等，有利于社会资源的分配和社会经济的有效增长，将促进收入流动的提升；同时存在不合理的一部分，即机会不平等，将抑制收入流动性的提升。

## 2.5 公共政策对代际收入流动的影响

### 2.5.1 公共政策对代际收入流动影响的理论研究

20世纪50年代，经济学家普遍认为经济的快速增长有利于弱势群体脱离贫困，这两者之间存在一定的因果关系，经济增长将通过涓滴效应与扩散效应使得社会的各个阶层受益，并达到帕累托最优状态。然而这一观点在近年来受到诸多研究学者的质疑，质疑者认为，经济增长的确在一定程度上有助于居民经济收入的提升，但是同时也造成贫困群体的进一步扩大。当社会的不平等程度越高，经济增长对贫困群体的收益就越小。经济资源的不均等分配将较大地阻碍弱势群体福利的增长，不平等程度扩大所产生的消极作用足以抵消大部分经济增长所产生的积极作用，子女的经济收入对社会的不平等程度与家庭初始经济水平高度敏感（Kalwiji，2007[154]）。因此公共政策的实施对于限制资源过度集中、消除社会收入不平等、促进收入流动性具有重要的意义。

市场经济制度的调节之下，富人比穷人享受更多的经济政策红利，因为富人比穷人享有更多的市场优势，比如，更加丰富的人力资本积累与其他物质资本积累。不少发展中国家，为了刺激经济的快速增长，政府的经济政策更加有利于富人。因此，随着经济的增长，阶层之间固化的收入差距阻碍了代际收入流动的提升。为了促进弱势群体的收入提升，亲贫的公共政策变得意义显著。要想缩小收入差距，提升收入流动，就要使得弱势群体基于公共政策获得的收益高于富人。从1998年开始，我国开始建立公共财政制度，以达到资源合理分布、收入公平分配和维持经济有效发展的目的。从内容上看，公共财政政策可以分为公共预算政策、公共支出政策、公共收入与税收政策、公债政策、公共财政管理政策与固定资产管理政策等。在诸多公共财政制度中，再分配制度与公共教育制度为最常见的有利于弱势群体的公共制度。

再分配政策在决定收入的代际传递方面发挥了重要作用，公共教育可以显著影响弱势家庭子女的经济机会，除此之外，通过社会福利与降低税收的方式，公共教育也将影响子女的家庭人力资本投入。一般地来说，大多数再分配政策，包括税收、社会福利和补助等，都可能会影响收入的代际弹性。由于再分配政策在社会福利和工作激励之间做出了权衡，对一个理想社会而言，最优代际收入弹性系数不一定为零（Corak, 2006[155]）。

公平的收入分配依赖于政府权力分配的公正程度与政策制度的有效性（权衡，2005[156]）。首先，公平公正的经济政策与制度是劳动者在市场平等自由地进行决策的基本保证。其次，政府通过政策制度的有效实施可以为劳动者提供机会平等的政策环境，帮助劳动者在要素市场公平竞争，保障劳动者在就业市场的社会流动，消除政治资本的不合理运用。

公共政策作为劳动者在短时间内无法改变的外在环境因素，对劳动者经济生活的机会公平产生一定程度的影响，一个有利于维护市场公平竞争环境的政策将有效提高劳动者的代际流动。中国初期社会产生的部门分割制度与户籍管理制度，一方面带来了社会资源在权力部门的不合理垄断，强化了家庭背景对劳动者经济生活的影响；另一方面阻碍了农村的职业流动与劳动力迁移，扩大了公共教育资源与社会福利政策的城乡差异。政府公共政策有可能是引发收入不平等、加强阶层固化的重要原因之一（卢盛峰，2013[157]）。

并非所有劳动者均能在经济增长中获得收益，此时再分配政策对弱势群体的作用就显得非常重要了（Ravallion, 2004[158]）。改革开放之后，"让一部分人先富起来"的政策下，劳动者经济收入差距逐渐拉大，区域不平等的态势愈发明显，近年来，一系列公共政策的出台与实施，如，实施精准扶贫、加大公共教育投入、加强居民医疗保障与促进城乡一体化均衡发展等，其目的均在于缓解收入不平等的继续恶化，阻碍居民收入差距的持续加大。

税收与转移支付作为最主要的再分配制度，可以有效促进代际收入流动的提升。在税收政策的再分配作用下，通过对高收入劳动者征收高额税金，可以强制性使得高收入阶层劳动者经济收入向下流动（权衡，2005[156]）。而通过转移支付，同样可以有效促进低收入劳动者经济收入的向上流动。税收等再分配政策的有效实施，可以保障劳动者的机会公平，提升经济收入的代际流动。

Solon（2004）通过构建家庭私人资本投入、政府公共资源投入与资本回报率的模型，探讨了政府公共政策对代际收入传递的重要影响。政府公共支出较高的地区具有更高的代际收入流动水平（Mayer & Lopoo，2008[34]）。提升政府的公共支出可以有效帮助弱势阶层提升经济收入，而优势阶层则受到较小的影响。政府的公共教育支出与社会的代际收入流动息息相关，但是只有当公共教育支出的比例达到一定高度时，代际收入流动才会有显著的提升（徐俊武等，2015[159]）。

在政府诸多公共支出中，公共教育投入、公共医疗保险与社区保障支出对社会流动性的影响较大，且具有明显的城乡差异。对于城市地区而言，公共教育投入与社区保障支出对收入的代际传递影响更大；而在农村地区，公共教育投入与公共医疗保险对代际收入流动的影响更大（徐英，2013[160]）。在新型农村合作医疗的政策帮助下，农村贫困家庭的经济状况有了较大的改善，收入有了明显的提升（齐良书，2011[161]）。

作为最常见的公共政策，公共教育可以通过人力资本投入对代际收入流动产生影响（陈琳，2011[112]）。贫困家庭的父母在对子女进行家庭教育投入时受到较大的信贷约束，而公共教育则是缓解这种信贷约束的最有效的良药。如果劳动者可以无限制地对子女进行家庭教育投入，不存在信贷约束，那么当子女家庭教育投资的边际收益与父辈遗产的边际收益相等时，家庭教育投入达到最优值，此时，代际收入的传递只与子辈先天禀赋与遗传能力相关。在信贷约束的条件下，父辈需要降低对自身的消费来提升对子女人力资本投入的额度，因此，父辈的利他性越高，对子女的人力资本的投入也将越大，当父辈的自身消费降低到最低限度，也无法满足子女人力资本投入的最优值时，家庭的经济收入将与子女的经济收入息息相关，家庭的经济收入越高，子女获得的教育投入也将越多，其最终的经济收入也将越高，因此在这种情况下，公共教育的投入可以弥补子女家庭人力资本的投入不足，可以较大地缓解父子之间经济收入的依赖性。此外，经济收入更高的优势家庭，其子女公共资源的利用率往往越高，当政府公共教育的投入足以弥补家庭人力资本的投入差异时，代际之间的收入依赖性才可以减弱（Iyigun，1999[162]；Hassler，2007[163]）。因此，均衡区域之间的公共教育投入可以带来代际收入流动的提升（Fernandez & Rogerson，1998[164]）。

### 2.5.2 公共政策对代际收入流动影响的实证研究

目前，国内外有关公共政策对社会流动性与劳动者收入公平的影响并未形成统一的共识。

一部分国外学者基于实证研究发现，公共财政支出与收入的代际传递之间不存在显著的相关性（Schuknecht & Tanzi，2005[165]），认为税收政策作为主要的再分配政策并未起到社会资源再分配的作用（Harberger et al.，2006[166]），也无法帮助贫困劳动者提升经济收入（Siqueira et al.，2002[167]），甚至有可能进一步加剧劳动者的收入不平等（Edwin et al.，2011[168]）。再分配政策对于改善贫困家庭经济状况的效果也并不显著（李永友等，2007[169]），财政转移支付的受益群体并非弱势阶层的劳动者，无法有效削弱收入的代际传递，减少收入不平等（解垩，2010[170]）。此外，税收起征点的提高对劳动者经济收入再调节的作用较为微弱，同时使得税收更加难以发挥起资源再分配的作用（岳希明等，2012[171]）。

而另一批学者则认为，再分配政策应当可以在一定程度上帮助缓解劳动者的机会不平等，且这一论点在基于部分发达国家与发展中国家数据的实证分析中均能得到证明（Caminada & Goudwaard，2001[172]；Ocampo，1998[173]）。公共教育投入与税收政策是最为常见的公共制度。提升公共教育投入可以有效缓解收入的代际传递性（Solon，2004[125]；James，2005[174]）。高收入阶层更加偏好较低的公共教育投入，低收入阶层更加偏好较高的公共教育投入（Bernasconi & Profta，2007[175]；魏颖，2009[176]；Andrea et al.，2011[177]）。在美国，再分配政策对资源分配的再调节作用更为明显，在再分配政策的调节下，不平等指数下降30%。此外研究发现，随着个人所得税起征点的提高，社会税收总额呈现倒"U"形变化趋势，因此个人所得税起征点存在最优值，使得劳动者经济收入与社会再分配效应均达到最优（岳树民等，2011[178]）。

在不同的时期背景与社会环境之下，再分配政策发挥的作用可能并不相同，政府再分配政策能否发挥资源再分配的效应，真正改善贫困家庭的经济状况，取决于有多少财政支出投入到弱势群体。公共教育投入与医疗保障方面的公共政策可以减轻劳动者的收入不平等，有助于弱势群体经济收入向上流动。但是另一方面，不同的公共政策对群体的影响效应也有所不同，高等教育扩招政策使得高收入群体更加受益（Machin & Vignoles，2004[179]；Machin，2007[180]），基础教育的投入增加则有利于低收入群体，促进代际收入流动的提升（陈琳，2018[181]）。此外，周波（2012）从公共财政支出的角度分析了再分配政策对代际收入传递的影响，认为公共教育投入可以有效缓解收入的代际传递，而教科文卫方面的投入则对收入的代际传递影响较弱[182]。

## 2.6  文献综述

国内外研究学者为收入的代际传递机制与影响因素的分析做出了重要贡献，也促使更多的经济学家、社会学家与政治学家共同关注社会流动与社会公平的问题。

在有关中国目前社会代际收入流动的现状方面，虽然不同的研究学者基于不同的数据库，采用不同的估计方法得出的代际收入弹性系数不尽相同，但是从研究学者对代际收入弹性系数的估计上可以看出，中国的代际收入流动呈现了先波动上升后波动下降的趋势，城市的代际收入流动低于农村。相较于欧洲各国，中国居民收入的代际传递性偏高，与美国大致相同。由此可见，中国居民收入的代际传递性虽然偏高，需要引起足够的重视，但是并不至于陷入"中等收入陷阱"。

在有关代际收入传递的影响因素方面，基于大量实证分析，研究者认为，人力资本投入、社会资本传递、财富转移、基因遗传、职业传递、文化隔离等均为父辈经济收入对子辈经济收入产生影响的重要途径。其中，人力资本投入、社会资本传递与财富转移为最重要的三条路径。对于人力资本投入，主要的方式有家庭人力资本投入与社会公共教育投入。其中家庭人力资本投入可以帮助子女获得额外的人力资本积累，从而提升经济收入；社会公共教育投入主要帮助贫困阶层的子女削弱家庭经济水平的影响。对于社会资本投入，主要的传递机制有两条：一是子女可以通过社会资本获取更高的人力资本积累，同时在劳动力市场获得丰富的就业机会，从而间接促进子女的经济收入的增长；二是社会资本高的子女通过更高的市场关联度与更高的资本回报率直接获取更高的经济收入。对于财富转移，主要的传递途径有两条：一是资产的直接赠予，如房产与金融资产的赠予或遗产继承；二是婚嫁带来的"彩礼"与"嫁妆"等。

在有关收入不平等与代际收入传递的相互关系方面，目前主要包含三个方面：第一，收入不平等对代际收入传递的促进效应。首先，父辈的收入差距将带来子女的资本存量与结构的不平等；其次，父辈的收入差距将会为子女的资本回报率带来不平等。第二，收入不平等对代际收入传递的阻碍效应。首先，随着经济的不断发展，社会公共教育投入将不断增加，当公共教育的质量足以弥补家庭人力资本投入产生的差异时，将在一定程度上削弱收入的代际传递，贫困家庭子女的经济收入将实现向上流动，此时社会的代际收入流动性与收入差距有可能同时增大；其次，在区域均衡、城乡一体化、精准扶贫等国家政策的帮扶之下，劳动力的地域流动将大大增强，劳动者的机会不平等也将得到缓解，即使社会的收入不平等依然增加，此时收入流动性也大大提升；再次，随着婚姻的组建或破裂，子女的生长环境受到巨大的变动，家庭背景发生改变，这将导致收入流动性与收入差距的同时提升。第三，收入不平等对代际收入传递的结构化影响。收入的机会不平等将对代际收入传递产生促进效应，而收入的努力不平等将对代际收入传递产生阻碍效应，当居民收入总体不平等提升时，社会的代际收入传递是上升还是下降，取决于机会不平等与努力不平等的影响效应哪个更大。

在有关政府再分配政策对代际收入流动的影响方面，目前存在两种观点：第一种观点认为再分配政策对代际收入流动没有显著的影响，贫困人群并非财政转移支付的直接受益者，税收对于资源再分配的作用非常有限，提高个人所得税起征点之后，税收可以起到的作用将更加有限；第二种观点认为再分配政策可以有效缓解劳动者的收入不平等，促进代际收入流动性，提升公共教育中的基础教育投入比例，可以有效缓解贫困家庭子女的人力资本投入不平等，且存在个人所得税起征点的最优值，可以保证贫困劳动者较高的可支配收入的同时税收的再分配作用达到最大。

尽管国内外围绕代际收入传递进行了大量的实证研究，但是依然存在不足之处。首先，在有关人力资本、社会资本与财富资本的度量方面，由于受制于数据的可获得性与模型的选择，通常使用劳动者的受教育程度来替代劳动者的人力资本累积量（蒋乃华，2006[183]；谢勇，2006[184]；陈琳，2012[42]；胡伟华，2013[185]），另外，王宇（2008）还采用家庭收入中的医疗支出比例作为人力资本的替代量[186]。对于社会资本的度量，陈琳（2012）使用政治面貌、单位性质和职业特征来衡量劳动者的社会资本[42]；李春玲（2005）采用职业声望和社会经济地位等相关变量[75]；周晔馨（2012）采用礼金支出、邻里帮工时间、加入组织种类，基于主成分分析提取劳动者的社会资本[101]。本书基于信号理论，从劳动者的潜在特质出发，采用受教育程度、健康、培训等多个维度来度量劳动者的人力资本，采用劳动者的政治面貌、阶层地位、社会往来等方面来度量劳动者的社会资本，采用劳动者的房产、土地、金融资产等方面来度量劳动者的财富资本，可以较大限度地保留调查数据信息，提高劳动者资本存量的度量精度。

其次，在有关代际收入传递影响因素方面的研究，目前主要集中于父子之间财富资本、社会资本、人力资本和基因遗传等方面，市场机制与政府财政制度对社会代际传递的影响也仅限于理论方面，有关政策对社会流动性的实证研究目前相对匮乏，虽然有越来越多的研究者已经意识到政府政策调控对社会代际收入流动与经济发展的影响，但是大多停留在宏观分析阶段，并未提供严谨的理论支持。

最后，"了不起的盖茨比曲线"虽然反映了收入不平等与代际收入传递之间的经验关系，但是并不能证明二者之间的因果效应。如果劳动者主要依赖个人努力来获得较高的经济报酬，那么这种不平等将有利于经济的长远发展，社会的收入流动性将增强；如果劳动者主要依靠家庭资本继承来累积财富，那么这种不平等将不利于资源的合理分配，社会的收入流动性将减弱。

# 3 代际收入流动性估计

## 3.1 引言

更高的收入流动性对于满足人们对公平的愿望至关重要。社会公平作为社会凝聚力的基石，对维护社会稳定起着重要的作用。然而，对于世界的大多数国家而言，社会的代际收入流动程度都不足以弥补人们对于收入公平的缺失。迟缓的代际收入流动性和普遍的劳动者机会不平等可能削弱人们对社会公平的信任与看法，从而影响支持经济增长和社会稳定的公民精神。大量行为实验表明，人们非常反感被社会不平等对待，除了对收入不平等的排斥，人们对未来社会流动性的期许同样重要，较高的代际流动性可以促进人们对现状不平等的包容。如果代际流动程度较高，人们就更加愿意从长远的方面来看待能够促进经济增长和社会繁荣的政策，并在经济的效率与公平中做出适当的取舍。如果社会的代际流动性较低，人们对未来的期望、希望和抱负也会相应减少，从而进一步降低对子女人力资本的投资，低水平代际收入流动和低水平经济发展的恶性循环将不断强化。人们对代际流动性的看法是形成个人期待与子女期待的重要组成部分，如果发展到极端，低水平流动性和低水平愿望的恶性循环会迫使人们选择退出社会经济过程，导致社会边缘化，产生社会冲突。

近年来，由于微观数据库的不断完善与建立，大量研究学者纷纷采用不同的调查数据，使用不同的研究方法，对社会的代际收入流动进行估计。

从社会整体代际收入弹性系数的估计上来看，郭丛斌等（2007）[187]基于中国城镇与就业情况调查数据计算得出代际收入弹性系数大约为 0.3；Zhang et al.（2010）[22]基于 CHNS 数据计算得出中国社会的代际收入流动系数为 0.45；秦雪征等（2014）[188]基于 CHNS 数据，考虑人力资本的传递性后计算得出中国代际收入弹性为 0.48；唐可月[189]基于 2016 年 CFPS 数据库，利用家庭平均收入代替父亲经济收入，考虑了教育的影响之后，计算得出代际收入弹性系数为 0.436；世界银行（2018）[190] 采用中国学者基于 CFPS（2012）数据库，基于 20 世纪 60 年代出生的劳动者经济收入，估计出代际收入弹性系数（0.399），以此代表近代中国社会的代际收入流动水平。

从不同年代的代际收入流动变化趋势上来看，Deng et al.（2013）[20] 基于 CHIP 数据计算得出中国 1995 年城镇居民代际收入弹性系数为 0.47，2002 年提高到 0.53，社会的代际收入流动有所降低；尹恒等（2006）[191] 认为 1991 年到 1995 年的中国社会代际收入流动性相对较低，1998 年至 2002 年间，代际收入流动有了显著的提升；陈琳等（2012）[42] 认为从 1988 年到 2005 年之间，中国的代际收入流动从大幅度提升到逐渐稳定；何石军等（2013）[39] 基于 CHNS 数据，认为从 2000 年到 2009 年之间，代际收入流动程度总体提升，但是子女经济收入对家庭环境的依赖程度依然很高；王学龙（2019）[192] 使用 CHNS 数据计算得出，60 年代后的中国城镇居民代际收入流动程度最高，70 年代后代际收入流动程度最低，80 年代后的代际收入流动性处于两个年代之间。目前，2005 年之后中国代际收入流动程度的变化尚未有定论，阳义南等（2015）[193] 认为 2006 年之后，中国代际收入流动逐渐提升；李力行等（2014）[194] 认为中国代际收入流动程度逐渐降低。

从不同性别的代际收入流动情况来看，Gong et al.（2012）[21] 认为中国代际收入流动程度非常低，父子代际收入弹性为 0.63，父女代际收入弹性为 0.97，父女的代际收入流动显著低于父子。

从不同地区的代际收入流动变化趋势来看，世界银行（2018）[190] 对六个较大的发展中国家（巴西、埃及、印度、印度尼西亚、中国和尼日利亚）的社会流动性进行调查，认为对于 20 世纪 80 年代出生的劳动者，有五个国家呈现出相近的规律：代际流动性较大的省份拥有较高的人均 GDP。这与代际流动性与国民经济收入高度正相关的理论假设一致。但是中国例外：对中国各个省份的代际流动性与人均 GDP 进行对比，发现代际流动性较大的省份往往较为贫穷。在这些发展中国家中，代际流动性较大的省份，向上代际流动的概率也倾向于越大，但在中国，这种相关性则较小，这与中国是单一经济体是分不开的，在相对富裕省份，代际流动性往往更低。

本书采用代际收入弹性的估计、分位数估计与收入的转移矩阵分析对中国社会的总体代际收入流动水平进行描述，并通过城乡分类来探讨社会流动的区域差异，通过性别分类来探讨父子与父女代际传递的特征差异。

## 3.2 模型设定

由于数据的测量误差与样本的科学有效性问题，早期的研究学者对于代际收入弹性的估计都存在着不一样的偏差，即使是同一时期运用相同的数据，采用不同的模型也会得到不同的结果，近年来，越来越多的学者都致力于探讨出一种更为精确的代际收入流动估计方法。

早先，大多数研究学者主要采用线性回归模型，基于最小二乘估计法（OLS）衡量父子之间收入的代际流动，用来讨论社会的收入分配情况。后来分位数回归方法被普遍运用（Eide & Showalter，1999[195]）。之后，又有更多的研究学者通过构建收入的转移矩阵来分析跨阶级群体的流动性水平（Peters，1992[196]；Zimmerman，1992[197]）。通过分位数回归分析法，Eide & Showalter（1999）[195]发现较低分位数收入群体，其收入的流动性更低。通过转移矩阵分析法，Peters（1992）[196]认为，处于四分之一分位数以下和四分之三分位数以上的家庭，其父子之间的代际收入流动性最低。而 Zimmerman（1992）[197]证明，代际收入的向上流动比例要大于向下流动的比例。

### 3.2.1 代际收入弹性估计

从 Solon（1992）和 Zimmerman（1992）的开创性工作开始，经济学家在如何使用 Galton-Becker-Solon（GBS）回归模型测量代际收入弹性的问题上取得了重要进展：

$$Y^{child} = \alpha + \beta \cdot Y^{father} + \varepsilon \quad (3.1)$$

其中，$Y^{child}$ 为子女终生收入的对数，$Y^{father}$ 为父亲终生收入的对数，$\beta$ 为待估计的代际收入弹性系数，$\alpha$ 为常数项，$\varepsilon$ 为误差项。代际收入弹性衡量了父亲与子女收入之间的关系，代际收入弹性系数越大，父亲与子女经济收入之间的关联越大，社会的代际收入流动越低。但是 $\beta$ 仅仅只能估计子女经济收入与父亲经济收入的相关性，而不能说明二者之间的因果关系。虽然通过相关理论分析认为基因遗传和人力资本投资是代际收入传递的关键性因素（Becker

& Tomes，1986[198]；Solon，2004[125]），但是模型变量复杂的内生性使得研究者很难得出因果性结论（Solon，1999[109]；Sandra & Devereux，2010[199]）。

此外，永久性收入不能直接观察到，因此通常用其他收入变量进行替代。文献中常用的方法为使用父亲和子女若干年的收入均值来替代父子的终生收入。由于劳动者的经济收入与其生命周期显著相关，并大体呈现出倒"U"形特征，因此，通常运用劳动者的年龄来估计其终生收入：

$$\frac{1}{T}\sum_{t=1}^{T}\ln(Y_{it}^{L}) = \ln(Y_{i}^{L}) + \rho_{1}^{L}A_{i}^{L} + \rho_{2}^{L}(A_{i}^{L})^{2} + \eta_{i}^{L}, L \in \{\text{child, father}\} \quad (3.2)$$

其中，$i$为第$i$个家庭，$T$为收入的观测年份（$T \geq 1$年），$\ln(Y_{i}^{L})$代表了年龄调节过后劳动者终生收入的一部分，$Y_{i}^{L}>0$，$\ln(Y_{it}^{L})$为劳动者在第$t$年收入的对数取值，$Y_{it}^{L}>0$，$A_{i}^{L}$为劳动者经济收入观测时期的平均年龄，$\eta_{i}^{L}$为误差项，$\rho_{1}^{L}$与$\rho_{2}^{L}$为回归系数。父亲与子女的终身收入将分别估计以保证两代人经济收入随生命周期波动的异质性。因此，可以得到代际收入弹性估计的新模型：

$$\frac{1}{T}\sum_{t=1}^{T}\ln(Y_{it}^{\text{child}}) = \alpha + \beta\frac{1}{T}\sum_{t=1}^{T}\ln(Y_{it}^{\text{father}}) + A_{i}\rho' + \mu_{i} \quad (3.3)$$

其中：

$$\rho' = [-\beta\rho_{1}^{\text{father}}, -\beta\rho_{2}^{\text{father}}, \rho_{1}^{\text{child}}, \rho_{2}^{\text{child}}],$$
$$A_{i} = [A_{i}^{\text{father}}, (A_{i}^{\text{father}})^{2}, A_{i}^{\text{child}}, (A_{i}^{\text{child}})^{2}],$$
$$\mu_{i} = \varepsilon_{i} + \eta_{i}^{\text{child}} - \beta\eta_{i}^{\text{father}}$$

与模型（3.1）相同，$\beta$为待估计的代际收入弹性系数。

值得注意的是，父亲与子女短期收入的平均值与终生收入之间的测量误差依然会带来代际收入弹性系数估计的偏误，假定劳动者短期收入的平均值与终生收入的关系可以用下式表达：

$$y_{iT} = y_{i} + v_{iT} \quad (3.4)$$

上式为劳动者的收入动态方程，$y_{iT}$为劳动者$i$在$T$时期内收入的观测平均值；$y_{i}$为劳动者真实的终生收入，$v_{iT}$为观测收入与终生收入之间的测量误差，假定$v_{iT}$序列不相关，且与劳动者的终生收入无关。斜率恒为1。

$$\text{plim }\hat{\beta} = \beta\mu < \beta, \mu = \sigma_{y_0}^{2}/(\sigma_{y_0}^{2} + \sigma_{v_0}^{2}/T) \quad (3.5)$$

$\sigma_{y_0}^2$与$\sigma_{v_0}^2$分别为劳动者终生收入与测量误差的方差，这种因测量误差而导致的偏误被称为衰减偏误。$\mu$被称为衰减因子。虽然衰减偏误无法被完全消除，幸运的是，随着$T$的增加，偏差的幅度会逐渐缩小。

为了克服这种衰减偏误，普遍使用的办法为工具变量法（IV），然而Solon证明由于存在遗漏变量偏误，IV估计量也是不一致的，IV估计会因遗漏变量导致向上的偏误。

假设孩子真实的终生收入方程为：

$$Y^{child} = \alpha + \beta_1 * Y^{father} + \beta_2 * E_i + \varepsilon \quad (3.6)$$

其中$E_i$为父亲的受教育水平，$\lambda$为父亲终生收入和受教育水平的相关系数，则：

$$\text{plim}\,\widehat{\beta_1} = \beta_1 + \frac{\beta_2\,\sigma_E(1-\lambda^2)}{\lambda\,\sigma_{y^{father}}} > \beta_1 \quad (3.7)$$

$\sigma_{y^{father}}$与$\sigma_E$为终生收入与受教育水平的方差。由此可见，IV估计会产生向上的偏误，因此IV估计值可以作为代际收入弹性系数的估计上限。最小二乘法和IV估计法为代际收入弹性的估计提供了上下限（Solon, 1992）。

### 3.2.2 分位数回归

分位数回归技术（Koenker & Bassett, 1978[200]）可以在最小二乘法的基础上进一步挖掘更深层次的信息，用以检验收入分布上的不同群体代际收入流动的变化。同样，记$Y_i^{child}$为家庭$i$孩子的终生收入，$Y_i^{father}$为家庭$i$父亲的终生收入：

$$\ln(Y_i^{child}) = \alpha_\theta + \beta_\theta \ln(Y_i^{father}) + \varepsilon_{i,\theta} \quad (3.8)$$

其中$\theta$为收入分布的分位数，$\alpha_\theta$为常数项，$\varepsilon_{i,\theta}$为误差项，同时：

$$\text{Quant}_\theta(\ln(Y_i^{child}) \mid \ln(Y_i^{father})) = \alpha_\theta + \beta_\theta \ln(Y_i^{father}) \quad (3.9)$$

在这种情况下，劳动者的终生收入、年收入和年龄之间的关系可以在收入的条件分布上变化，因此：

$$\frac{1}{T}\sum_{t=1}^{T}\ln(Y_{it}^L) = \ln(Y_i^L)_\theta + \rho_{1,\theta}^L A_i^L + \rho_{2,\theta}^L (A_i^L)^2 + \eta_{i,\theta}^L, \ L \in \{child, father\}$$
$$(3.10)$$

其中，$Y_i^L$ 为劳动者的终生收入，$Y_{it}^L$ 为劳动者在 $t$ 时期的观测收入，$A_i^L$ 为劳动者经济收入观测时期的平均年龄，$\eta_{i,\theta}^L$ 为误差项，$\rho_{1,\theta}^L$ 与 $\rho_{2,\theta}^L$ 为回归系数，将终生收入的估计值代入代际收入弹性的估计模型（3.8）中，可以得到以下模型：

$$\frac{1}{T}\sum_{t=1}^{T}\ln Y_{it}^{\text{child}} = \alpha_\theta + \beta_\theta \frac{1}{T}\sum_{t=1}^{T}\ln Y_{it}^{\text{father}} + A_i \rho_\theta' + \mu_{i,\theta} \quad (3.11)$$

其中：

$$\rho_\theta' = [-\beta_\theta \rho_{1,\theta}^{\text{father}}, \ -\beta_\theta \rho_{2,\theta}^{\text{father}}, \ \rho_{1,\theta}^{\text{child}}, \ \rho_{2,\theta}^{\text{child}}],$$

$$A_i = [A_i^{\text{father}}, \ (A_i^{\text{father}})^2, \ A_i^{\text{child}}, \ (A_i^{\text{child}})^2],$$

$$\mu_{i,\theta} = \varepsilon_{i,\theta} + \eta_{i,\theta}^{\text{child}} - \beta_\theta \eta_{i,\theta}^{\text{father}}$$

此时，$\beta_\theta$ 为不同分位数群体的代际收入弹性系数。

### 3.2.3 转移矩阵

最小二乘法和分位数回归法的目的都在于估计出代际收入流动变化的绝对值。而收入的转移矩阵则可以通过观察不同阶层的收入群体在代际之间的变动方向来帮助研究者加深对代际收入流动的理解。将父母与子女的经济收入按照五分位数分类为五个社会阶层，转移矩阵中的每一个元素 $p_{k,j}$ 代表了经济收入在第 $k$ 个层次的父母，其子女经济收入处于社会的第 $j$ 个层次的条件概率。转移矩阵对角线上的元素代表了子女在其父母的社会阶层停留的概率。而非对角线上的元素则代表了子女离开其父母的社会阶层，收入流动的方向。

在转移矩阵的基础上，可以进一步求得代际收入流动的汇总指标，分别是惯性率、亚惯性率和平均阶差。其中惯性率为转移矩阵对角线上元素的算术平均值，惯性率越高，说明子女停留在父母所在社会阶层的概率越大，社会的代际收入流动越低；亚惯性率为对角线上元素与其上、下平行两条斜线上元素的求和，再除以收入等级数，亚惯性率越高，说明社会的代际收入流动越低；平均阶差为转移矩阵每一个元素，以阶层转移的绝对值为权重，加权求和再除以收入等级数，平均阶差越大，说明子女离开父母所在阶层的概率越大，社会的代际收入流动越高。其计算公式分别为：

$$M_1 = \frac{1}{m}\sum_{i=1}^{m} p_{ii} \tag{3.12}$$

$$M_2 = \frac{1}{m}\sum_{i=1}^{m}\sum_{j=i-1}^{i+1} p_{ij} \tag{3.13}$$

$$M_3 = \frac{1}{m}\sum_{i=1}^{m}\sum_{j=1}^{m} p_{ij}|i-j| \tag{3.14}$$

其中，$i, j \in [1, m]$，$m$ 为收入的等级数，一般约定为 5。且有 $\sum_{i=1}^{m} p_{ij} = \sum_{j=1}^{m} p_{ij} = 1$。因此，$M_1$ 与 $M_2$ 最大值为 1，最小值为 0，当统计量达到最大值时，社会的代际收入流动停滞；当统计量达到最小值时，社会的代际收入流动性较强。$M_3$ 的最小值为 0，当 $M_3$ 达到最小值时，社会的代际收入流动最低；$M_3$ 越大，社会的代际收入流动越大。

### 3.2.4　人力资本、社会资本与财富资本的估计模型

美国心理测量学家 Lord（1968）[208]针对劳动者内部潜在特质与外部表现情况之间的关系提出了项目反应理论，项目反应理论（IRT）也被称为潜在特质理论，其目标在于构建数学模型来确定受访者的潜在特质能否被相应的问卷调查反映出来。劳动者的潜在特质是在社会生活中逐渐产生、发展和变化，并促使劳动者产生社会行为的内在能力，无法被直接观测和精确估计。项目反应理论认为，劳动者的社会行为与外在表现依赖于潜在特质。通过 IRT 模型，可以依据劳动者在相关调查问卷的作答情况，通过构建数学模型推断劳动者的潜在特质。项目反应理论为量化个体的潜在特质和外部信号之间的关系提供了可能。目前，IRT 理论已经被广泛地用于对社会生活中个体的行为进行评估。

IRT 理论的原理是根据受访者在调查问卷上的作答情况，对受访者在问卷项目上的得分概率进行估计，对于特定的问卷项目，受访者的潜在特质水平越高，在该项目上的得分概率也将越高。IRT 理论最大的优点在于，受访者潜在特质独立于问卷调查的各个项目，且在一个项目上的表现情况不依赖于其他项目，问卷项目上的得分情况仅仅只依赖于自身的潜在特质。

劳动者的内在人力资本、社会资本与财富资本作为难以被直接测量的潜在特征，往往只能通过劳动者的行为表现被市场所观察到。基于信号理论，本书认为受教育程度、健康水平以及技能培训等因素共同反映了劳动者人力资本的内在潜在特质，行业性质、职业类别和政治面貌等因素共同反映了劳动者社会资本的内在潜在特质，金融资产与房产价值等因素共同反映了劳动者财富资本的内在潜在特质。劳动者的内在资本特质决定了其在诸多因素上所能达到的水平。

本书通过项目反应理论对劳动者的内在人力资本、财富资本、社会资本进行估计。假定一份测量劳动者某个资本特征的调查问卷包含 $l$ 个项目，对于二分类的项目，依据劳动者在该项目上的回答情况进行 0、1 记分。$X_i$ 为劳动者在项目 $i$ 上的得分情况，$X_i \in [0, 1]$，$P_i(\theta)$ 为劳动者在第 $i$ 个问卷项目上得分为 1 的概率，因此，$P_i(\theta)$ 满足如下方程：

$$P_i(\theta) = Pr(X_i = 1 \mid a_i, b_i) = \frac{\exp[a_i(\theta - b_i)]}{1 + \exp[a_i(\theta - b_i)]} \quad (3.15)$$

$$Pr(X_i = 0 \mid a_i, b_i) = 1 - P_i(\theta) = \frac{1}{1 + \exp[a_i(\theta - b_i)]} \quad (3.16)$$

其中，$\theta$ 为劳动者通过该问卷调查反映的潜在特质（在本书中分别为劳动者的内在人力资本、社会资本和财富资本），$\theta \in (-\infty, \infty)$，但是在实际中，一般 $\theta \in [-4, 4]$，$\theta$ 越高，劳动者在项目 $i$ 上得分为 1 的概率越大；$a_i$ 为项目 $i$ 对劳动者潜在特质的鉴别力，$a_i \in [0, \infty]$，$a_i$ 越高，项目 $i$ 对劳动者潜在特质的鉴别力越强；$b_i$ 为劳动者在项目 $i$ 上得分为 1 的难度，$b_i \in (-\infty, \infty)$，但是在实际中，一般 $b_i \in [-4, 4]$，$b_i$ 越高，劳动者在项目 $i$ 上得分为 1 的难度越大。劳动者在项目 $i$ 上得分为 1 的概率只依赖于受访者的潜在特质 $\theta$。

利用极大似然法（ML）可以对劳动者的潜在特质进行估计。首先构建的似然函数：

$$L(\theta) = \prod_{i=1}^{l} P_i(\theta)^{X_i} Q_i(\theta)^{1-X_i} \quad (3.17)$$

其中，$Q_i(\theta) = 1 - P_i(\theta)$，为劳动者得分为 0 的概率。然后，对函数两边分别取对数：

$$\log L(\theta) = \sum_{i=1}^{l} \{X_i \log P_i(\theta) + (1 - X_i) \log Q_i(\theta)\} \quad (3.18)$$

对 $\theta$ 求导，并使导函数等于 0：

$$\frac{\partial \log L(\theta)}{\partial \theta} = 0 \tag{3.19}$$

求解得出劳动者的潜在特征值 $\theta$。极大似然估计 $\theta$ 的标准误为：

$$se(\hat{\theta}_{ML}) = \frac{1}{\sqrt{I(\hat{\theta}_{ML})}} \tag{3.20}$$

其中，$I(\hat{\theta}_{ML})$ 为信息函数：

$$I(\hat{\theta}_{ML}) = -E\left(\frac{\partial^2 \log L(\theta)}{\partial \theta}\right) \tag{3.21}$$

如果项目得分是多分类的，当 $i$ 项目得分的分类数 $m_i$ 大于 2 时，

$$P_{i0}(\theta) + P_{i1}(\theta) + \cdots + P_{im_j}(\theta) = \sum_{k=0}^{m_i} P_{ik}(\theta) = 1 \tag{3.22}$$

对每一个中间类别，劳动者得分为 $k$ 的概率可以由劳动者得分为 $k-1$ 的条件概率定义：

$$\begin{aligned} C_{ik} &= P_{ik|k-1}(\theta) \\ &= \frac{P_{ik}(\theta)}{P_{i,k-1} + P_{ik}(\theta)} \\ &= \frac{\exp[a_i(\theta - b_{ik})]}{1 + \exp[a_i(\theta - b_{ik})]} \end{aligned} \tag{3.23}$$

其中 $k=1, 2\cdots m_i$。那么：

$$P_{ik}(\theta) = \frac{C_{ik}}{1 - C_{ik}} P_{i,k-1}(\theta) \tag{3.24}$$

其中：

$$\begin{aligned} \frac{C_{ik}}{1 - C_{ik}} &= \frac{P_{ik|k-1}(\theta)}{1 - P_{ik|k-1}(\theta)} \\ &= \frac{P_{ik|k-1}(\theta)}{P_{ik-1|k-1}(\theta)} \\ &= \exp[a_i(\theta - b_{ik})] \end{aligned} \tag{3.25}$$

定义 $P_{i0}(\theta) = \frac{1}{G}$，因此，其余类别的概率为：

$$P_{i1}(\theta) = \frac{\exp[a_i(\theta - b_{i1})]}{G} \tag{3.26}$$

$$P_{i2}(\theta) = \frac{\exp[a_i(\theta - b_{i1}) + a_i(\theta - b_{i2})]}{G} \quad (3.27)$$

$$P_{im_i}(\theta) = \frac{\exp\left[\sum_{v=1}^{m_i} a_i(\theta - b_{iv})\right]}{G} \quad (3.28)$$

由于 $\sum P_{ik}(\theta) = 1$,因此:

$$G = 1 + \sum_{c=1}^{m_i} \exp\left[\sum_{v=1}^{c} a_i(\theta - b_{iv})\right] \quad (3.29)$$

因此有关劳动者潜在特质的多分类 Logit 模型可以定义为

$$P_{ik}(\theta) = \frac{\exp\left[\sum_{v=1}^{k} a_i(\theta - b_{iv})\right]}{1 + \sum_{c=1}^{m_i} \exp\left[\sum_{v=1}^{c} a_i(\theta - b_{iv})\right]} \quad (3.30)$$

根据 $N$ 个劳动者在 $L$ 个项目上的回答情况可获得反应矩阵 $U$,该矩阵具有 $N$ 行 $L$ 列,其第 $j$ 行 $i$ 列的元素为 $u_{ji}$,记 $u_{jik}$ 为第 $j$ 个劳动者在第 $i$ 个项目上的得分为 $k$,$j \in [1, N]$,$i \in [1, L]$,$k \in [1, m_i]$,$m_i$ 为项目 $i$ 的最高得分。由于受访者在每一个项目上的反应皆是独立的,因此反应矩阵 $U=[u_{jik}]$ 的似然函数为:

$$L[U_{jik}(\theta_j, a_i, b_i)] = \prod_{j=1}^{N} \prod_{i=1}^{L} \prod_{k=0}^{m_i} [P_{jik}(\theta_j, a_i, b_i)]^{U_{jik}} \quad (3.31)$$

采用联合极大似然估计方法对劳动者的潜在特质进行联合估计。首先计算出劳动者潜在特质的初值。记 $X_j$ 为第 $j$ 个受访者在 $L$ 个问卷项目中的总得分,记 $M$ 为问卷项目满分,则一般劳动者的潜在特征初值 $\theta_0 = \ln(X_j/M - X_j)$;第二步在已知潜在特质的条件下对似然函数 $L[U_{jik}(\theta_j, a_i, b_i)]$ 求导,求解方程:

$$\frac{\partial \ln L}{\partial b_i} = 0 (1 \leq i \leq L) \quad (3.32)$$

$$\frac{\partial \ln L}{\partial a_i} = 0 (1 \leq i \leq L) \quad (3.33)$$

采用牛顿迭代法可对方程求解得到 $a_i$ 与 $b_i$ 的估计值;第三步在 $a_i$ 与 $b_i$ 估计值的条件下对似然函数 $L[U_{jik}(\theta_j, a_i, b_i)]$ 求导,求解方程:

$$\frac{\partial \ln L}{\partial \theta_j} = 0 (1 \leq j \leq N) \qquad (3.34)$$

采用牛顿迭代法可对方程求解得到 $\theta_j$ 的估计值；第四步将估计出的潜在特质与项目参数作为新的初值重复第二步与第三步的迭代过程，直至收敛性准则满足。

## 3.3 数据与变量

### 3.3.1 变量

（1）收入变量。本书采用样本的全年总收入来进行衡量。

（2）背景变量。包括劳动者的性别、年龄、户口所在地、婚姻状况等。

（3）人力资本变量。依据美国经济学家 Becker（1963）对劳动者人力资本的分类："通过教育、在职培训、医疗保健、迁移以及信息搜集等投资于人的活动而形成的凝结于人力资源之上的知识、能力和健康水平等综合特质，这些综合特质的有效利用可以增加人们的货币或心理收入。"考虑到数据的可获得性，本书选用劳动者受教育程度、技能培训和健康状况等因素来衡量劳动者的人力资本水平。受教育程度方面，本书采用最高教育水平、是否使用外语、是否使用计算机、是否读书、阅读量等变量衡量；培训方面，本书采用是否参加技术技能培训、是否获得专业技术证书、是否参加文化艺术培训、是否获得文化艺术证书等变量衡量；健康方面，本书采用身体是否不适、是否有慢性疾病、锻炼身体频率、睡眠时长以及个人健康状况等变量衡量。

（4）社会资本变量。边燕杰从网络规模、网络顶端、网络差异和网络构成四个方面来度量劳动者社会资本存量。李辉文基于家庭通信费用支出和家庭礼金衡量劳动者的社会资本。李春玲利用权力因素（是否为管理者）、部门因素（公共部门或者私人部门）与社会歧视因素来度量劳动者的职业声望，认为决定劳动者声望地位的主要因素有教育、收入、权力、就业单位性质以及是否从事特殊职业。周光肃等（2014）将礼金往来作为社会资本代理变量。本书参考陈琳、袁志刚（2012）对社会资本变量的定义，并考虑数据的可获得性，采用对社会资本有较大影响的变量表示，包括是否为党员、是否为工会成员、是否为宗教团体成员、是否为个体劳动者协会成员、工作单位性质、是否具备行政管理职务、管理人员规模、人情礼支出等。

（5）财富资本变量。居民财富资本主要包含房产、土地、金融资产、耐用品资产与现金资产五个方面。结合数据的可获得性，本书采用房屋当前市价、其他房产总值、其他房产数量、房租总收入、住房拆迁补偿、现金存款、金融产品总价、金融投资获利、土地征用补偿、土地租赁、其他资产租赁和耐用消费品总值等变量衡量居民的财富资本。

### 3.3.2 数据

本论文使用的数据主要来自北京大学"985"项目资助、北京大学中国社会科学调查中心执行的中国家庭追踪调查（CFPS）。CFPS数据的调查对象为中国25个省（市、自治区）的满足项目访问条件的家庭和家庭中满足访问条件的家庭成员，于2010年展开正式的访问。CFPS采用内隐分层的方法抽取多阶段等概率样本，综合考虑到了中国社会的背景差异。目前CFPS已取得正式调查数据共4个年份，分别为2010年、2012年、2014年与2016年。CFPS数据库为目前已公布的收入数据最新的数据库。本书主要目标变量来自2016年CFPS最新调查数据，有效家庭共计14033个，有效个体样本共计33296个。以2016年、2014年、2012年、2010年CFPS四个观测年间经济收入的非空数据均值作为劳动者终生收入的替代变量。

在背景变量中，年龄数据从问卷中直接提取，性别依据"男"与"女"分别编码为"1"与"0"；户口所在地依据"城市"与"农村"分别编码为"1"与"0"。

在人力资本变量中，受教育程度依据"研究生""本科""高中与大专""小学与初中""文盲与半文盲"分别编码为"4""3""2""1""0"；是否使用外语、是否使用计算机、是否读书、是否参加技术技能培训、是否获得专业技术证书、是否参加文化艺术培训、是否获得文化艺术证书、身体没有不适、没有慢性疾病等变量依据"是"和"否"编码为"1"与"0"；阅读量、锻炼身体频率、睡眠时长依据分位数分类编码为"1"到"5"；个人健康状况依据健康程度编码为"1"到"5"。

在社会资本变量中，工作单位性质依据"无部门""其他部门""私有部门""公共部门"分别编码为"1"到"4"；是否为党员、是否为工会成员、是否为宗教团体成员、是否为个体劳动者协会成员、是否具备行政管理职务依据"是"和"否"编码为"1"与"0"；管理人员规模依据分位数分类编码为"0"到"4"；人情礼支出依据分位数分类编码为"0"到"5"。

在财富资本变量中，各变量依据其数据分布特性按照分位数依次分类编码。

除此之外，将子女年龄限制在18岁成年以后，将父亲的年龄控制在80岁以前，获得有效样本家庭7818个。表3.1为主要变量统计信息。

表 3.1　主要变量统计信息

| 变量名 | 均值 子 | 均值 父 | 标准差 子 | 标准差 父 | 最小值 子 | 最小值 父 | 最大值 子 | 最大值 父 |
|---|---|---|---|---|---|---|---|---|
| 户口所在地（urban16） | 0.47 | | 0.50 | | 0 | | 1 | |
| 年龄（cfps_age） | 29.03 | 55.78 | 7.54 | 8.75 | 18 | 40 | 62 | 80 |
| 教育（edu） | 1.56 | 0.95 | 0.78 | 0.67 | 0 | 0 | 5 | 4 |
| 性别（gender） | 0.64 | 1.00 | 0.48 | 0.03 | 0 | 0 | 1 | 1 |
| 收入（income） | 34 620 | 17 182 | 184 213 | 34 174 | 0 | 0 | 1 806 000 | 1 040 000 |
| 单位性质（egc203_a_1） | 1.22 | 1.15 | 0.65 | 0.54 | 1 | 1 | 4 | 4 |
| 行政管理职务（qg14） | 0.04 | 0.01 | 0.20 | 0.09 | 0 | 0 | 1 | 1 |
| 管理人员规模（qg1701） | 0.08 | 0.03 | 0.36 | 0.24 | 0 | 0 | 4 | 4 |
| 党员（qn4001） | 0.09 | 0.13 | 0.28 | 0.34 | 0 | 0 | 1 | 1 |
| 工会成员（qn4003） | 0.07 | 0.09 | 0.26 | 0.29 | 0 | 0 | 1 | 1 |
| 宗教团体成员（qn4004） | 0.01 | 0.02 | 0.12 | 0.13 | 0 | 0 | 1 | 1 |
| 劳动者协会（qn4005） | 0.03 | 0.04 | 0.16 | 0.19 | 0 | 0 | 1 | 1 |
| 人情礼支出（fu201） | 2.69 | 2.77 | 1.59 | 1.57 | 0 | 0 | 5 | 5 |
| 使用外语（qg18） | 0.04 | 0.00 | 0.20 | 0.04 | 0 | 0 | 1 | 1 |
| 使用计算机（qg19） | 0.21 | 0.02 | 0.41 | 0.14 | 0 | 0 | 1 | 1 |
| 健康状况（qp201） | 3.48 | 2.85 | 1.04 | 1.22 | 1 | 1 | 5 | 5 |
| 身体没有不适（qp301） | 0.81 | 0.73 | 0.39 | 0.44 | 0 | 0 | 1 | 1 |
| 没有慢性疾病（qp401） | 0.94 | 0.81 | 0.24 | 0.39 | 0 | 0 | 1 | 1 |
| 锻炼身体的频率（qp701） | 1.65 | 1.70 | 0.82 | 0.93 | 1 | 1 | 5 | 5 |
| 独立户外活动（qq1011） | 0.04 | 0.90 | 0.20 | 0.30 | 0 | 0 | 1 | 1 |
| 睡眠时长（qq4010） | 1.55 | 1.37 | 1.01 | 0.85 | 1 | 1 | 5 | 5 |

续表

| 变量名 | 均值 子 | 均值 父 | 标准差 子 | 标准差 父 | 最小值 子 | 最小值 父 | 最大值 子 | 最大值 父 |
|---|---|---|---|---|---|---|---|---|
| 是否读书（pq1101） | 0.44 | 0.16 | 0.50 | 0.37 | 0 | 0 | 1 | 1 |
| 总阅读量（pq1102） | 1.52 | 1.18 | 0.71 | 0.46 | 1 | 1 | 5 | 5 |
| 技术技能培训（qc3021） | 0.10 | 0.03 | 0.30 | 0.18 | 0 | 0 | 1 | 1 |
| 专业技术证书（qc3022） | 0.04 | 0.02 | 0.20 | 0.12 | 0 | 0 | 1 | 1 |
| 文化艺术培训（qc3031） | 0.02 | 0.00 | 0.14 | 0.06 | 0 | 0 | 1 | 1 |
| 文化艺术证书（qc3032） | 0.01 | 0.00 | 0.08 | 0.03 | 0 | 0 | 1 | 1 |
| 房屋当前市价（fq6） | 1.91 | 2.07 | 1.48 | 1.32 | 0 | 0 | 4 | 4 |
| 其他房产数量（fr101） | 0.24 | 0.25 | 0.52 | 0.53 | 0 | 0 | 4 | 4 |
| 其他房产总值（fr2） | 0.30 | 0.28 | 0.72 | 0.67 | 0 | 0 | 4 | 4 |
| 房租总收入（fr501） | 0.14 | 0.13 | 0.57 | 0.55 | 0 | 0 | 4 | 4 |
| 住房拆迁补偿（fr601） | 0.02 | 0.02 | 0.20 | 0.22 | 0 | 0 | 3 | 3 |
| 现金存款（ft1） | 1.83 | 1.70 | 1.68 | 1.67 | 0 | 0 | 5 | 5 |
| 金融产品总价（ft201） | 0.14 | 0.09 | 0.55 | 0.46 | 0 | 0 | 3 | 3 |
| 金融投资获利（ft202） | 1.01 | 1.00 | 0.27 | 0.21 | 0 | 0 | 3 | 3 |
| 土地租赁（fs201） | 0.22 | 0.27 | 0.74 | 0.82 | 0 | 0 | 4 | 4 |
| 土地征用补偿（fs301） | 0.05 | 0.06 | 0.28 | 0.30 | 0 | 0 | 2 | 2 |
| 其他资产租赁（fs501） | 0.01 | 0.01 | 0.08 | 0.09 | 0 | 0 | 1 | 1 |
| 耐用消费品总值（fs6v） | 2.98 | 2.76 | 1.56 | 1.52 | 0 | 0 | 5 | 5 |

### 3.3.3 人力资本、社会资本与财富资本的潜在特质估计

依据劳动者在人力资本、社会资本与财富资本问卷上的作答与得分情况，建立劳动者资本潜在特质与资本反应情况的项目应答模型。以人力资本潜在特质 $\theta_{rlzb}$ 为例，对于 0、1 分类的问卷项目，满足模型（3.35）：

$$P_i(x_i = 1 \mid \theta_{rlzb}) = \frac{\exp[a_i(\theta_{rlzb} - b_i)]}{1 + \exp[a_i(\theta_{rlzb} - b_i)]} \quad (3.35)$$

对于多分类问卷项目，满足模型（3.36）：

$$P_i(x_i = j - 1 \mid \theta_{rlzb}) = \frac{\exp[a_i(j-1)\theta_{rlzb} - \sum_{s=0}^{j-1}\delta_{is}]}{\sum_{j=1}^{m_i+1}\exp[a_i(j-1)\theta_{rlzb} - \sum_{s=0}^{j-1}\delta_{is}]} \quad (3.36)$$

其中 $x_i$ 为劳动者在第 $i$ 个问卷项目上作答的得分情况，$m_i$ 为项目 $i$ 的

最高分，$a_i$ 为该项目对劳动者人力资本潜在特质的鉴别能力，$b_i$ 为二分类项目 $i$ 得分为 1 时的难度，$\delta_{is}$ 为多分类项目 $i$ 得分为 $s$ 的阈值（分步难度），$\theta_{rlzb}$ 为该劳动者的人力资本潜在特质。由模型（3.35）和模型（3.36）可知，劳动者的人力资本越高，该劳动者在人力资本问卷项目上获得高分的概率越大，人力资本问卷项目得分的难度越大，劳动者在人力资本问卷项目上获得高分的概率越低。利用项目反应理论模型可以包容劳动者在个别项目上作答缺失的情况，可以最大限度地保留劳动者在人力资本问卷调查上的信息价值，依据信号理论，可以获得劳动者内在人力资本的稳定估计值。利用联合极大似然估计法，可以得到各个问卷的项目参数与劳动者内在人力资本、内在社会资本与内在财富资本的估计值。图 3.1、图 3.2、图 3.3 分别为父亲与子女内在人力资本（f_rlzb、c_rlzb）、内在社会资本（f_shzb、c_shzb）与内在财富资本（f_cfzb、c_cfzb）估计结果的核密度曲线（后文简称人力资本、社会资本、财富资本）。

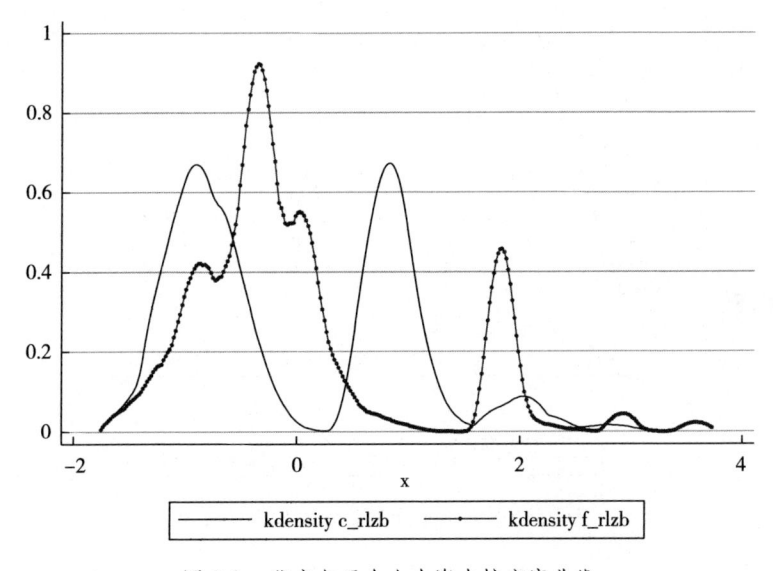

图 3.1　父亲与子女人力资本核密度曲线

由图 3.1 到图 3.3 可知，子辈人力资本、社会资本与财富资本的整体分布特征与父辈大致相似，可以推测人力资本、社会资本与财富资本在代际之间具有一定程度的传递性。其中，父辈与子辈的社会资本与财富资本分布特征最为相似，父辈人力资本整体高于子辈人力资本，劳动者的人力资本存量在

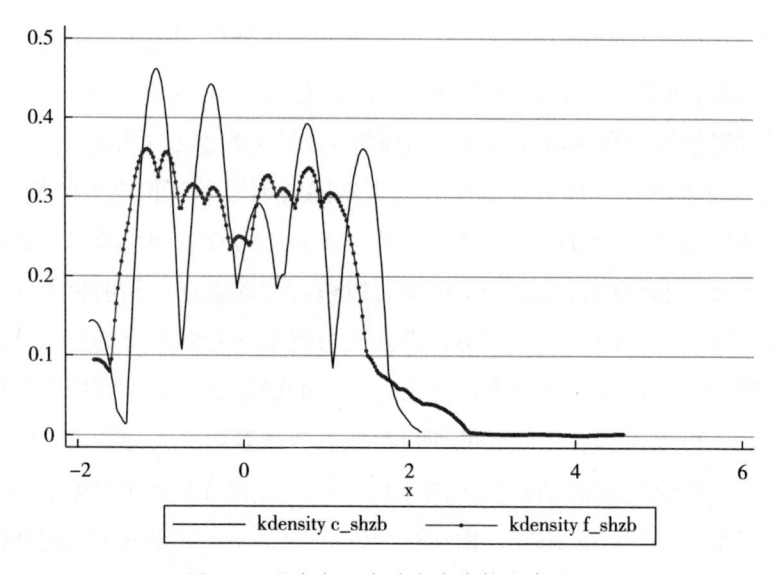

图 3.2　父亲与子女社会资本核密度曲线

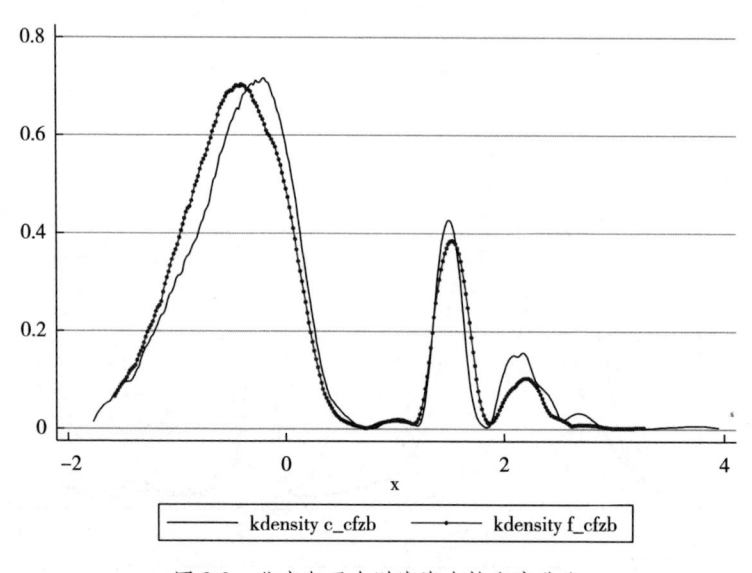

图 3.3　父亲与子女财富资本核密度曲线

一定时间范围内随着年龄的增长而增长。此外，劳动者人力资本与财富资本分布曲线均出现两个明显较大的波峰，说明人力资本与财富资本无论在父辈还是子辈均呈现较大的两极分化，而社会资本的总体分布则相对均匀，同时意味着更高的不平等程度。

表 3.2 显示了人力资本、社会资本与财富资本在代际之间的传递程度。

城市地区与农村地区的资本传递具有相同的特征，但是资本的代际传递程度有所差别。首先是社会资本的代际传递性最强，其次是人力资本，最后是财富资本。由于本书中财富资本的代际传递排除了财富的直接继承（父亲健在），仅考虑财富资本在代际之间的间接影响，此时，财富的累积很大程度上受到市场环境和政策制度的影响，父亲与子女身处的外部环境差异导致了财富资本的代际传递程度相对较低。此外，城市地区人力资本与财富资本的代际传递程度（0.222与0.147）高于农村地区（0.181与0.147），农村地区社会资本的代际传递程度（0.290）高于城市地区（0.237）。这可能是由于农村地区的优质资源更加稀缺，子女获取相同程度人力资本和财富资本的竞争更加激烈，因此，农村地区人力资本和财富资本的代际传递程度更低。由于市场化程度越高，社会资本所产生的效用越低，因此相比于农村地区，市场化程度更高的城市地区表现出社会资本的较低传递。

表 3.2　人力资本、社会资本与财富资本的代际传递系数

|  | 子女人力资本 |  | 子女社会资本 |  | 子女财富资本 |  |
| --- | --- | --- | --- | --- | --- | --- |
|  | 城市 | 农村 | 城市 | 农村 | 城市 | 农村 |
| 父亲人力资本 | 0.222*** （0.016） | 0.181*** （0.016） |  |  |  |  |
| 父亲社会资本 |  |  | 0.237*** （0.023） | 0.290*** （0.025） |  |  |
| 父亲财富资本 |  |  |  |  | 0.147*** （0.025） | 0.139*** （0.026） |
| 常数项 | 0.073*** （0.016） | −0.132*** （0.015） | −0.070** （0.024） | −0.105*** （0.025） | 0.015 （0.024） | −0.065** （0.024） |

注：*** 代表在 0.001 的水平上显著，** 代表在 0.05 的水平上显著，* 代表在 0.1 的水平上显著，括号内的数值为估计值的标准误。

## 3.4　基于工具变量法的代际收入弹性估计

### 3.4.1　代际收入弹性的总体估计

由于劳动者在 25 岁以下、60 岁以上的经济收入较终生收入偏低。为了

使父亲与子女经济收入更加接近终生收入，本书参考以往研究文献，使用子女 30 岁到 45 岁左右经济收入作为终生收入的做法，将 2016 年样本子女的年龄限制在 31 岁到 46 岁之间，因此，2014 年样本子女的年龄处于 29 岁到 44 岁之间，2012 年样本子女年龄处于 27 岁到 42 岁之间，2010 年样本子女年龄处于 25 岁到 40 岁之间。此时样本子女的经济收入在四个观测年间始终接近终生收入，因此，四个观测年的收入均值可以较好地测量子女的终生收入。同样，将 2016 年样本父亲的年龄限制在 45 岁到 65 岁之间，最大限度使父亲四个观测年间的经济收入接近终生收入。进一步剔除缺失样本和异常样本，最后获得有效配对家庭 1338 个。

建立 OLS 模型对代际收入弹性系数进行估计：

$$\ln\_M\_c\_income = \alpha + \beta_1 \cdot \ln\_M\_f\_income + \beta_2 \cdot c\_age + \beta_3 \cdot c\_age^2 + \beta_4 \cdot c\_gender + \beta_4 \cdot f\_age + \beta_5 \cdot f\_age^2 + \varepsilon \qquad (3.37)$$

其中，$\ln\_M\_c\_income$ 为子女 2010 年到 2016 年四个观测年收入均值的对数，$\ln\_M\_f\_income$ 为父亲 2010 年到 2016 年四个观测年收入均值的对数，$c\_age$ 为子女 2010 年到 2016 年的平均年龄，$f\_age$ 为父亲 2010 年到 2016 年的平均年龄，$c\_gender$ 为子女的性别，$\varepsilon$ 为扰动项，$\beta_1$ 为代际收入弹性系数。表 3.3 为模型估计结果。

表 3.3 代际收入弹性系数的 OLS 估计

| 子女年均收入对数 | 系数 | 标准误 | $t$ 值 | P>\|t\| | 95% 的置信区间 | |
| --- | --- | --- | --- | --- | --- | --- |
| 父亲年均收入对数 | 0.138 | 0.018 | 7.50 | 0.000 | 0.102 | 0.174 |
| 子女平均年龄 | −0.076 | 0.178 | −0.43 | 0.667 | −0.425 | 0.272 |
| 子女平均年龄² | 0.001 | 0.003 | 0.25 | 0.806 | −0.005 | 0.006 |
| 子女性别 | 0.264 | 0.074 | 3.55 | 0.000 | 0.118 | 0.410 |
| 父亲平均年龄 | 0.184 | 0.203 | 0.91 | 0.365 | −0.214 | 0.583 |
| 父亲平均年龄² | −0.002 | 0.002 | −0.83 | 0.408 | −0.005 | 0.002 |
| 常数项 | 4.573 | 5.896 | 0.78 | 0.438 | −6.994 | 16.141 |

由表 3.3 可知，代际收入弹性系数的 OLS 估计值为 0.138，由于采用短期的收入均值作为劳动者终生收入的替代值会产生下偏的代际收入弹性，而父亲收入变量的内生性问题同样导致 OLS 估计值并不准确，因此，需要选择合适的工具变量解决模型的内生性问题，对 OLS 模型的估计结果进行修正，此

外，由于将父亲与子女的年龄限制在相对狭窄的范围之内，导致了父亲和子女的年龄变量在模型中并不显著。

父亲的人力资本、社会资本与财富资本作为父亲经济收入的强相关变量，在控制了子女人力资本、社会资本与财富资本之后，与扰动项不再相关，具备充分的外生条件。因此，本书将父亲的人力资本、社会资本与财富资本作为父亲终生收入的工具变量。表3.4为工具变量的识别不足检验与过度识别检验结果。识别不足检验统计量Kleibergen-Paap rk LM statistic、Cragg-Donald Wald F statistic 与 Kleibergen-Paap rk Wald F statistic 分别为85.305、34.569与36.932，均可在0.05的显著性水平上拒绝原假设（工具变量与内生变量之间不存在较强的相关性）。过度识别检验统计量Hansen J statistic为4.258（P>0.05），可以接受原假设（所有的工具变量均为外生变量，与扰动项无关）。因此可以认为父亲的人力资本、社会资本与财富资本为较好的工具变量。

表3.4 工具变量的识别不足检验与过度识别检验结果

| 检验统计量 | | 结果 |
|---|---|---|
| Underidentification test（Kleibergen-Paap rk LM statistic）： | | 85.305 |
| Chi-sq（3）P-val | | 0.000 |
| Weak identification test（Cragg-Donald Wald F statistic）： | | 34.569 |
| （Kleibergen-Paap rk Wald F statistic）： | | 36.932 |
| Stock-Yogo weak ID test critical values: | 5% maximal IV relative bias | 13.910 |
| | 10% maximal IV relative bias | 9.080 |
| | 20% maximal IV relative bias | 6.460 |
| | 30% maximal IV relative bias | 5.390 |
| | 10% maximal IV size | 22.300 |
| | 15% maximal IV size | 12.830 |
| | 20% maximal IV size | 9.540 |
| | 25% maximal IV size | 7.800 |
| Source: Stock-Yogo（2005）. Reproduced by permission. | | |
| NB: Critical values are for Cragg-Donald F statistic and i.i.d. errors. | | |
| Hansen J statistic（overidentification test of all instruments）： | | 4.258 |
| Chi-sq（2）P值 | | 0.119 |

以父亲的人力资本、社会资本与财富资本为工具变量，建立二阶段回归模型。表 3.5 为代际收入弹性的稳健性 IV 估计结果。

表 3.5　代际收入弹性的稳健性 IV 估计

| 子女年均收入对数 | 系数 | 标准误 | z 值 | P>|z| | 95% 的置信区间 | |
| --- | --- | --- | --- | --- | --- | --- |
| 父亲年均收入对数 | 0.322 | 0.065 | 4.95 | 0.000 | 0.194 | 0.449 |
| 子女性别 | 0.464 | 0.073 | 6.39 | 0.000 | 0.321 | 0.606 |
| 子女财富资本 | 0.016 | 0.030 | 0.54 | 0.592 | −0.043 | 0.075 |
| 子女社会资本 | −0.054 | 0.032 | −1.68 | 0.093 | −0.117 | 0.009 |
| 子女人力资本 | 0.311 | 0.032 | 9.69 | 0.000 | 0.248 | 0.373 |
| 常数项 | 6.718 | 0.570 | 11.78 | 0.000 | 5.600 | 7.837 |

由表 3.5 可知，在控制了子女的人力资本、社会资本和财富资本之后，社会的代际收入弹性系数为 0.322，相较于前期研究学者的估计值（杨亚平与施正政估计出 2010 年社会的代际收入弹性为 0.6，何石军与黄桂田估计出 2000 年到 2009 年社会的代际收入弹性分别为 0.66、0.49、0.35 与 0.46）偏低，这是因为本书所估计的代际收入弹性为控制了子女自身资本影响之后，子女经济收入受父亲经济收入影响的程度。此外，不同性别的青壮年劳动者之间的经济收入存在显著的差异，男性的经济收入高于女性的经济收入。最后，子女人力资本的回归系数达到 0.311，几乎与代际收入弹性系数持平，虽然子女的经济收入在一定程度上受到父亲经济收入的影响，但是子女人力资本同样对其经济收入产生较大的影响，即使身处不利的外部环境，劳动者同样可以通过提升人力资本存量来提升经济收入水平。由于将劳动者的年龄限制在较为狭窄的范围，此时子女的社会资本与财富资本对经济收入的影响并不显著，有关人力资本、社会资本与财富资本对劳动者经济收入的影响将在后文继续讨论。

### 3.4.2　代际收入弹性的群体差异

分城乡地区来看，城市地区代际收入弹性为 0.307，农村地区代际收入弹性为 0.294，城市地区的收入流动性略低于农村地区。这一点，与世界银行（2018）的研究结论一致（中国富裕的地区代际收入流动水平更低）[190]。此外，城市地区人力资本对子女经济收入的影响略高于农村地区，而农村地区男女之间经济收入的差异大于城市地区。表3.6显示了城市与农村地区代际收入弹性的稳健性 IV 估计结果。

表3.6 城市、农村地区代际收入弹性的稳健性 IV 估计

| 子女年均收入对数 | 系数 | | 稳健标准误 | |
|---|---|---|---|---|
| | 城市 | 农村 | 城市 | 农村 |
| 父亲年均收入对数 | 0.307** | 0.294*** | 0.104 | 0.089 |
| 子女财富资本 | −0.028 | 0.068 | 0.039 | 0.044 |
| 子女社会资本 | −0.027 | −0.085* | 0.047 | 0.046 |
| 子女人力资本 | 0.311*** | 0.304*** | 0.042 | 0.049 |
| 子女性别 | 0.401*** | 0.591*** | 0.086 | 0.125 |
| 常数项 | 6.942 | 6.794 | 0.931 | 0.763 |

注：*** 代表在 0.001 的水平上显著，** 代表在 0.05 的水平上显著，* 代表在 0.1 的水平上显著。

由于经济收入在男女之间存在着显著的差异，因此有理由推测男女之间经济收入的影响路径也将存在着一定程度的差异。为了进一步对父子与父女之间的代际收入流动性进行分析，以父亲的人力资本、社会资本、财富资本为工具变量，建立父子与父女的二阶段回归模型。表3.7 为父子与父女整体和城乡代际收入弹性的稳健性 IV 估计结果。

表3.7 父子与父女整体与城乡代际收入弹性的稳健性 IV 估计

| 子女年均收入对数 | 男 | 女 | 城市 | | 农村 | |
|---|---|---|---|---|---|---|
| | | | 男 | 女 | 男 | 女 |
| 父亲年均收入对数 | 0.251*** (0.061) | 0.454** (0.161) | 0.119 (0.091) | 0.626** (0.248) | 0.340*** (0.103) | 0.069 (0.170) |
| 子女财富资本 | 0.034 (0.032) | −0.033 (0.069) | 0.015 (0.040) | −0.110 (0.085) | 0.048 (0.050) | 0.194* (0.108) |
| 子女社会资本 | −0.068* (0.035) | 0.045 (0.068) | −0.007 (0.044) | 0.020 (0.103) | −0.111** (0.052) | 0.034 (0.124) |
| 子女人力资本 | 0.289*** (0.033) | 0.395*** (0.084) | 0.277*** (0.039) | 0.360** (0.116) | 0.275*** (0.055) | 0.559*** (0.107) |
| 常数项 | 7.769*** (0.571) | 5.513*** (1.420) | 8.979*** (0.796) | 3.970* (2.252) | 7.003*** (0.841) | 8.740*** (1.413) |

注：*** 代表在 0.001 的水平上显著，** 代表在 0.05 的水平上显著，* 代表在 0.1 的水平上显著，括号内的数值为估计值的标准误。

从表 3.7 可知，父女的整体代际收入弹性为 0.454，父子的整体代际收入弹性为 0.251，父女之间的收入流动性明显低于父子之间的收入流动性，这一点与 Gong et al.（2012）[21] 的研究结果一致。从城乡上来看，父女和父子的代际收入流动特征存在着显著的差异。城市地区，父子的代际收入弹性为 0.119，而父女的代际收入弹性高达 0.626，女性对父亲经济收入的依赖明显高于男性。而农村地区则正好相反，父子的代际收入弹性达到 0.340，而父女的代际收入弹性仅为 0.069，父亲经济收入对男性的影响较大，却几乎对女性的经济收入没有影响。一种可能的解释是由于"重男轻女"思想的影响，在资源相对有限的农村地区，信贷约束之下，家庭更愿意让儿子"继承家业"，对其进行资本投入，以期获得儿子的养老回报，而女性则主要依赖自身人力资本存量和累积财富资本提升个体经济收入。另一方面，20 世纪 70 年代末期，为了控制人口规模，计划生育政策被确定为一项基本国策，45 岁到 65 岁之间的父母成为这项政策的主要受众，在制度执行力度更大的城市地区，资源相对充分的家庭对女性进行资本投入的意愿大大增强，女性对父亲经济收入的依赖也随之增强。此外，女性人力资本对经济收入的影响始终大于男性，尤其是在农村地区，人力资本对女性经济收入的影响最大。

### 3.4.3 代际收入弹性的变化趋势

前期研究学者为了探讨中国社会代际收入流动的变化趋势，往往针对不同的年份分别估计当年的代际收入弹性系数，从而通过不同年份代际收入弹性系数的变化趋势来判断社会流动变化，事实上，这种分析方法存在一定程度的缺陷，社会的代际收入流动是政治制度、宏观政策、市场环境、家庭与个人微观因素共同作用的结果。而政治制度和宏观政策通常在较长时间内都会保持稳定，且对劳动者经济生活的影响通常滞后若干年才能完全体现。当年的经济收入不仅包含当期外部环境的影响，更是过去所有政策制度共同作用的体现，同一观测年内不同年代出生的劳动者在从事经济活动期间经历的主要社会制度并不相同。本书将父亲出生年代划分为四个时期，分别是 20 世纪 30 年代中期到 40 年代中期（71 岁 –80 岁，模型 Ⅰ）；40 年代中期到 50 年代中期（61 岁 –70 岁，模型 Ⅱ）；50 年代中期到 60 年代中期（51 岁 –60 岁，模型Ⅲ）；60年代中期到70年代中期（50岁以下，模型Ⅳ），通过分析这四个时期出生的父亲与其子女代际收入弹性的变化趋势来判断不同年代间社会代际收入流动的变化趋势。表3.8显示了不同年代间代际收入弹性的变化趋势。

表3.8 不同年代间代际收入弹性的变化趋势

| 子女年均收入对数 | 模型Ⅳ 系数（标准误） | 模型Ⅲ 系数（标准误） | 模型Ⅱ 系数（标准误） | 模型Ⅰ 系数（标准误） |
| --- | --- | --- | --- | --- |
| 父亲年均收入对数 | 0.38**（0.18） | 0.32***（0.09） | 0.21**（0.07） | 0.42**（0.16） |
| 子女性别 | 0.62***（0.12） | 0.65***（0.07） | 0.42**（0.14） | 0.29（0.34） |
| 子女财富资本 | −0.12（0.07） | −0.04（0.04） | 0.11**（0.05） | −0.04（0.11） |
| 子女社会资本 | 0.20***（0.06） | 0.08*（0.04） | −0.06（0.05） | 0.03（0.10） |
| 子女人力资本 | −0.01（0.06） | 0.14***（0.04） | 0.29***（0.05） | −0.14（0.14） |
| 常数项 | 5.66***（1.63） | 6.60***（0.83） | 7.92***（0.67） | 6.40***（1.44） |

注：*** 代表在0.001的水平上显著，** 代表在0.05的水平上显著，* 代表在0.1的水平上显著，括号内的数值为估计值的标准误。

从表3.8可知，从20世纪30年代中期到40年代中期（模型Ⅰ）到60年代中期到70年代中期（模型Ⅳ），社会的代际收入弹性系数分别为0.42、0.21、0.32与0.38，社会的代际流动性呈现出先升高后逐渐降低的趋势。20世纪30年代中期到40年代中期出生的父亲与其子女正经历了新中国从传统家庭经济到计划经济向市场经济的转变，社会环境较为复杂，在多种经济制度的影响之下，父亲的经济收入对子女经济收入的影响相对较高。40年代中期到50年代中期出生的父亲与其子女在逐渐成熟的市场经济制度影响之下，父子之间的代际收入弹性大幅度降低，子女的财富资本与人力资本对经济收入的影响较大，社会的收入公平性得到提高。之后，家庭财富不断累积，家庭经济重新发挥作用，50年代中期到60年代中期出生的父亲对子女经济收入的影响开始增强，此时，子女的社会资本与人力资本对经济收入的影响较大。而60年代中期到70年代中期出生的父亲对子女经济收入的影响进一步增强，子女的社会资本对经济收入的影响较大，人力资本对经济收入的影响并不显著，这可能是由于高学历子女才刚刚进入劳动力市场不久，而人力资本对劳动者经济收入的影响具有滞后性，需要经过一段时间才能完全体现出来。此外，性别对于劳动者经济收入的影响呈现出逐渐增强的趋势。

本书基于60年代中期到70年代中期出生的劳动者估计出的代际收入弹性系数为0.38，接近国际认可值。因此可以认为本书估计出的代际收入弹性系数可以较为真实地反映社会的代际收入流动现状。

## 3.5 代际收入弹性的分位数回归分析

### 3.5.1 分位数回归的总体分析

对于不同的收入群体，通常具有不同的个体特征（比如劳动者的个人能力和资本分布等），因此采用均值回归并不能全面地描述父亲与子女之间的代际传递关系，本书利用分位数回归模型对不同收入群体的代际关系进行了分析。表3.9显示了不同收入群体的代际收入弹性变化情况。

表3.9 代际收入弹性的分位数回归分析结果

| 子女年均收入对数 | q10 | q30 | q50 | q70 | q90 |
| --- | --- | --- | --- | --- | --- |
| 父亲年均收入对数 | 0.378*** | 0.200*** | 0.137*** | 0.202*** | 0.250*** |
| 子女性别 | 0.692*** | 0.514*** | 0.470*** | 0.376*** | 0.319*** |
| 子女平均年龄 | 0.342*** | 0.199*** | 0.161*** | 0.153*** | 0.143*** |
| 子女平均年龄$^2$ | −0.005*** | −0.003*** | −0.002*** | −0.002*** | −0.002*** |
| 子女财富资本 | 0.060 | 0.085** | 0.043** | −0.003 | −0.015 |
| 子女社会资本 | 0.021 | 0.036 | 0.051** | 0.054** | 0.106*** |
| 子女人力资本 | 0.231*** | 0.148*** | 0.106*** | 0.107*** | 0.117*** |
| 常数项 | −0.815 | 4.024*** | 5.684*** | 5.641*** | 5.943*** |

注：*** 代表在0.001的水平上显著，** 代表在0.05的水平上显著，* 代表在0.1的水平上显著。

不同分位点群体的代际收入弹性系数波动较大，说明群体之间父亲对子女经济收入的代际影响程度较为不同。随着收入的分位点增高，代际收入弹性系数先下降后波动上升，10分位点上，代际收入弹性系数最高，50分位点上，代际收入弹性系数最低。低分位点群体始终比高分位点群体更难实现收入的代际流动，而中间分位点群体表现出最大程度的代际收入流动。此外，从表3.9中可知，当不对样本群体年龄进行控制时，子女的经济收入随年龄的增长呈现倒"U"形变化趋势，且越是高分位点群体，曲线开口越窄，劳动者的经济收入越容易受到年龄的影响。相较于高分位点人群，低分位点人群获取经济收入的过程中更加依赖劳动者的个人年龄。从性别上来看，随着分位点增加，性别对劳动者经济收入的影响程度逐渐降低，越是高分位点群体，男性的经济优势越小。从资本影响的方面来看，财富资本与人力资本对低分位点群体的经济收入产生显著的影响，社会资本与人力资本对高分位点群体的经济收入产生显著的影响。

### 3.5.2 分位数回归的群体差异

分城乡地域来看，在各个分位点上，城市家庭的代际收入弹性均高于农村家庭，在城市地区，收入分布两端的家庭均具有较高的代际收入弹性，特别是10分位点上，代际收入弹性系数高达0.506，而30与50分位点上，代际收入弹性较低，从资本的角度上来看，社会资本与人力资本对中低分位点上劳动者的经济收入产生显著的影响，对于高分位点劳动者而言，人力资本对经济收入的影响最大。在农村地区，除10分位点之外，其他分位点的代际收入弹性均相对较低，财富资本与人力资本对中低分位点上劳动者的经济收入影响显著，对于高分位点劳动者而言，社会资本与人力资本对经济收入的影响显著。具体分析结果见表3.10。

表3.10 城乡之间代际收入弹性的分位数回归分析结果

|  | 子女年均收入对数 | q10 | q30 | q50 | q70 | q90 |
| --- | --- | --- | --- | --- | --- | --- |
| 城市 | 父亲年均收入对数 | 0.506** | 0.144* | 0.146** | 0.227*** | 0.281*** |
|  | 子女性别 | 0.543*** | 0.424*** | 0.394*** | 0.353*** | 0.307*** |
|  | 子女平均年龄 | 0.287** | 0.156** | 0.158*** | 0.153*** | 0.122** |
|  | 子女平均年龄$^2$ | −0.004** | −0.002** | −0.002*** | −0.002** | −0.002** |
|  | 子女财富资本 | −0.030 | 0.044 | −0.001 | −0.006 | −0.020 |
|  | 子女社会资本 | 0.140** | 0.111** | 0.060** | 0.046 | 0.069 |
|  | 子女人力资本 | 0.284*** | 0.134*** | 0.110** | 0.107** | 0.206*** |
|  | 常数项 | −0.648 | 5.450*** | 5.839*** | 5.552*** | 6.215*** |
| 农村 | 父亲年均收入对数 | 0.440*** | 0.141 | 0.065 | 0.076 | 0.115** |
|  | 子女性别 | 1.007*** | 0.588*** | 0.590*** | 0.497*** | 0.356*** |
|  | 子女平均年龄 | 0.532*** | 0.311*** | 0.234*** | 0.258*** | 0.198*** |

续表

| | 子女年均收入对数 | q10 | q30 | q50 | q70 | q90 |
|---|---|---|---|---|---|---|
| 农村 | 子女平均年龄² | −0.008*** | −0.005*** | −0.003*** | −0.004*** | −0.003*** |
| | 子女财富资本 | 0.135* | 0.151** | 0.077* | 0.028 | −0.016 |
| | 子女社会资本 | −0.174** | −0.049 | 0.000 | 0.018** | 0.119*** |
| | 子女人力资本 | 0.269*** | 0.264*** | 0.221*** | 0.188*** | 0.132*** |
| | 常数项 | −4.463** | 3.010* | 5.265*** | 5.148*** | 6.272*** |

注：*** 代表在 0.001 的水平上显著，** 代表在 0.05 的水平上显著，* 代表在 0.1 的水平上显著。

分性别差异来看，在各个分位点上，父子之间的代际收入弹性均低于父女。对于儿子，两端分位点上父子的代际收入弹性最大，中位数上父子的代际收入弹性最小。从资本的角度来看，收入分布左端的家庭（10 分位点与 30 分位点），儿子的财富资本与人力资本对其经济收入带来显著的影响，而分位点右端的家庭（90 分位点），儿子的社会资本与人力资本对其经济收入产生显著的影响。对于女儿，低分位点（10 分位点）上父女的代际收入弹性最大，其余分位点上的弹性系数均在 0.2 与 0.3 上下波动。从资本的角度来看，女儿的社会资本与人力资本对其经济收入产生显著的影响。具体分析结果见表 3.11。

表 3.11　儿子与女儿代际收入弹性的分位数回归分析结果

| | 子女年均收入对数 | q10 | q30 | q50 | q70 | q90 |
|---|---|---|---|---|---|---|
| 儿子 | 父亲年均收入对数 | 0.251** | 0.116 | 0.094** | 0.145** | 0.243*** |
| | 子女平均年龄 | 0.317*** | 0.193** | 0.167*** | 0.154*** | 0.132*** |
| | 子女平均年龄² | −0.005*** | −0.003** | −0.002*** | −0.002*** | −0.002*** |
| | 子女财富资本 | 0.139** | 0.092** | 0.033 | 0.026 | 0.024 |
| | 子女社会资本 | −0.036 | 0.018 | 0.042** | 0.042 | 0.088** |
| | 子女人力资本 | 0.216*** | 0.152*** | 0.071*** | 0.103*** | 0.107*** |
| | 常数项 | 1.670 | 5.506*** | 6.481*** | 6.514*** | 6.584*** |
| 女儿 | 父亲年均收入对数 | 0.377* | 0.287*** | 0.196*** | 0.216*** | 0.258*** |
| | 子女平均年龄 | 0.249** | 0.099* | 0.081 | 0.123** | 0.123* |
| | 子女平均年龄² | −0.003 | −0.001 | −0.001 | −0.001 | −0.001 |
| | 子女财富资本 | 0.008 | 0.028 | 0.008 | −0.056 | −0.048 |
| | 子女社会资本 | 0.148 | 0.096** | 0.094** | 0.082** | 0.058 |
| | 子女人力资本 | 0.266*** | 0.182*** | 0.146*** | 0.086*** | 0.136*** |
| | 常数项 | −0.042 | 4.428*** | 6.210*** | 5.826*** | 6.012*** |

注：*** 代表在 0.001 的水平上显著，** 代表在 0.05 的水平上显著，* 代表在 0.1 的水平上显著。

## 3.6 代际收入流动的转移矩阵分析

### 3.6.1 转移矩阵的总体分析

代际收入弹性的高低代表了社会收入流动的绝对程度，分位数回归可以较好地描述不同分位点上群体的流动大小，而通过转移矩阵分析，可以进一步了解不同收入群体父亲与子女代际之间的流动方向，加深对社会代际收入流动内涵的理解。本书将父亲与子女 2010 年、2012 年、2014 年与 2016 年收入的平均值依照分位数分类为五个水平，收入从低到高分别为水平 1 到水平 5。表 3.12 为代际收入流动的转移矩阵分析结果，行为父亲的收入水平，列为子女的收入水平，表中单元为子女脱离父亲收入水平流向自身收入水平的转移概率。

表 3.12 收入的转移矩阵分析

|   | 1 | 2 | 3 | 4 | 5 |
|---|---|---|---|---|---|
| 1 | 29.96 | 16.48 | 22.1 | 14.61 | 16.85 |
| 2 | 22.39 | 23.13 | 19.40 | 20.90 | 14.18 |
| 3 | 21.64 | 23.88 | 20.52 | 17.54 | 16.42 |
| 4 | 16.04 | 19.03 | 24.63 | 22.01 | 18.28 |
| 5 | 9.74 | 17.60 | 13.48 | 25.09 | 34.08 |

从社会的整体代际收入流动性来看，水平 1 与水平 5 的家庭都具有较大的代际收入传递性，中等收入水平的家庭表现出最大的代际收入流动性。当父亲经济收入处于水平 1 时，其子女成年后的经济收入停留在水平 1 的概率最大，为 29.96%，流向高水平（水平 4 与水平 5）收入群组的概率较低，为 31.46；当父亲经济收入处于水平 3 时，其子女经济收入流向五个收入群组的分布概率较为均匀，表现出较大的代际流动性；当父亲经济收入处于水平 5 时，其子女成年后的经济收入停留在水平 5 的概率最大，为 34.08%，且收入水平维持在高水平（水平 4 与水平 5）的概率超过一半。表 3.13 为社会总体转移矩阵的流动性指标。

表 3.13 社会总体转移矩阵的流动性指标

|  | 惯性率 | 亚惯性率 | 平均阶差 |
|---|---|---|---|
| 整体 | 25.94% | 59.48% | 1.38 |

大约 25.94% 的子女成年后的经济收入将停留在家庭原本的收入阶层上，超过半数的概率在上下一个阶层内流动，社会总体平均流动 1.38 个阶层。从转移矩阵的流动性指标来看，社会总体流动性水平不高，与代际收入弹性反应情况一致。

### 3.6.2 转移矩阵的群体差异

从城乡差距来看，城市与农村地区父亲及其子女在各个收入层级的分布具有不同的特征，说明城乡之间，代际收入流动存在差异。城市地区中，水平 5 的家庭表现出较大的代际收入传递性，子女的收入停留在水平 5 的概率高达 32.09%，维持在水平 4 以上的概率将近 60%；而水平 2 与水平 4 的家庭表现出相对较强的收入流动性，且水平 2 家庭的子女更容易向上流动，水平 4 家庭的子女更容易向下流动。在农村地区中，收入水平两端的家庭均表现出较大的代际收入传递性，当父亲的收入处于水平 1 时，子女的收入停留在水平 1 的概率高达 31.58%，流向高水平群组的概率较低；当父亲的收入处于水平 5 时，子女的收入停留在水平 5 的概率为 31.58%，且维持在水平 4 以上的概率超过一半；水平 2 与水平 3 的家庭表现出较大的收入流动性。具体分析结果见表 3.14，表 3.15 为城市与农村地区转移矩阵的流动性指标。

表 3.14 城市与农村收入的转移矩阵分析

| | | 1 | 2 | 3 | 4 | 5 |
|---|---|---|---|---|---|---|
| 城市 | 1 | 24.63 | 22.39 | 18.66 | 19.4 | 14.93 |
| | 2 | 26.87 | 16.42 | 21.64 | 17.16 | 17.91 |
| | 3 | 20.15 | 24.63 | 25.37 | 17.91 | 11.94 |
| | 4 | 17.91 | 20.9 | 20.15 | 17.91 | 23.13 |
| | 5 | 10.45 | 15.67 | 14.18 | 27.61 | 32.09 |
| 农村 | 1 | 31.58 | 18.8 | 18.05 | 15.04 | 16.54 |
| | 2 | 21.64 | 17.16 | 23.88 | 17.91 | 19.4 |
| | 3 | 23.88 | 22.39 | 17.16 | 21.64 | 14.93 |
| | 4 | 11.94 | 23.13 | 25.37 | 22.39 | 17.16 |
| | 5 | 10.53 | 18.8 | 15.79 | 23.31 | 31.58 |

表 3.15 城市与农村地区转移矩阵的流动性指标

|  | 惯性率 | 亚惯性率 | 平均阶差 |
|---|---|---|---|
| 城市 | 23.28% | 60.15% | 1.41 |
| 农村 | 23.97% | 58.81% | 1.41 |

从表 3.15 来看，农村地区转移矩阵的流动性指标除亚惯性率略低于城市地区 1.34% 之外，其余指标均与城市地区无明显差别，通过转移矩阵分析认为，城市地区与农村地区的流动性无明显差别。

从子女性别差异来看，父子与父女在各个收入层级的分布具有不同的特征，说明儿子与女儿之间，代际收入流动存在差异。对于儿子，水平 5 的家庭表现出较大的代际收入传递性，儿子的收入停留在水平 5 的概率高达 34.26%，维持在水平 4 以上的概率为 58.8%；而水平 2 到水平 4 的家庭表现出相对较强的收入流动性，且水平 2 家庭的儿子更容易向上流动，水平 4 家庭的儿子更容易向下流动。对于女儿，水平 1 到水平 3 的家庭均表现出较大的代际收入传递性，女儿的经济收入停留在父亲收入等级的概率分别为 43.14%、34.62% 与 30.77%，且父亲的经济收入越低，代际收入传递程度越大，水平 1 与水平 2 家庭的女儿经济收入流向水平 5 群组的概率均低于 10%；而水平 4 与水平 5 的家庭则表现出相对高的收入流动性，当父亲的收入处于水平 4 时，女儿的收入流入水平 5 的概率高达 42.31%，当父亲的收入处于水平 5 时，女儿经济收入向下流动的概率较大。具体分析结果见表 3.16，表 3.17 为父子与父女收入转移矩阵的流动性指标。

表 3.16 父子与父女的收入转移矩阵分析

|  |  | 1 | 2 | 3 | 4 | 5 |
|---|---|---|---|---|---|---|
| 男 | 1 | 27.78 | 16.67 | 22.69 | 15.28 | 17.59 |
|  | 2 | 25.46 | 21.76 | 21.30 | 17.59 | 13.89 |
|  | 3 | 19.91 | 21.30 | 20.37 | 20.37 | 18.06 |
|  | 4 | 18.06 | 19.44 | 24.07 | 22.22 | 16.20 |
|  | 5 | 8.80 | 20.83 | 11.57 | 24.54 | 34.26 |
| 女 | 1 | 43.14 | 21.57 | 11.76 | 17.65 | 5.88 |
|  | 2 | 17.31 | 34.62 | 23.08 | 15.38 | 9.62 |
|  | 3 | 21.15 | 17.31 | 30.77 | 17.31 | 13.46 |
|  | 4 | 3.85 | 13.46 | 17.31 | 23.08 | 42.31 |
|  | 5 | 13.73 | 13.73 | 17.65 | 27.45 | 27.45 |

表 3.17　为城市与农村地区转移矩阵的流动性指标

|  | 惯性率 | 亚惯性率 | 平均阶差 |
| --- | --- | --- | --- |
| 父子 | 25.28% | 59.26% | 1.40 |
| 父女 | 31.81% | 68.54% | 1.16 |

从表 3.17 来看，女儿成年后的经济收入停留在家庭原本经济阶层的概率比儿子高 6.53%，在上下一个阶层内流动的概率比儿子高 9.28%，同时女儿收入流动的平均价差仅为 1.16，可以认为父女之间的代际收入流动性明显低于父子，这与代际收入弹性系数反应情况基本一致。

## 3.7　小结

本章基于项目反应理论的 Logit 模型对劳动者内在人力资本、社会资本与财富资本进行了估计。结果显示，人力资本、社会资本与财富资本在代际之间具有一定程度的传递性，且劳动者人力资本与财富资本的分布在社会上呈现出两极分化的趋势，而社会资本不平等程度较高。劳动者资本存量和分布的不均衡导致了收入的不平等，本章进一步基于代际收入弹性系数估计、分位数回归与转移矩阵分析三种方法对社会的代际收入流动程度进行了多角度的描述。

首先，以子女人力资本、社会资本与财富资本为工具变量对代际收入弹性系数进行了 IV 估计。当控制了子女的性别、人力资本、社会资本与财富资本之后，社会的代际收入弹性系数为 0.322。城乡之间，社会的代际收入弹性有所不同，城市的代际收入弹性系数为 0.307，略高于农村地区（0.294），城市的收入流动性略低于农村。不同性别之间，收入的代际传递程度也有所不同，父子的代际收入弹性较低，为 0.251，而父女的代际收入弹性系数高达 0.454，女儿成年后的经济收入较大程度依赖父亲的经济收入。更进一步，城市父女之间的代际传递程度最高，弹性系数为 0.626，其次为农村父子，代际收入弹性为 0.340。此外，通过对 20 世纪 30 年代中期到 40 年代中期、40 年代中期到 50 年代中期、50 年代中期到 60 年代中期与 60 年代中期到 70 年代中期的代际收入弹性进行比较发现，社会的早期收入流动程度较低，之后逐渐提高，到近几年又呈现出降低的趋势。

然后，通过分位数回归分析，探究收入分布上不同群体的代际收入流动特征。结果发现低分位点上群体收入的代际传递程度更大，在50分位点上，收入的流动程度最高。对低分位点群体而言，财富资本与人力资本对其经济收入影响程度更高，对高分位点群体而言，社会资本与人力资本影响程度更大。从城乡差异来看，在各个分位点上，城市家庭的代际收入弹性均高于农村家庭。城市地区收入分布两端上的群体具有较高的代际收入弹性，尤以10分位点弹性系数最大，而农村地区只有10分位点群体的代际收入弹性较大，其他分位点群体弹性系数均相对较低。从性别差异来看，在各个分位点上，父子之间的代际收入弹性均低于父女。对于父子而言，收入分布两端的群体，其代际收入弹性相对较高，中位数附近弹性系数最低。对于父女而言，10分位点上群体代际收入弹性系数最高，其余分位点群体弹性系数均在0.2到0.3上下波动。

最后，通过收入的转移矩阵分析探讨不同收入群体代际收入流动的方向。研究发现，收入水平1与水平5的群体均表现出较低的收入流动性。水平1的家庭子女成年后经济收入停留在水平2以下（包含）的概率将近50%，水平5的家庭子女成年后经济收入保持在水平4以上（包含）的概率将近60%。水平2家庭的子女，经济收入更容易向上流动，水平3与水平4家庭的子女，经济收入更容易向下流动。从城乡差距来看，城市地区水平5家庭的子女，其经济收入停留在水平5的概率最高，水平2与水平4的家庭收入流动性更高，而在农村地区，水平1与水平5的家庭收入的代际传递程度均较强，水平2与水平3的家庭收入流动性更高。从性别差异来看，水平5的家庭表现出对儿子经济收入的较大传递性，而水平1到水平3的家庭则表现出对女儿经济收入的较大传递性。

通过对代际流动性的国内比较发现，本书排除了劳动者内在人力资本、社会资本、财富资本的影响之后，估计出的代际收入弹性系数略低于前期研究者，但是从年代特征、性别特征与地域特征上来看，均与前期研究者大致相同。

# 4 代际收入流动的影响路径分析

## 4.1 引言

家庭收入对子女经济收入的影响机制目前在学术界还没有一个准确的定论,这是因为代际收入传递机制是非常复杂的,父亲的经济收入对子女经济收入的影响既存在直接效应也存在间接效应(韩军辉,2011[201])。代际收入传递的间接效应主要体现在家庭环境与子女的个人特征上,事实上,不少家庭环境与个人特征变量是无法直接测量的,因而进一步为代际收入传递机制的识别增加了难度。由于将父子之间的收入传递途径进行充分的分解几乎不可能(陈琳,2012[42]),因此大部分研究者通常对几种传递路径进行单一研究,以考虑传递因素对代际收入的因果效应,或者同时对多种传递路径的联合效应进行研究,以考虑不同传递因素对代际收入的贡献程度。第一种研究思路主要通过对有基因联系的兄弟姐妹经济收入进行相关分析,以及对无基因联系,但是共享社会环境的社区居民经济收入进行相关分析,从而对代际传递机制进行因果推断。Hammarstedt et al.(2012)基于瑞典的移民数据库,对人力资本的传递机制进行了验证,认为人力资本在代际流动过程中发挥了重要影响[202]。Clark(2003)通过对社区变量的影响因素进行分析,测算出社区环境对代际收入传递的影响相对较低[203]。Oreopoulos et al.(2008)基于相似的方法,测算出社区居民的收入相关系数大约是兄弟收入相关系数的一半,因此社区效应要显著低于家庭效应[204]。第二种研究思路主要通过中介变量法以及建立结构方程模型,判别不同影响路径的重要程度。陈杰(2015)基于 CHNS 数据库,对人力资本传递与子女职业因素为代表的社会资本传递机制进行了验证,认为社会资本在代际传递过程中产生的影响大于人力资本[205]。卓玛草等(2016)也基于相似的方法,得出了同样的结论[206]。但另一方面,龙翠红等(2014)则认为在代际收入传递过程中,人力资本产生了最大的影响[207]。陈琳等(2012)认为人力资本、社会资本与财富资本对代际传递的贡献程度将近百分之六十[42]。由此可见，诸多研究者均认同人力资本、社会资本与财富资本等在代际收入传递过程中产生了重要作用，但是多种途径的贡献程度却尚无定论。本书主要采用第二种研究思路对代际收入流动的传递机制进行分解。

家庭经济收入对子女经济收入的影响主要来自三个方面：一是父母的受教育程度通过影响子女的人力资本投入对其经济收入产生影响；二是父母的受教育程度对子女的其他特征因素产生影响从而影响其经济收入；三是家庭其他特征因素对子女的经济收入产生影响。当教育的代际流动下降时，第一个方面的影响将会加强。如果受教育程度更高的父母对子女进行了更多的人力资本投入，教育回报率更高的子女，其经济收入将会更容易向上流动。当父母的家庭教育能力提升时，第二个方面的影响将会加强。如果受教育程度更高的父母拥有较高的教育水平或社交能力，使子女获得丰富的社会资本与财富资本时，子女的经济收入将会得到显著的提升。当家庭的社会地位或职业权力能为子女带来更多的资源特权时，第三个方面的影响将会加强。通过更多的就业选择与更宽松的信贷约束，子女经济收入向上流动的概率将得到提升。与此同时，教育的经济回报率越低，第三个方面的影响将会越强，第一个方面与第二个方面的影响将会越弱。

因此，代际收入流动的内在传递机制在家庭层面上可以大体归为四个传播渠道（图4.1）。第一，遗传禀赋。家庭通过先天遗传或者文化传播对子女社会技能产生影响，此时子女的经济不平等可以部分地通过家庭禀赋的传递来解释。第二，人力资本。如果教育程度更高的家庭，其子女获得更高的经济收入，那么这部分代际传递可以通过家庭的人力资本来解释。第三，财富资本。更富裕的家庭具有更高的经济能力可以对后代教育进行投资，为子女提供更多的受教育机会和额外的生活补助。如果这些财富投资让子女产生了更多的经济收益，获得更高的人力资本，那么这部分代际传递可以通过家庭的财富资本来解释。第四，社会资本。富裕的家庭往往具备更加丰富的社会网络关系，可以为子女在就业选择和职业晋升方面提供更多的机会，如果子女通过这些社会资源获得了额外的经济地位，那么这部分代际传递可以通过家庭的社会资本来解释。

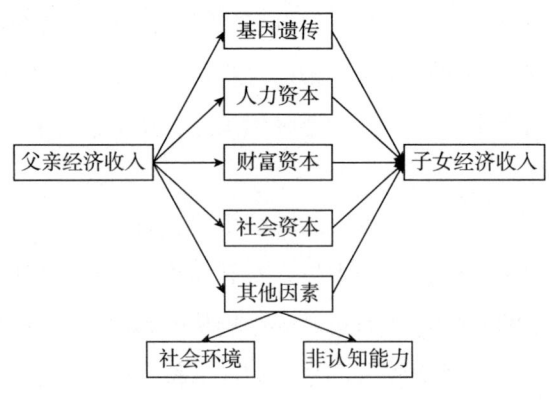

图 4.1 代际收入传递机制

## 4.2 理论假设

当研究者谈论起对劳动者经济收入影响最大的因素，首当其冲的焦点便是劳动者的人力资本、社会资本与财富资本。

劳动者从儿童时期开始受到家庭人力资本的影响。一是对出生时的禀赋产生影响。孩童在出生时的禀赋不仅受到母亲在妊娠期间的营养摄入和健康状况的影响，同时受到遗传自父母的禀赋或特征的影响。二是对整个儿童时期人力资本累积的关键性投入产生影响。包括营养摄入、医疗保健、安全饮食等基础保障。三是对优质教育的获取机会产生影响。劳动者孩童时期的整个成长过程都与父母的教育程度、收入和地理位置等环境因素相关。较高的人力资本可以为劳动者带来更多的职业技能。在劳动者的个人收入结构当中，工资性收入占据经济收入的主要部分，而教育对劳动者工资性收入的影响至关重要。孩童受到的学校教育与获取的非认知性技能通过人力资本回报来影响未来的经济收入。因此，可以得到假设 1.1：

假设 1.1：人力资本对劳动者的经济收入产生显著的正向影响。

除了人力资本之外，家庭经济地位还可以通过劳动力等要素市场的网络关系对劳动者成年后的经济收入产生影响。当劳动力市场对社会网络的依赖过大时，将导致市场生产效率低下，社会的代际流动程度下降。世界银行的一份最新报告发现，在中东和北非地区，劳动者出生时的情况，包括父亲的职业，是劳动力市场机会不平等的重要组成部分，并对劳动者全职就业、在公共部门就业的概率产生较大的影响。

在市场的改革不彻底与权力寻租等社会弊端现象影响之下，劳动者的社会资本对其经济收入产生了较大的影响。家庭关系与社会背景被认为是影响劳动者就业机会的重要因素之一。在中国社会，以亲朋好友为主体的强联系关系网络中，"经人介绍"成为劳动者获取就业信息的主要途径。如果社会资本的代际传递程度较高，劳动者获取社会资源的途径主要依赖家庭的继承，而不是劳动者通过教育生涯、早期职业经历以及市场互动获得，那么，社会网络可能在一定程度上对代际流动性的提升起到阻碍作用。社交网络在劳动者获取工作信息和进行就业推荐的过程中起到非常重要的作用。那些社会网络资源丰富的家庭可以为他们的子女提供多渠道的就业信息、引荐岗位和市场机会，这可能导致社会网络资源匮乏的劳动者处于相当不利的地位。亲朋好友的关系网在劳动力市场求职过程中产生较大的影响，非正式的求职方法对低技能工作岗位和高贫困率的市场或社区更重要。一般来说，社会网络在促进劳动者就业和促使供求双方相匹配方面的效率取决于社会网络中的联络结构、劳动者正式求职方法的可获得性以及社会网络运作的市场条件。社会网络的运行导致劳动力市场结果的代际传递，最终导致人力资本投入效率低下和贫困陷阱。以普遍失业和大量失业危机为特征的社会网络可能会依据就业前景不佳而调整对教育的投资方式。因此可以得到假设1.2：

假设1.2：社会资本对劳动者的经济收入产生显著的正向影响。

目前家庭的财富资产差异已然高于劳动者的经济收入差异，且房产、土地等价值进一步拉大了劳动者的收入差距。首先，当金融市场不够成熟的情况下，家庭对子女人力资本的投资受制于家庭预算约束，财富程度更高的家庭将有更强的意愿对子女进行私人人力资本投入，不同收入阶层子女累积的人力资本存量与质量都有所不同。随着要素市场的不断完善，教育的经济回报率得到提升，人力资本累积差异进一步加大了劳动者的收入差异。其次，当家庭财富持续增加，子女人力资本边际增长率为零时，家庭财富资本逐渐向子女传递。目前，财富资本的存量、结构构成成为家庭财富资产差异的主要原因，而不同类型财富资本的回报率差异，如房产增值、房屋租赁、金融资产回报等，直接影响了劳动者的经济收入。另一方面，家庭财富的转移将在一定程度上削弱劳动者的工作动机，缩短劳动者的工作时间，从而降低劳动者人力资本的市场回报率。因而，随着家庭财富的逐渐上升，劳动者的经济收入将呈现出先上升后平稳的规律。因此可以得到假设1.3：

假设1.3：财富资本对劳动者的经济收入产生显著的正向影响。

公共教育制度不足以弥补家庭对子女私人人力资本投入的差距，优质教育的不均衡不仅体现在城乡区域之间，也体现在基础教育的择校差异和高等教育招考的政策差异里，在教育体制的各个阶段内，优势地区内经济状况良好的家庭能为子女争取到更为有利的教育优势。户籍政策之下，外来人口与弱势地区的家庭子女受到不平等的教育权利。高价的学区房与高昂的留学支出导致子女享受到的教育质量极大程度上依赖家庭的经济水平，不同经济阶层的家庭面对不同的预算约束，产生了截然不同的投资决策。受教育程度作为劳动者人力资本积累的主要来源，影响了子女人力资本存量对父母经济收入的依赖程度。因此，可以得到假设2.1：

假设2.1：父辈的经济收入将对子女的人力资本产生显著的正向影响。

上层收入阶层的家庭，其社会资本的质量往往优于其他阶层，在父母及其社会往来的参照群体影响之下，子女的行为准则和思维方式均能有效地提升劳动者在市场的竞争力，帮助劳动者将社会资源转换为经济成果，且在中国庞大的社交网络影响下，父母的社会资本可以较好地帮助子女建立自己的社交圈，形成子女自有的社会资本。因此，可以得到假设2.2：

假设2.2：父辈的经济收入将对子女的社会资本产生显著的正向影响。

虽然社会大众已经认识到教育对劳动者经济收入的影响，但是在家庭资金预算约束之下，家庭经济收入不充裕的父母一方面难以为子女寻求更高质量的人力资本投入，另一方面也难以为子女配置经济回报率更高的财富资产。除此之外，在"门当户对"的传统婚配观念影响之下，经济阶层较低的家庭子女与高经济阶层的子女建立婚姻关系的概率较低，这将进一步对子女的财富资本产生影响。因此可以得到假设2.3：

假设2.3：父辈的经济收入将对子女的财富资本产生显著的正向影响。

综上所述，家庭经济状况对子女经济收入的影响来自多个方面。首先，家庭的预算约束影响了子女获取教育的程度与质量，不同经济阶层的家庭对子女人力资本投入的程度不同，从而对子女的经济收入产生影响；其次，家庭经济水平的差异必然对子女财富资产类型的选择产生影响，高收入阶层的家庭可以为子女选择回报率更高的房产投资与金融投资，因此富裕家庭的子女可以获取更高的经济收入；再次，不同经济阶层的家庭所拥有的社会关系质量同样存在差异，居住隔离的影响之下，富人的生活生态圈存在一定程度的排他性，中下阶层的家庭无法获取同等的社会资源，因而来自不同收入阶层家庭的子女，其经济收入存在较大的差异。因此可以得到假设3：

假设3：父辈的经济可以通过影响子女的人力资本、社会资本与财富资本对子女的经济收入产生显著的正向影响。

本章以子女人力资本、社会资本、财富资本为中介变量，基于结构方程模型探讨家庭代际收入流动的内在传递机制。

## 4.3 模型设定

在过去的实证分析中，研究者通过各种方式来分析子女经济收入与父亲经济收入代际传递的内在作用机制。主要有三种方式：第一种是利用基因相关或者无关的兄弟姐妹的收入数据，从环境因素中分离出遗传因素（Bjorklund et al.，2006[209]）。第二种是通过使用税收减免和政策福利等收入冲击来分析收入的影响（Morris et al.，2004[210]；Dahl and Lochner，2005[211]）。第三种是通过统计分解和数据分析来判定不同中介变量的重要性（Bowles & Gintis，2002[212]）。本书参照袁志刚和陈琳（2012）[42]的方式，采用第三种方法，从能力资本的角度来判定收入的代际传递机制。首先采用模型（3.1）来估计代际收入弹性系数（IGE）。

虽然采用CFPS（2016）数据库中的短期收入数据将会得出IGE的下偏估计值，但是并不影响对代际收入流动的传递机制进行分析。利用以下两个模型来分析人力资本、社会资本与财富资本对子女经济收入的影响。

$$IN_{j,i} = \varphi_j + \lambda_j y_i^{father} + \mu_{j,i} \tag{4.1}$$

$$y_i^{child} = \omega + \sum_{j=1}^{3} \theta_j IN_{j,i} + v_i \tag{4.2}$$

模型（4.1）为父亲经济收入对子女能力资本的投入模型，$y_i^{father}$为家庭$i$中父亲经济收入的对数，$IN_{j,i}$为家庭$i$中子女的能力资本，$j=1,2,3$，分别为人力资本、社会资本与财富资本，$\lambda_j$为投资率，$\varphi_j$为常数项，$\mu_{j,i}$为误差项。模型（4.2）为子女能力资本对子女经济收入的产出模型，$y_i^{child}$为家庭 $i$ 中子女经济收入的对数，$\theta_j$为产出率，$\omega$为常数项，$v_i$为误差项。此时，代际收入弹性系数 $\beta$ 与投入产出率满足：

$$\beta = \sum_{j=1}^{3} \lambda_i \theta_i + \frac{\text{cov}(v_i, y_i^{father})}{\text{Var}(y_i^{father})} \tag{4.3}$$

中介变量对代际收入流动的贡献率 $\tau_j$ 和中介变量的总贡献率 $\tau$ 为：

$$\tau_j = \frac{\lambda_j \theta_j}{\beta} \tag{4.4}$$

$$\tau = \sum_{j=1}^{3} \tau_j \tag{4.5}$$

## 4.4 代际收入流动影响机制分析

本书使用 OLS 估计对代际收入流动性进行测量，虽然使用 OLS 方法将会产生下偏的代际收入弹性系数，但是并不影响本书对代际收入流动的内在影响机制进行识别。本书考虑人力资本、社会资本与财富资本三个变量的中介效应，建立结构方程模型进行路径分析，以此来探究代际收入流动的传递机制。模型拟合结果如图 4.2 所示，图中各系数为标准化估计值，图中各变量缩写含义同第三章一致。表 4.1 显示了模型拟合各项结果，拟合结果显示模型拟合情况较好。表 4.2 为模型路径系数估计结果。

表 4.1　模型拟合结果

| 拟合指标 | 理想数值区间 | 拟合情况 |  |
|---|---|---|---|
| CMIN/DF | 1~3 | 2.84 | 很好 |
| RMR | <0.05 | 0.03 | 很好 |
| GFI | >0.9 | 0.99 | 很好 |
| AGFI | >0.9 | 0.89 | 良好 |
| NFI | >0.9 | 0.89 | 良好 |
| IFI | >0.9 | 0.90 | 很好 |
| CFI | >0.9 | 0.89 | 良好 |
| RMSEA | <0.08 | 0.05 | 很好 |

## 4 代际收入流动的影响路径分析 | 081

从表 4.2 可知，当模型中加入子女人力资本、社会资本与财富资本三个中介变量之后，父亲经济收入对子女经济收入的直接影响不再显著，系数为 0.034（P 值 =0.115）。"子女人力资本 ← 父亲年均收入对数""子女社会资本 ← 父亲年均收入对数"与"子女财富资本 ← 父亲年均收入对数"为父亲经济收入对子女人力资本、社会资本与财富资本的投入路径，标准化回归系数分别为 0.104、0.045 与 0.092，在 5% 的水平上均显著，且子女人力资本受父亲经济收入影响最大。因此假设 2.1、2.2 与 2.3 成立。"子女年均收入对数 ← 子女人力资本""子女年均收入对数 ← 子女社会资本"与"子女年均收入对数 ← 子女财富资本"为子女人力资本、社会资本与财富资本对子女经济收入的产出路径，标准化回归系数分别为 0.123、0.092 与 0.075，在 5% 的水平上均显著，且人力资本对子女经济收入的影响最大。因此假设 1.1、1.2 与 1.3 成立。

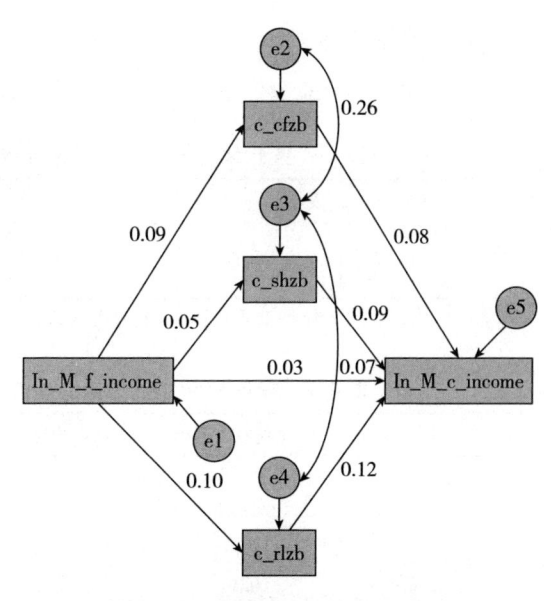

图 4.2　结构方程模型路径分析图

表 4.2　标准化路径系数估计结果

|  |  |  | 系数 | 标准误 | 检验统计量 | P 值 |
|---|---|---|---|---|---|---|
| 子女财富资本 | ← | 父亲年均收入对数 | 0.092 | 0.014 | 4.187 | *** |
| 子女社会资本 | ← | 父亲年均收入对数 | 0.045 | 0.014 | 2.052 | 0.04 |
| 子女人力资本 | ← | 父亲年均收入对数 | 0.104 | 0.014 | 4.758 | *** |
| 子女年均收入对数 | ← | 子女财富资本 | 0.075 | 0.025 | 3.354 | *** |
| 子女年均收入对数 | ← | 子女社会资本 | 0.092 | 0.024 | 4.110 | *** |
| 子女年均收入对数 | ← | 子女人力资本 | 0.123 | 0.025 | 5.623 | *** |
| 子女年均收入对数 | ← | 父亲年均收入对数 | 0.034 | 0.015 | 1.575 | 0.115 |

注：*** 代表在 0.001 的水平上显著。

为了使检验结果更加稳健，本书使用 bootstrap（n=2000）方法对子女人力资本、社会资本与财富资本的中介效应进行分析。表 4.3 为模型的中介效应检验结果，表 4.4 为模型的总效应检验结果。

表 4.3 基于 bootstrap 方法的中介效应检验结果（n=2000）

| 变量 | 父亲年均收入对数 |
|---|---|
| 子女年均收入对数 | 0.024*** <br> （0.005） |

注：*** 代表在 0.001 的水平上显著，括号内的数值为估计值的标准误。

表 4.4 基于 bootstrap 方法的总效应检验结果（n=2000）

|  | 父亲年均收入对数 | 子女人力资本 | 子女社会资本 | 子女财富资本 |
|---|---|---|---|---|
| 子女人力资本 | 0.104*** <br> （0.021） | 0 | 0 | 0 |
| 子女社会资本 | 0.045** <br> （0.021） | 0 | 0 | 0 |
| 子女财富资本 | 0.092*** <br> （0.022） | 0 | 0 | 0 |
| 子女年均收入对数 | 0.058** <br> （0.023） | 0.122*** <br> （0.021） | 0.092*** <br> （0.021） | 0.075** <br> （0.023） |

注：*** 代表在 0.001 的水平上显著，** 代表在 0.05 的水平上显著，括号内的数值为估计值的标准误。

由表 4.3 可知，父亲的经济收入与子女的经济收入之间存在显著的中介效应，因此，父亲的经济收入可以通过子女的人力资本、社会资本与财富资本对子女的经济收入产生影响。进一步将人力资本、社会资本与财富资本进行独立的中介效应检验，检验结果如表 4.5 所示。

表 4.5 子女人力资本、社会资本与财富资本的独立中介效应检验（Bootstrap=1000）

|  |  | 系数 | 标准误 | z 值 | P>\|z\| | 95% 的置信区间 ||
|---|---|---|---|---|---|---|---|
| 人力资本 | 中介效应 | 0.011 | 0.003 | 4.070 | 0.000 | 0.006 | 0.016 |
|  | 直接效应 | 0.030 | 0.015 | 1.930 | 0.054 | −0.001 | 0.060 |
| 社会资本 | 中介效应 | 0.004 | 0.002 | 2.000 | 0.046 | 0.000 | 0.008 |
|  | 直接效应 | 0.037 | 0.016 | 2.250 | 0.024 | 0.005 | 0.069 |
| 财富资本 | 中介效应 | 0.008 | 0.002 | 3.150 | 0.002 | 0.003 | 0.012 |
|  | 直接效应 | 0.033 | 0.017 | 1.990 | 0.047 | 0.000 | 0.067 |

由表 4.5 可知，人力资本中介效应的 bootstrap 置信区间 [0.006，0.016]、社会资本中介效应的 bootstrap 置信区间 [0.000，0.008]、财富资本中介效应的

bootstrap 置信区间 [0.003，0.012] 均不包含 0，因此认为人力资本、社会资本与财富资本的独立中介效应显著。综上所述，子女的人力资本、社会资本与财富资本在代际收入流动过程中产生显著的中介作用，假设 3 成立。

为了探讨子女人力资本、社会资本与财富资本对代际收入流动产生的影响力，基于表 4.4 的总效应检验结果，进一步对中介变量的贡献率进行计算，表 4.6 为各个中介变量的贡献率估计结果。

表 4.6 子女人力资本、社会资本与财富资本贡献率

|  | 人力资本 | 社会资本 | 财富资本 |
| --- | --- | --- | --- |
| 贡献率 | 21.88% | 7.14% | 11.90% |

代际收入流动过程中，子女的人力资本贡献率最大，为 21.88%，人力资本、社会资本与财富资本的总贡献率为 40.92%。

## 4.5 代际收入流动内在影响机制的城乡差异

由于家庭资本结构与社会环境的不同，城市和农村家庭在对子女人力资本、社会资本与财富资本投资的过程中存在着一定程度的差距，资本存量与资本分布的差异导致了城市与农村家庭代际收入流动的差异，为了进一步对比城市与农村地区代际收入传递的内在影响机制，本书以家庭所在地进行分组，建立多群组结构方程模型。图 4.3 为城市地区代际收入传递路径分析，图 4.4 为农村地区代际收入传递路径分析，图中系数均为标准化回归系数。

由表 4.7 可知，当模型中加入子女人力资本、社会资本与财富资本三个中介变量之后，城市地区与农村地区父

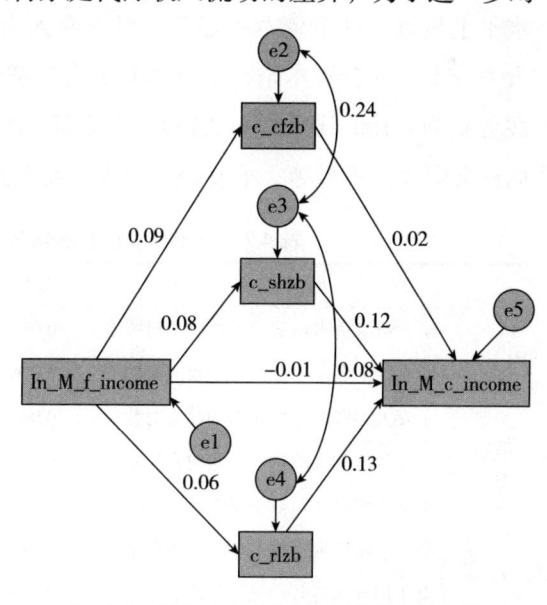

图 4.3 城市地区代际收入传递路径分析

亲经济收入对子女经济收入的直接影响均不再显著，系数分别为 –0.008（P 值 =0.778）与 0.054（P 值 =0.102）。在城市地区，父亲经济收入对子女人力资本、社会资本与财富资本的投入路径，标准化回归系数分别为 0.060、0.076 与 0.087，在 5% 的水平上均显著，且子女财富资本受父亲经济收入影响最大。子女人力资本、社会资本与财富资本对子女经济收入的产出路径，标准化回归系数分别为 0.133、0.120 与 0.024，人力资本与社会资本在 5% 的水平上显著，而财富资本不显著，子女经济收入主要受到人力资本与社会资本的影响。在农村地区，父亲经济收入对子女人力资本、社会资本与财富资本的投入路径，标准化回归系数分别为 0.135、–0.010 与 0.071，人力资本与财富资本在 5% 的水平上显著，社会资本不显著，且子女人力资本受父亲经济收入影响最大。人力资本、社会资本与财富资本对子女经济收入的产出路径，标准化回归系数分别为 0.100、0.050 与 0.134，人力资本与财富资本在 5% 的水平上显著，而社会资本并不显著，子女经济收入主要受到人力资本与财富资本的影响。

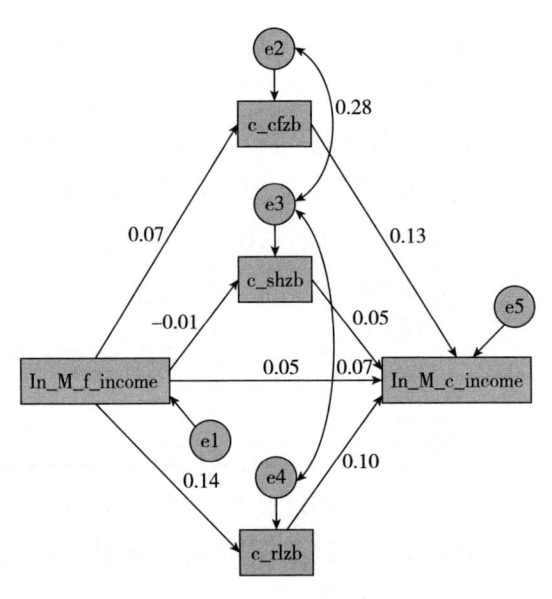

图 4.4　农村地区代际收入传递路径分析

表 4.7　城市与农村标准化路径系数估计结果

| | 路径 | 系数 | 标准误 | 检验统计量 | P 值 |
|---|---|---|---|---|---|
| 城市 | 子女财富资本←父亲年均收入对数 | 0.087 | 0.020 | 2.954 | 0.003 |
| | 子女社会资本←父亲年均收入对数 | 0.076 | 0.021 | 2.572 | 0.010 |
| | 子女人力资本←父亲年均收入对数 | 0.060 | 0.020 | 2.030 | 0.042 |
| | 子女年均收入对数←子女财富资本 | 0.024 | 0.032 | 0.792 | 0.428 |
| | 子女年均收入对数←子女社会资本 | 0.120 | 0.032 | 4.006 | *** |
| | 子女年均收入对数←子女人力资本 | 0.133 | 0.032 | 4.583 | *** |
| | 子女年均收入对数←父亲年均收入对数 | –0.008 | 0.022 | –0.281 | 0.778 |

续表

| | 路径 | 系数 | 标准误 | 检验统计量 | P值 |
|---|---|---|---|---|---|
| 农村 | 子女财富资本←父亲年均收入对数 | 0.071 | 0.018 | 2.147 | 0.032 |
| | 子女社会资本←父亲年均收入对数 | −0.010 | 0.021 | −0.300 | 0.764 |
| | 子女人力资本←父亲年均收入对数 | 0.135 | 0.019 | 4.106 | *** |
| | 子女年均收入对数←子女财富资本 | 0.134 | 0.041 | 3.951 | *** |
| | 子女年均收入对数←子女社会资本 | 0.050 | 0.037 | 1.467 | 0.142 |
| | 子女年均收入对数←子女人力资本 | 0.100 | 0.038 | 3.023 | 0.003 |
| | 子女年均收入对数←父亲年均收入对数 | 0.054 | 0.022 | 1.635 | 0.102 |

注：*** 代表在 0.001 的水平上显著。

为了使检验结果更加稳健，使用 bootstrap（n=2000）方法对城市与农村地区子女人力资本、社会资本与财富资本的中介效应进行分析。表 4.8 为城市与农村地区的中介效应检验结果，表 4.9 为城市与农村地区的总效应检验结果。

表 4.8 城市与农村地区基于 bootstrap 方法的中介效应检验结果（n=2000）

| 变量 | 地区 | 父亲年均收入对数 |
|---|---|---|
| 子女年均收入对数 | 城市 | 0.019*** (0.007) |
| | 农村 | 0.022** (0.008) |

注：*** 代表在 0.001 的水平上显著，** 代表在 0.05 的水平上显著，括号内的数值为估计值的标准误。

表 4.9 城市与农村地区基于 bootstrap 方法的总效应检验结果（n=2000）

| | | 父亲年均收入对数 | 子女人力资本 | 子女社会资本 | 子女财富资本 |
|---|---|---|---|---|---|
| 城市 | 子女人力资本 | 0.06** (0.029) | 0 | 0 | 0 |
| | 子女社会资本 | 0.076*** (0.028) | 0 | 0 | 0 |
| | 子女财富资本 | 0.087*** (0.028) | 0 | 0 | 0 |
| | 子女年均收入对数 | 0.011* (0.032) | 0.133*** (0.029) | 0.12*** (0.027) | 0.024 (0.034) |

续表

|  |  | 父亲年均收入对数 | 子女人力资本 | 子女社会资本 | 子女财富资本 |
|---|---|---|---|---|---|
| 农村 | 子女人力资本 | 0.135*** (0.033) | 0 | 0 | 0 |
|  | 子女社会资本 | −0.01 (0.033) | 0 | 0 | 0 |
|  | 子女财富资本 | 0.071** (0.035) | 0 | 0 | 0 |
|  | 子女年均收入对数 | 0.076** (0.034) | 0.099** (0.032) | 0.05 (0.035) | 0.134*** (0.029) |

注：*** 代表在 0.001 的水平上显著，** 代表在 0.05 的水平上显著，* 代表在 0.1 的水平上显著，括号内的数值为估计值的标准误。

由表 4.8 可知，城市与农村地区，父亲的经济收入与子女的经济收入之间均存在显著的中介效应，因此认为，在城市地区，父亲的经济收入可以通过子女的人力资本、社会资本对子女的经济收入产生影响。在农村地区，父亲的经济收入可以通过子女的人力资本、财富资本对子女的经济收入产生影响。进一步将人力资本、社会资本与财富资本进行独立的中介效应检验，检验结果如表 4.10 所示。

表 4.10　城市与农村子女人力资本、社会资本与财富资本的中介效应检验（Bootstrap=1000）

|  |  |  | 系数 | 标准误 | z 值 | P>\|z\| | 95% 的置信区间 |  |
|---|---|---|---|---|---|---|---|---|
| 城市 | 人力资本 | 中介效应 | 0.008 | 0.004 | 2.030 | 0.042 | 0.000 | 0.015 |
|  |  | 直接效应 | −0.004 | 0.023 | −0.150 | 0.877 | −0.049 | 0.041 |
|  | 社会资本 | 中介效应 | 0.008 | 0.003 | 2.270 | 0.023 | 0.001 | 0.015 |
|  |  | 直接效应 | 0.000 | 0.025 | 0.010 | 0.993 | −0.049 | 0.049 |
|  | 财富资本 | 中介效应 | 0.005 | 0.003 | 1.620 | 0.105 | −0.001 | 0.010 |
|  |  | 直接效应 | 0.003 | 0.024 | 0.140 | 0.885 | −0.043 | 0.050 |
| 农村 | 人力资本 | 中介效应 | 0.010 | 0.004 | 2.550 | 0.011 | 0.002 | 0.018 |
|  |  | 直接效应 | 0.044 | 0.022 | 1.980 | 0.047 | 0.000 | 0.088 |
|  | 社会资本 | 中介效应 | −0.001 | 0.002 | −0.280 | 0.781 | −0.005 | 0.004 |
|  |  | 直接效应 | 0.052 | 0.023 | 2.220 | 0.026 | 0.006 | 0.098 |
|  | 财富资本 | 中介效应 | 0.008 | 0.004 | 2.030 | 0.042 | 0.000 | 0.015 |
|  |  | 直接效应 | 0.044 | 0.022 | 1.960 | 0.050 | 0.000 | 0.087 |

由表 4.10 可知，在城市地区中，人力资本中介效应的 bootstrap 置信区

间 [0.000，0.015]、社会资本中介效应的 bootstrap 置信区间 [0.001，0.015] 均不包含 0，而财富资本中介效应的 bootstrap 置信区间 [-0.001，0.010] 包含 0，因此认为人力资本与社会资本的独立中介效应显著。综上所述，子女的人力资本与社会资本在城市地区代际收入流动过程中产生显著的中介作用，此外由于直接效应均不显著，因此可以认为子女的人力资本与社会资本在代际收入流动过程起到完全中介作用。在农村地区中，人力资本中介效应的 bootstrap 置信区间 [0.002，0.018]、财富资本中介效应的 bootstrap 置信区间 [0.000，0.015] 均不包含 0，而社会资本中介效应的 bootstrap 置信区间 [-0.005，0.004] 包含 0，因此认为人力资本与财富资本的独立中介效应显著。综上所述，子女的人力资本与财富资本在农村地区代际收入流动过程中产生显著的中介作用。

进一步探讨农村地区，子女人力资本与财富资本对代际收入流动产生的影响力，基于表 4.9 的总效应估计结果，进一步对中介变量的贡献率进行计算，表 4.11 为农村地区各个中介变量的贡献率估计结果。

表 4.11 农村地区人力资本、社会资本与财富资本贡献率

|  |  | 人力资本 | 社会资本 | 财富资本 |
| --- | --- | --- | --- | --- |
| 贡献率 | 农村 | 17.59% | / | 12.52% |

农村代际收入流动过程中，子女的人力资本贡献率最大，为 17.59%，人力资本与财富资本的总贡献率为 30.11%。

## 4.6 代际收入流动内在影响机制的性别差异

从前文分析可知，由于中国传统社会里，不同性别的个体在家庭生活中存在着明显的经济差异，女儿受父亲经济收入的影响较大，而儿子受父亲经济收入的影响较小，同时父亲对儿子与女儿的资本投入存在一定程度的结构差异，因此可以推断不同性别间，代际收入流动的内在影响机制不尽相同。为了探究父子与父女的收入传递路径，本书以性别进行分组，建立多群组结构方程模型。图 4.5 为父子代际收入传递路径分析，图 4.6 为父女代际收入传递路径分析，图中系数均为标准化回归系数。

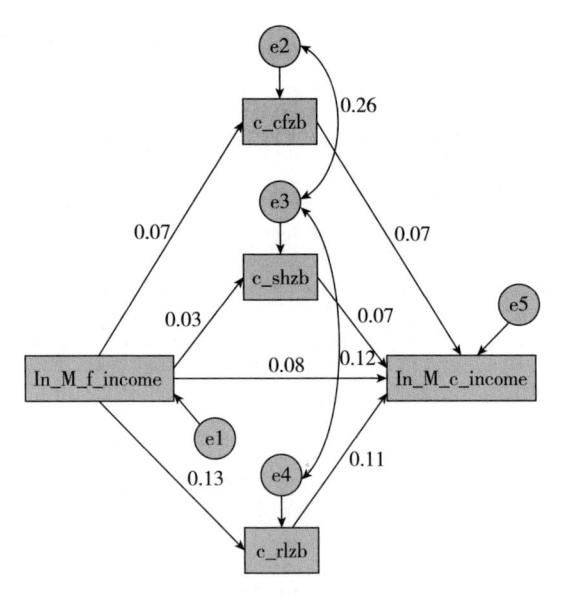

图 4.5　父子代际收入传递路径分析

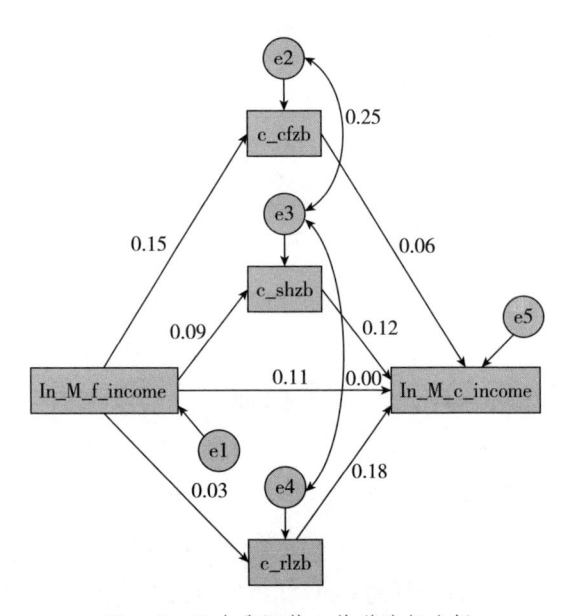

图 4.6　父女代际收入传递路径分析

由表 4.12 可知，当模型中加入子女人力资本、社会资本与财富资本三个中介变量之后，父子与父女代际传递的直接影响在 5% 的水平上均显著，系数分别为 0.078（P 值 =0.006）与 0.110（P 值 =0.001）。父亲经济收入对儿子人力资本、社会资本与财富资本的投入路径，标准化回归系数分别为0.134、0.032与0.074，其中，人力资本与财富资本的投入路径在5%的水平上均显著，社会资本投入路径并不显著，儿子的人力资本受到父亲经济收入的影响最大。儿子人力资本、社会资本与财富资本对其经济收入的产出路径，标准化回归系数分别为0.108、0.068与0.071，人力资本、社会资本与财富资本的产出路径在5%的水平上均显著。父亲经济收入对女儿人力资本、社会资本与财富资本的投入路径，标准化回归系数分别为0.025、0.088与0.153，社会资本与财富资本在5%的水平上显著，人力资本不显著，女儿的人力资本受父亲经济收入的影响不大。人力资本、社会资本与财富资本对女儿经济收入的产出路径，标准化回归系数分别为0.175、0.124与0.063，人力资本与社会资本在5%的水平上显著，财富资本在10%的水平上显著，女儿的经济收入受到人力资本与社会资本的影响最大。

表4.12　父子与父女标准化路径系数估计结果

| | 路径 | 系数 | 标准误 | 检验统计量 | P值 |
|---|---|---|---|---|---|
| 父子 | 子女财富资本←父亲年均收入对数 | 0.074 | 0.017 | 2.601 | 0.009 |
| | 子女社会资本←父亲年均收入对数 | 0.032 | 0.017 | 1.107 | 0.268 |
| | 子女人力资本←父亲年均收入对数 | 0.134 | 0.016 | 4.736 | *** |
| | 子女年均收入对数←子女财富资本 | 0.071 | 0.029 | 2.411 | 0.016 |
| | 子女年均收入对数←子女社会资本 | 0.068 | 0.028 | 2.325 | 0.020 |
| | 子女年均收入对数←子女人力资本 | 0.108 | 0.029 | 3.763 | *** |
| | 子女年均收入对数←父亲年均收入对数 | 0.078 | 0.016 | 2.776 | 0.006 |
| 父女 | 子女财富资本←父亲年均收入对数 | 0.153 | 0.026 | 4.444 | *** |
| | 子女社会资本←父亲年均收入对数 | 0.088 | 0.029 | 2.540 | 0.011 |
| | 子女人力资本←父亲年均收入对数 | 0.025 | 0.027 | 0.726 | 0.468 |
| | 子女年均收入对数←子女财富资本 | 0.063 | 0.044 | 1.799 | 0.072 |
| | 子女年均收入对数←子女社会资本 | 0.124 | 0.040 | 3.566 | *** |
| | 子女年均收入对数←子女人力资本 | 0.175 | 0.042 | 5.208 | *** |
| | 子女年均收入对数←父亲年均收入对数 | 0.110 | 0.033 | 3.247 | 0.001 |

注：*** 代表在0.001的水平上显著。

为了使检验结果更加稳健，使用bootstrap（n=2000）方法对儿子与女儿的人力资本、社会资本、财富资本中介效应进行分析。表4.13为父子与父女的中介效应检验结果，表 4.14 为父子与父女的总效应检验结果。

表 4.13　父子与父女基于 bootstrap 方法的中介效应检验结果（n=2000）

| 变量 | 性别 | 父亲年均收入对数 |
|---|---|---|
| 子女年均收入对数 | 儿子 | 0.022***<br>（0.006） |
| | 女儿 | 0.025**<br>（0.010） |

注：*** 代表在 0.001 的水平上显著，** 代表在 0.05 的水平上显著，括号内的数值为估计值的标准误。

表 4.14　父子与父女基于 bootstrap 方法的总效应检验结果（n=2000）

| | | 父亲年均收入对数 | 子女人力资本 | 子女社会资本 | 子女财富资本 |
|---|---|---|---|---|---|
| 儿子 | 子女人力资本 | 0.134***<br>（0.027） | 0.000 | 0.000 | 0.000 |
| | 子女社会资本 | 0.032<br>（0.027） | 0.000 | 0.000 | 0.000 |
| | 子女财富资本 | 0.074**<br>（0.028） | 0.000 | 0.000 | 0.000 |
| | 子女年均收入对数 | 0.101**<br>（0.033） | 0.109***<br>（0.029） | 0.068**<br>（0.028） | 0.071**<br>（0.034） |
| 女儿 | 子女人力资本 | 0.025<br>（0.036） | 0.000 | 0.000 | 0.000 |
| | 子女社会资本 | 0.088**<br>（0.034） | 0.000 | 0.000 | 0.000 |
| | 子女财富资本 | 0.153***<br>（0.031） | 0.000 | 0.000 | 0.000 |
| | 子女年均收入对数 | 0.135***<br>（0.036） | 0.175***<br>（0.034） | 0.124***<br>（0.035） | 0.063**<br>（0.031） |

注：*** 代表在 0.001 的水平上显著，** 代表在 0.05 的水平上显著，括号内的数值为估计值的标准误。

由表 4.13 可知，父子与父女之间的代际收入传递均存在显著的中介效应，因此认为，对于儿子，父亲的经济收入可以通过人力资本和财富资本投资对其经济收入产生影响。对于女儿，父亲的经济收入可以通过社会资本、财富资本投资对其经济收入产生影响。进一步将人力资本、社会资本与财富资本进行独立的中介效应检验，检验结果如表 4.15 所示。

表 4.15　父子与父女代际收入传递的中介效应检验（Bootstrap=1000）

|  |  |  | 系数 | 标准误 | z值 | P>|z| | 95% 的置信区间 ||
|---|---|---|---|---|---|---|---|---|
| 父子 | 人力资本 | 中介效应 | 0.011 | 0.003 | 3.460 | 0.001 | 0.005 | 0.017 |
|  |  | 直接效应 | 0.045 | 0.018 | 2.510 | 0.012 | 0.010 | 0.079 |
|  | 社会资本 | 中介效应 | 0.002 | 0.002 | 1.080 | 0.282 | −0.002 | 0.005 |
|  |  | 直接效应 | 0.056 | 0.019 | 2.960 | 0.003 | 0.019 | 0.093 |
|  | 财富资本 | 中介效应 | 0.005 | 0.002 | 1.960 | 0.050 | 0.000 | 0.009 |
|  |  | 直接效应 | 0.054 | 0.019 | 2.850 | 0.004 | 0.017 | 0.090 |
| 父女 | 人力资本 | 中介效应 | 0.004 | 0.006 | 0.680 | 0.499 | −0.008 | 0.017 |
|  |  | 直接效应 | 0.135 | 0.033 | 4.060 | 0.000 | 0.070 | 0.200 |
|  | 社会资本 | 中介效应 | 0.012 | 0.006 | 2.050 | 0.040 | 0.001 | 0.024 |
|  |  | 直接效应 | 0.118 | 0.035 | 3.380 | 0.001 | 0.049 | 0.186 |
|  | 财富资本 | 中介效应 | 0.017 | 0.006 | 2.940 | 0.003 | 0.006 | 0.028 |
|  |  | 直接效应 | 0.113 | 0.033 | 3.380 | 0.001 | 0.047 | 0.179 |

由表 4.15 可知，对于父子，人力资本中介效应的 bootstrap 置信区间 [0.005，0.017]、财富资本中介效应的 bootstrap 置信区间 [0.000，0.009] 均不包含 0，而社会资本中介效应的 bootstrap 置信区间 [−0.002，0.005] 包含 0，因此认为人力资本与财富资本的独立中介效应显著。综上所述，儿子的人力资本与财富资本在父子的代际收入流动过程中产生显著的中介作用。对于女儿，社会资本中介效应的 bootstrap 置信区间 [0.001，0.024]、财富资本中介效应的 bootstrap 置信区间 [0.006，0.028] 均不包含 0，而人力资本中介效应的 bootstrap 置信区间 [−0.008，0.017] 包含 0，因此认为社会资本与财富资本的独立中介效应显著。综上所述，女儿的社会资本与财富资本在代际收入流动过程中产生显著的中介作用。

进一步探讨子女人力资本、社会资本与财富资本对代际收入流动产生的影响力，基于表 4.14 的总效应估计结果，进一步对中介变量的贡献率进行计算，表 4.16 为父子与父女各个中介变量的贡献率估计结果。

表 4.16　父子与父女人力资本、社会资本与财富资本贡献率

|  |  | 人力资本 | 社会资本 | 财富资本 |
|---|---|---|---|---|
| 贡献率 | 父子 | 14.47% | / | 5.25% |
|  | 父女 | / | 8.08% | 7.14% |

父子代际收入流动过程中，儿子人力资本的贡献率最大，为14.47%，人力资本与财富资本的总贡献率为19.72%。父女代际收入流动过程中，社会资本与财富资本的总贡献率仅为15.22%，父女之间代际收入的直接传递程度更大。

## 4.7 小结

本章通过建立结构方程模型探讨了子女人力资本、社会资本与财富资本的中介作用，并进一步比较了代际收入流动内在影响机制的城乡差异与子女性别差异。

研究结果显示，从总体上来看，子女人力资本、社会资本与财富资本的中介效应显著，且中介变量对代际收入传递的贡献率为40.92%。此外，子女人力资本不仅受父亲经济收入影响最大，同时对收入的产出效用也最大。从城乡差距来看，农村地区收入代际传递的直接影响更大。对于城市地区，子女的人力资本与社会资本在代际收入传递过程中起到完全中介作用，子女的财富资本受父亲经济收入影响最大，人力资本对子女经济收入产出最高。对于农村地区，父亲的经济收入可以通过影响子女的人力资本与财富资本对其经济收入产生影响，且人力资本与财富资本的贡献率为30.11%，同时子女的人力资本受父亲经济影响最大，财富资本对收入的产出效用最大。从子女性别差异上来看，父女之间收入传递的直接影响更大。对于父子，儿子的人力资本与财富资本在代际收入流动过程中起到显著的中介作用，中介变量对代际传递的贡献率为19.72%，且儿子人力资本受父亲经济影响最大，对收入的产出效用也最大。对于父女，女儿的社会资本与财富资本在代际传递过程中起到显著的中介作用，中介变量的贡献率为15.22%，且女儿的财富资本受父亲经济影响最大，人力资本与社会资本对收入的产出效用最大。

# 5 收入不平等对代际收入流动的影响

## 5.1 引言

行为经济学已经发现公平与平等将对劳动者的社会行为产生显著的影响。近年来，诸多实证研究对劳动者表现结果进行评估后发现，劳动者在经济市场的表现水平一部分受到自身因素的影响，一部分受到外部不可控因素的影响（Cappelen et al.，2010[213]）。在要素市场不够完善的情况下，家庭经济收入的不平等阻碍了信息交流，弱势家庭子女获得优质公共服务的难度加大，市场经济难以达到帕累托最优，社会的机会公平受到抑制，收入的代际传递逐渐强化。文雯（2020）通过参数估计法测算出从2006年到2013年，中国居民收入的机会不平等正在逐步扩大[214]。

家庭的教育水平差异是造成劳动者经济收入差异的主要因素之一，不同教育阶层的父母具有显著不同的教育理念差异，从而对子女的人力资本投资意愿产生较大的影响，父母投资动机的差异进一步加剧了子女的教育不平等，最终导致了子女经济收入的不平等，阻碍了社会的代际收入流动（林晶，2019[215]）。与此同时，家庭收入的不平等产生了信贷约束的差异，不同收入阶层的子女获得的家庭人力资本投入也有所不同，劳动者收入技能与技能回报的差异进一步降低了弱势家庭子女经济收入向上流动的概率。

公平公正的社会环境与资源市场环境是劳动者最大的公共需求品，解决劳动者就业平等的核心问题是机会平等，解决要素市场分配平等的核心问题是公共系统的有效运行（高国希，2006[216]）。刘波等（2020）基于夏普利值分解对居民健康的机会不平等进行了测度，认为健康的机会不平等是导致居民健康差异的重要因素，劳动者的性别、幼年时期的居住地等均是造成劳动者机会不平等的重要因素[217]。家庭收入不平等可以通过影响子女的健康水平从而对社会的代际收入流动产生显著的影响。目前，国际上较常使用儿童的教育不平等与幼儿的成长环境不公平来衡量社会的机会不平等。世界银行

（2018）认为儿童早期的机会不平等将对劳动者的一生产生不可逆转的负面影响，这种负面影响很难通过成长后期的社会福利政策进行消除[190]。美国的政策研究表明，对弱势环境的育龄妇女进行政策帮扶，包括健康保险、家庭暴力防治措施和计划生育等服务，可以对幼儿健康和子女的长期成长产生积极影响（Aizer et al.，2014[218]）。一项坦桑尼亚的营养补充项目表明，在孕期前三个月接受碘补充剂的儿童比未接受碘补充剂的儿童平均增加 0.35 年的受教育年限（Field et al.，2009[219]）。孕期妇女的营养补充较大程度上影响了儿童的大脑发育水平，对儿童的先天禀赋产生极大的影响。因此，即使劳动者的遗传禀赋在社会整体范围内随机变化，经济环境更加富裕的家庭将有更大的概率获得智商水平更高的孩子，公共政策的早期干预可以较大地削弱家庭经济收入不平等对劳动者成长环境的不利影响。

为了了解收入的不平等对代际收入流动影响的作用机制，就必须先了解收入的代际传递机制。收入的代际传递效应越大，意味着社会的收入流动性越低。任何能够父子影响并与劳动力市场相关的收入技能都将带来收入的代际传递。造成不同时期、不同地域、不同人群社会流动性不同的原因主要有：（1）收入技能的不同分布；（2）收入技能的代际传递程度；（3）收入技能不同的回报率。收入的不平等可以通过影响上述三种因素来对社会流动性产生影响。但是这些收入技能在代际传递过程中往往会受到环境的影响。

尽管普遍认为不平等会降低社会流动性，但是这种观点并未反映真实的客观情况。首先，对于任何一个收入技能，如果这种技能在社会上的分布状况不平等，那么这种不平等就可能会降低社会的收入流动性，如果收入技能在代际之间的传递程度和收入技能的回报率不平等，那么这种不平等就可能提高社会的收入流动性；其次，不平等对不同收入技能的影响方式是不相同的，这也使得不平等与代际收入流动之间的关系具有不确定性（图 5.1）。

家庭经济收入的不平等在劳动者成长过程中的各个阶段产生不同的作用，劳动者出生时的环境与政策、市场和机构相互影响，在不同的阶段形成机会，这些机会在很大程度上决定了劳动者成年后的经济收入，从而决定了社会的代际流动性。本书基于参数估计法与非参数估计法，对家庭经济收入不平等进行分解，结构化地分析了收入不平等对代际收入流动的影响。

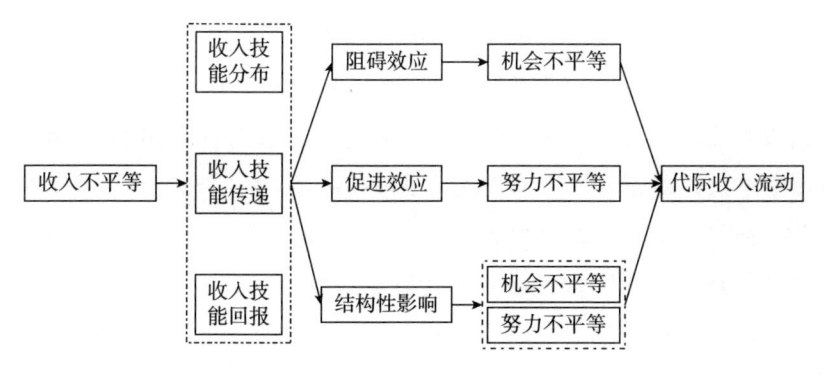

图 5.1 收入不平等对代际收入流动的影响

## 5.2 理论假设

结合国内外研究的文献梳理可知，收入不平等对收入流动性的影响体现在劳动者各个不同的人生阶段。首先，劳动者出生时的环境，如家庭背景和成长环境等，通过两种方式对劳动者的机会公平产生影响：一是通过家庭人力资本传递对劳动者的认知性人力资本产生影响；二是通过父母的教育方式与环境的参照性影响对劳动者的非认知性人力资本产生影响。生命周期每个阶段的机会公平都会直接或间接地影响随后阶段的结果，进而对代际收入流动产生影响。劳动者的出生地、户籍地与父母人力资本水平均为影响劳动者机会公平的重要因素（文雯，2020[214]）。劳动者家庭环境的差异通过教育不平等与就业不平等转变成为收入不平等，家庭收入不平等通过职业代际与资本代际转变为不平等的代际传递。不同地域之间的经济发展水平与要素市场的结构与规模都存在较大的差异，这种地域差异为劳动者产生了差异化的就业机会（孙三百，2014[220]），城乡之间的市场准入壁垒阻碍了资源空间的地域融合，市场的不完善进一步限制了劳动力的有效流动，扩大了劳动者的经济收入（范剑勇，2009[221]）。同时，各省份地市州的户籍制度加剧了地域差异对劳动者子女受教育机会的影响。社会流动性降低导致的居住隔离将使弱势家庭的子女过早地暴露在不利环境之下，其成年后脱离家庭经济阶层的概率将大大降低，因此可以认为收入不平等的增加可以降低社会的代际收入流动。

其次，家庭的非教育因素在收入的代际传递过程中起到重要作用，但是近年来，随着市场的不断完善与经济市场有效性的提升，非教育因素的代际传递在收入流动过程中产生的影响越来越小（杨沫等，2020[222]）。随着社会经济逐渐增长，即使劳动者的收入不平等持续增加，当政府公共人力资本投入足以弥补弱势家庭私人人力资本投入的不足时，弱势家庭的子女对家庭经济背景的依赖将大大降低，教育的代际流动将得到有效提升。龚锋（2017）通过非参数估计法测算出劳动者的努力程度可以改变外部环境的不利影响，削弱社会的机会不平等[223]。随着市场的不断完善，要素市场的开放性得到提升，通过政策帮扶与金融借贷，贫困子女创业与就业的途径得以增加，从而实现经济阶层的向上流动。此时，收入不平等与代际收入流动可以同时增加。

再次，当收入不平等的促进作用与阻碍作用同时作用于社会流动时，收入不平等对代际收入流动的影响变得不确定。劳动者对于公平与平等的信仰直接影响到劳动者的工作动机，从而影响收入的代际传递。黄春华（2016）认为收入不平等对社会经济发展的影响呈现出倒"U"形关系[224]。在社会长期收入不平等的影响之下，劳动者往往选择"顺从"而非"反抗"（Sen，1995[225]）。精神上选择"顺从"的劳动者在行为上的直接反应为工作积极性的降低，人力资本投入的动机将大大削弱，阶层不断固化，收入的代际流动性将会下降。而精神上选择"反抗"的劳动者在行为上的直接反应为"逆流而上"，工作动机大大增强，偏向性的经济政策刺激了劳动者的好胜心，劳动者经济收入向上流动的意愿增强，收入的代际流动性将得到提升。收入不平等对收入流动性的影响是积极还是消极，在于劳动者"顺从"与"反抗"的效应哪个更强。随着收入不平等的持续加剧，从短期来看，劳动者的"反抗"意愿更强，从长期来看，劳动者"顺从"意愿更强（黄春华，2016[224]）。

此外，在政府关于维护社会公平、提升经济有效增长的政策实施之下，收入不平等程度越高的地区，劳动者对于未来收入流动性的预期可能更加乐观（陈晓东，2018[226]）。收入不平等对收入流动性的阻碍效应将被劳动者未来乐观预期的促进作用所抵消，此时，劳动者努力的激励作用将足以削弱现实不平等对代际收入流动产生的不利影响。

可以推测，当劳动者的努力差异成为解释收入差距的主要原因时，收入的不平等可以正向促进代际收入流动；当劳动者的机会差异成为解释收入差距的主要原因时，收入的不平等可以反向抑制代际收入流动。因此可以得到假设 4 与假设 5：

假设 4：收入的努力不平等对代际收入流动有促进作用；

假设 5：收入的机会不平等对代际收入流动有阻碍作用。

## 5.3 模型设定

### 5.3.1 机会不平等与努力不平等的测度

为了对机会不平等与努力不平等的相关概念进一步明晰，并得出更加完善的测量方法，首先需要确定基本的分析视角。目前主要的测算原则有事前分析法和事后分析法。

在事后分析法中，收入的机会不平等可以看成是在任何外部环境下，付出相同努力程度的劳动者，其收入的不平等程度。测量这种机会不平等，需要综合比较每一种环境类别中，相同分位数群体（相对努力程度相同）的收入差异。如果完全机会平等，那么每一个分位数所对应的劳动者收入均相同，也就是收入的分布函数完全相同。

对于事前分析法，可以看成是相同外部环境下，劳动者的收入不平等程度。因此在这种情况下，并不需要对劳动者的努力程度进行观察，更不需要对不同环境下付出相同努力程度的劳动者进行对比。但是需要对不同环境类别内的不平等程度进行综合评估。Van de Gaer（1993）[227] 提出可以用均值法进行测量，也就是说社会的总体机会不平等可以看成是不同环境类别下收入不平等程度的均值。

目前，对机会不平等与努力不平等的测度方式至少有三种。Bourguignon, Ferreira & Menéndez（2007）[228] 对环境变量和努力变量建立收入的线性回归模型，并对消除环境影响之后的劳动者收入进行反事实模拟。通过比较真实收入与反事实收入之间的差异，Bourguignon 等人计算出巴西的机会不平等指数，并进一步分析出机会不平等在外部环境对劳动者个人努力程度的影响过程起到直接作用和中介作用。Bourguignon 等人采用的五个环境变量为：种族、母亲的学历、父亲的学历、出生地和父亲的职业。通过对回归方程的系数符号和方差——协方差矩阵施加一定的限制条件，Bourguignon 等人估计出由于忽略其他未被观察到的环境变量而产生的偏误区间。这一过程可以看成是特定环境因素对总体收入不平等的贡献率。

第二种测度方式为依据标准化组间不平等分解，将收入的总体不平等分解为收入的机会不平等与努力不平等。如果将群体依据环境因素进行分组，此时组间收入差异为机会不平等的事前估计法；如果将群体依据相对努力程度进行分组，此时的组内收入差异为机会不平等的事后估计法（Checchi & Peragine，2010[229]）。

第三种测度方式为 Lefranc et al.（2008）[230] 提出，通过随机比较不同环境因素下收入的条件分布来判断社会是否存在机会不平等。采用机会不平等的 Gini 指数来对机会不平等进行测度。

需要注意的是，在以往的文献中，利用参数估计法和非参数估计方法在一定程度上都有利有弊。使用非参数估计方法可以不必拘泥于经济收入、外部环境与个体努力程度之间的计量模型，但是一旦环境变量或者努力变量数量增加，就会面临样本数据不足的问题，并且无法进行部分评估单一变量对经济收入的影响。而参数模型可以处理大量的环境变量，并且为部分环境因素对劳动者经济收入的影响性分析提供可能，此外，利用参数模型，可以对努力程度在外部环境和劳动者经济收入之间的中介效应进行分析。另一方面，参数估计法很大程度上依赖于环境变量与努力变量的选取，同时模型的选择也会对机会不平等的测量造成较大的影响，模型的稳健性将是参数估计法的较大挑战（Checchi et al. 2010[229]；Ferreira et al. 2011[231]）。

本书分别采用参数估计法与非参数估计法对经济收入的机会不平等与努力不平等进行测量。

（1）参数估计法

依据 Almas（2011）[232]、雷欣、程可、陈继勇（2017）[233] 的方法，均衡群体环境因素后建立努力的"反事实"收入模型，均衡群体努力因素后建立环境的"反事实"收入模型，并测算由努力不同造成的努力不平等，以及由环境不同造成的机会不平等。

个体收入由自身努力因素和外部环境因素共同决定：

$$\ln y_i = \alpha + \beta x_i^e + \gamma x_i^o + e_i \tag{5.1}$$

其中，$y_i$ 为劳动者 $i$ 的经济收入，$x_i^e$ 为劳动者 $i$ 的努力变量，$x_i^o$ 为劳动者 $i$ 的环境变量，$\beta$ 为努力变量的回归系数，$\gamma$ 为环境变量的回归系数，$\alpha$ 为常数项，$e_i$ 为误差项。模型反映在外部环境和个人努力的共同影响下，收入的分布情况。参照 Almas（2011）、雷欣、程可、陈继勇（2017）的方法建立个体努力的"反事实"收入模型：

$$\bar{y}_i^e = \frac{1}{N} \sum_j^N [\exp(\alpha + \beta x_i^e + \gamma x_j^o + e_j)] \quad i, j = 1, 2, \cdots, N \quad (5.2)$$

$\bar{y}_i^e$ 反映的是劳动者 $i$ 付出 $x_i^e$ 努力后，分别处于 $N$ 种不同的环境下，完全由个人努力决定的"反事实"收入均值，为了使估计出来的"反事实"收入总值与真实的收入总值保持一致，对模型进行加权调整：

$$y_i^{\text{offort}} = \left[\frac{\bar{y}_i^e}{\sum_i \bar{y}_i^e}\right] \cdot \sum_i y_i \quad i, j = 1, 2, \cdots, N \quad (5.3)$$

因此，$y_i^{\text{offort}}$ 为个体依据努力程度的高低，从社会总收入中取得的"理想"收入，本书定义为努力收入。依据同样的方法，可以建立环境的"反事实"收入模型：

$$\bar{y}_i^o = \frac{1}{N} \sum_j^N [\exp(\alpha + \beta x_j^e + \gamma x_i^o + e_j)] \quad i, j = 1, 2, \cdots, N \quad (5.4)$$

$\bar{y}_i^o$ 反映的劳动者 $i$ 处于 $x_i^o$ 环境时，付出 $N$ 种不同的努力后，完全由外部环境决定的"反事实"收入均值，为了使估计出来的"反事实"收入总值与真实的收入总值保持一致，对模型进行加权调整：

$$y_i^{\text{opp}} = \left[\frac{\bar{y}_i^o}{\sum_i \bar{y}_i^o}\right] \cdot \sum_i y_i \quad i, j = 1, 2, \cdots, N \quad (5.5)$$

因此，$y_i^{\text{opp}}$ 为个体依据环境的优劣程度，从社会总收入中取得的"理想"收入，本书定义为机会收入。

在计算出努力收入和机会收入的基础上，依据基尼系数的测度方法，可以进一步计算出社会的努力不平等基尼系数和机会不平等基尼系数。

（2）非参数事后估计法

利用广义熵指数作为社会经济不平等事后估计法的分解方式。本书利用广义熵指数的分解模型，可以对机会不平等进行估计（Ferreira & Gignoux,

2011[231])。本书将经济不平等的广义熵指数分解为机会不平等指数与努力不平等指数。记 $F(y)$ 为劳动者的收入分布，$\mu$ 为收入的分布均值，定义 $F(y)$ 的反函数 $Q(p)$ 为收入分布的分位数，其中 $p \in [0, 1]$，因此 $F(Q(p)) = p$。广义熵指数 GE（0），也就是泰尔系数是目前已知的分解社会不平等指数较为合适的测量方式（Duclos & Araar, 2006[234]）：

$$\text{GE}(0) = \int_0^1 \ln\left(\frac{\mu}{Q(p)}\right) dp \tag{5.6}$$

这种不平等测量方式是对收入分布的尾部给予更大的权重。为了将社会的经济不平等分解为由外部环境导致的机会不平等和由于努力或者运气导致的努力不平等，首先将劳动者总体依据努力变量分为 K 个群组，群组之间具有不同的努力程度，群组内部努力程度相同。然后可以将不平等指数分解为组间不平等与组内不平等（Duclos & Araar, 2006[234]）：

$$\text{GE}(\theta, F) = \sum_{k=1}^{K} \phi(k) \left(\frac{\mu_k}{\mu}\right)^\theta \text{GE}(\theta, k) + \text{GE}(\theta, \widetilde{F}) \tag{5.7}$$

其中，$\phi(k)$ 为群组 k 在总体中的人数比例，$\mu_k$ 为群组 k 的收入均值，$\mu$ 为收入的总体分布均值，$\text{GE}(\theta, k)$ 为群组 k 的广义熵指数，$\theta$ 为常数，衡量了厌恶不平等的程度，$\theta$ 值越小，厌恶程度越高，$\text{GE}(\theta, k)$ 为组内不平等指数。$\widetilde{F}$ 为劳动者消除内部个体差异之后的反事实收入分布，参考以往文献，$\widetilde{F}$ 为将组内个体经济收入替换成组内收入均值之后的平滑分布。因此在反事实收入分布中，群组内的劳动者不存在任何不平等，$\text{GE}(\theta, \widetilde{F})$ 衡量的是组间差异。$\widetilde{F}$ 为阶梯函数，每个群组都有一个特定的收入层级（Duclos & Araar, 2006[234]）。只有当 $\theta$ 值为 0 时，广义熵指数可以完全分解为由努力导致的努力不平等与由于外部环境导致的机会不平等：

$$\text{GE}(0, F) = \sum_{k=1}^{K} \phi(k) \text{GE}(0, k) + \text{GE}(0, \widetilde{F}) \tag{5.8}$$

### 5.3.2 基于 PSM 方法的因果推断模型

如何在调查研究中进行因果推断是一个非常重要的问题，现实生活中自然发生的情景如同实验过程中的处理效应，但是不同于实验研究的是，现实生活中社会活动单元不可能同时出现相应的控制效应，以供研究者进行对比分析。因此，仅仅利用观测组的处理效应来推断变量间的因果关系必定会产生较大的偏差。传统的回归分析虽然在一定程度上可以测量出自变量对因变量的影响性，但是这种影响性有可能受到控制变量或者中介变量的干扰而产生偏差，原本没有相关关系或直接因果关系的两个变量在受到控制变量或者中介变量的影响之后，有可能产生相关。近几年，国内外诸多学者纷纷利用反事实分析法对经济学领域中的因果问题进行了探究，反事实分析法成为揭示事物因果关系的重要路径。

反事实分析法是在经济学分析当中，在特定的条件下，根据研究者的需求，做出与现实不符合的假设，并在这种假设下进行经济学的分析。这种与现实不符的假设主要包括两个方面：一是曾经在现实中发生过的事件，假定它并不存在，并在这种假定条件下分析事物的动态变化；二是不曾在现实中发生过的事件，假定它曾经存在，并在这种假定条件下推断该事件可能引起的长远后果（厉以宁，1983[235]）。

在早期，反事实分析法一直是历史学家们论述中的一个关键部分，而后在经济学领域得到广泛的推广。Fogel（1980）[236]认为，当一个经济学问题能够被一个计量模型准确地表达时，所谓的反事实分析，也就是当自变量已知时获得因变量的过程[4]。Gil-Hernández（2017）[237]通过反事实分析法分别对男性和女性的社会阶层流动性进行了比较，分析了不同社会出身的影响下，男性与女性教育机会和阶级回报的不平等程度。Kotera（2017）[238]通过反事实模拟建立动态模型，论证了教育政策是解释代际流动的重要因素。B. Callaway（2018）[239]依据子女的背景特征（比如种族和受教育程度），基于半参数估计法构建子女的"反事实收入"，并实证分析了子女的背景差异对代际收入弹性的影响。

国内，厉以宁（1983）最早探讨了反事实度量法的适用范围，认为在社会政治条件不变的情况下，物质生产领域内反事实度量法的分析结果都是可信的。李任玉等（2014）[240]利用工具变量分位数回归法，建立低收入家庭和高收入家庭子女的反事实收入，探索了高低收入家庭的子女收入差距的主要来源。王学龙等（2015）[241]利用Altham指标和反事实分析考查了中国代际流动性变迁的趋势与原因。龚锋等（2017）[223]利用倾向得分匹配法建立收入的"反事实"分布，测度了努力对机会不平等的影响。雷欣等（2017）[233]利用"反事实"收入验证了收入不平等与社会经济增长的关系。本书运用倾向得分匹配方法（PSM）有效减少了因为缺乏控制单元而产生的系统偏差。

匹配方法中每一个社会活动单元（处理单元）都对应一个对照单元，对照单元与处理单元需要具有相似的观测特征。当任意两个处理单元之间具有显著的社会背景差异时，处理单元的社会活动结果有可能依赖于控制变量的大小，此时，匹配方法可以为处理效应对社会活动结果的因果影响提供一个无偏估计。

之所以采用PSM方法对劳动者经济收入的反事实分布进行估计，是因为劳动者的社会背景变量通常都是多维变量，如果劳动者的外部环境变量为两个二维变量，那么很容易将总体放入2×2的实验分组中，个体匹配可以直接进行。当环境变量为多个多维变量时，将很难判断应该依据哪个变量将劳动者进行配对分组，又应该如何选择加权方案对劳动者的环境背景进行综合评估。而PSM方法则可以提供一套行之有效的方法将劳动者依据背景变量进行匹配，并为处理效应产生一个无偏估计。

在本书中，劳动者是否付出最大努力可以看成是处理变量，劳动者努力的不同可以对经济收入带来显著的影响，但是，想要判断努力的不同是否是带来劳动者收入差异的原因，需要对劳动者努力前后的经济收入进行比较分析，但是遗憾的是，通过社会调查观察到的劳动者只能处于努力过（处理状态）或者还未努力（对照状态）这两种状态之一，无法同时观察比较。

定义$i$为社会调查个体，$Y_{i1}$为个体$i$通过努力获得的经济收入，$Y_{i0}$为个体$i$不努力获得的经济收入，对于个体$i$而言，努力的收入效应记为$\tau_i$，$\tau_i = Y_{i1} - Y_{i0}$。在社会调查中，努力对经济收入的主效应为总体中努力群体的期望收入效应：

$$\begin{aligned}\tau|T=1 &= E(\tau_i|T_i=1) \\ &= E(Y_{i1}|T_i=1) - E(Y_{i0}|T_i=1)\end{aligned} \quad (5.9)$$

其中，$T_i=1$（=0）代表个体$i$处于努力状态（或不努力状态），因此，在社会调查中，估计的难点在于$E(Y_{i1}|T_i=1)$可以被计算，而$E(Y_{i0}|T_i=1)$由于未被观测无法被计算。虽然努力群体与不努力群体收入的平均差异可以直接计算得出：

$$\tau^e = E(Y_{i1} | T_i = 1) - E(Y_{i0} | T_i = 0) \quad (5.10)$$

但是这种收入差异 $\tau^e$ 为 $\tau$ 的有偏估计。如果努力群体和不努力群体的 $Y_{i0}$ 具有显著的系统差异，那么用不努力群体的平均收入，$E(Y_{i0} | T_i = 0)$，来代替努力群体的不努力收入，$E(Y_{i0} | T_i = 1)$ 会产生较大的偏差。而这种偏差在社会调查中是无法避免的。PSM 方法的目的在于从不努力群体中，为努力群体的劳动者匹配一个合适的对照个体，使得努力群组与对照群组无显著的系统差异，也就是，$\tau|_{T=1} = \tau^e$。

为了给努力群组中的劳动者匹配合适的对照个体，假定可以利用协变量集 $\{X_i\}$ 使努力群组的劳动者与对照群组的劳动者无显著系统差异。如果对于任意劳动者，都可以找到一组协变量 $\{X_i\}$，使得 $Y_{i0} \parallel T_i | X_i$, $\forall i$（符号 $\parallel$ 代表独立），那么劳动者努力与否对经济收入的因果影响可以被估计。在这种假定条件下，劳动者是否努力可以由协变量集随机决定，匹配两个观测特征相似的劳动者，其中一个处于努力的状态，另一个处于不努力的状态，此时，社会调查可以看成是一组随机实验，两个匹配后的随机个体可以直接进行经济收入的差异比较。努力的总效应为所有匹配单元收入差异的均值。

首先，定义 $p(X_i)$ 为劳动者 $i$ 选择努力状态的概率：

$$p(X_i) \equiv pr(T_i = 1 | X_i) = E(T_i | X_i) \quad (5.11)$$

因此，$(Y_{i1}, Y_{i0}) \parallel T_i | p(X_i)$。可以得出：

$$\tau_{T=1} = E_{p(X)} [(\tau|_{T=1, p(X)}) | T_i = 1] \quad (5.12)$$

本书采用 Logit 模型对劳动者 $i$ 是否努力进行推断：

$$T_i = \text{Logit}(\beta X_i + \varepsilon_i) \quad (5.13)$$

由于劳动者努力程度受到外部环境的影响，因此劳动者外部环境变量可以作为随机决定劳动者努力与否的协变量集。$\beta$ 为协变量系数，因此，可以采用下面公式对 $p(X_i)$ 进行估计：

$$p(X_i) = pr(T_i = 1 | X_i) = \frac{\exp(\beta X_i)}{1 + \exp(\beta X_i)} \quad (5.14)$$

其中，$\{X_i: 1 \leq i \leq n\}$ 为劳动者 $i$ 的环境变量集，基于外部环境计算得出的努力概率可以作为利用 PSM 方法进行配对的倾向分数。通过将努力群组与对照群组一一配对，可以对努力的收入效应进行估计：

$$\hat{\tau}|_{T=1} = \frac{1}{|N|} \sum_{i \in N} \left( Y_i - \frac{1}{|J_i|} \sum_{j \in J_i} Y_j \right) \tag{5.15}$$

其中 $N$ 为努力群组，$|N|$ 为努力群组中劳动者数量，$J_i$ 为努力群组劳动者 $i$ 匹配的对照群组，$|J_i|$ 为对照群组中的劳动者数量，$Y_i$ 为努力群组中劳动者 $i$ 的经济收入，$Y_j$ 为劳动者 $i$ 匹配到的对照群组劳动者 $j$ 的经济收入。

匹配的方式可以多种多样，个体匹配的原则为保证处理组与对照组之间的配对倾向分数距离最小，成功匹配的单元越多，PSM 的估计精度越高，其中一个较为常用的配对方法为最近邻方法，为处理单元匹配倾向分数最为接近的 $m$ 个对照单元。第二个较为常见的配对方法为半径匹配方法（Radius matching），设定一个常数 $r$（可理解为区间或范围，一般设定为小于倾向得分标准差的四分之一），将处理组得分值与对照组得分值的差异在 $r$ 内的个体进行配对。第三个常见匹配方法为核匹配方法（Kernel Matching），将处理组样本与对照组所有样本计算出的一个估计效果进行配对，其中估计效果由处理组个体得分值与对照组所有样本得分值加权平均获得，而权数则由核函数计算得出。

## 5.4 基于参数估计的收入不平等对代际收入流动的影响

### 5.4.1 变量

（1）环境变量（机会不平等变量）。依据环境变量的定义，在影响个体经济收入的诸多变量中，个体无法改变的因素为外部环境变量。参照以往文献对环境变量的选取，与 Bourguignon et al.（2007）、雷欣等（2017）的做法相同，同时考虑 CFPS（2016）数据库中的变量可获得性，本书选取的环境变量为劳动者的性别、年龄、城乡户籍状态、父母受教育程度、父母是否为党员、父母就业状态、父母的工作性质、父母的雇佣状态、父母雇主性质和父母在当地的社会地位。

（2）努力变量（努力不平等变量）。依据努力变量的定义，在影响个体经济收入的诸多变量中，个体能够为之负责的因素为努力变量。参照雷欣等（2017）在收入决定方程中对努力变量的选取与数据的可获得性，本书选取的努力变量为工作时长、受教育程度、是否为党员、就业状态、工作性质、雇用状态、雇主性质、婚姻状态与个人社会地位。

（3）代际收入流动变量。本书采用代际收入弹性系数与转移矩阵衡量代际收入流动程度。

## 5.4.2 数据

对于环境变量，其中劳动者性别、年龄、城乡户籍状态、受教育程度、是否为党员与前文处理方式一致。就业状态依据"进入劳动力市场"与"未进入劳动力市场"两种状态分别编码为"1"与"0"；工作性质依据"从事非农业活动""从事农业活动"与"其他"三种状态分别编码为"1"与"0"；雇用状态依据"自雇""他雇"与"其他"三种状态分别编码为"1"与"0"；雇主性质依据"公有""私有""个人或家庭"与"其他"四种状态分别编码为"1"与"0"；个人社会地位依据问卷中"社会地位"项目评分获得。

对于努力变量，工作时长依据问卷中"每周工作小时"项目获得；婚姻状态依据"已婚""未婚"和"其他"三种状态分别编码为"1"与"0"；是否为党员、就业状态、工作性质、雇用状态、雇主性质与个人地位与环境变量处理方式一致。

将劳动者努力变量与环境变量进行匹配后，删除缺失值，获得最终配对样本 6843 个。具体变量的描述性统计分析如表 5.1 所示。

表 5.1 各变量描述性统计分析结果

|  | 变量 | 缩写 | 观测量 | 均值 | 标准差 | 最小值 | 最大值 |
| --- | --- | --- | --- | --- | --- | --- | --- |
| 努力变量 | 工作时长 | hour | 6 843 | 22.79 | 28.79 | 0 | 168 |
|  | 受教育年限 | edu | 6 843 | 1.58 | 0.78 | 0 | 5 |
|  | 是否党员 | party | 6 843 | 0.09 | 0.28 | 0 | 1 |
|  | 就业状态 | employ | 6 843 | 0.75 | 0.43 | 0 | 1 |
|  | 工作性质 | agricultural |  |  |  |  |  |
|  | 其他 | other | 6 843 | 0.16 | 0.37 | 0 | 1 |
|  | 农业 | agri | 6 843 | 0.14 | 0.35 | 0 | 1 |

续表

| | 变量 | 缩写 | 观测量 | 均值 | 标准差 | 最小值 | 最大值 |
|---|---|---|---|---|---|---|---|
| | 非农 | non-agri | 6 843 | 0.70 | 0.46 | 0 | 1 |
| | 雇用状态 | employer | | | | | |
| | 其他 | other | 6 843 | 0.16 | 0.37 | 0 | 1 |
| | 他雇 | hired | 6 843 | 0.61 | 0.49 | 0 | 1 |
| | 自雇 | self-employ | 6 843 | 0.23 | 0.42 | 0 | 1 |
| | 雇主性质 | occupation | | | | | |
| 努力变量 | 其他 | other | 6 843 | 0.40 | 0.49 | 0 | 1 |
| | 个人或家庭 | family | 6 843 | 0.03 | 0.16 | 0 | 1 |
| | 私有 | private | 6 843 | 0.41 | 0.49 | 0 | 1 |
| | 公有 | public | 6 843 | 0.16 | 0.36 | 0 | 1 |
| | 婚姻状态 | marriage | 6 843 | 0.56 | 0.50 | 0 | 1 |
| | 其他 | other | 6 843 | 0.00 | 0.05 | 0 | 1 |
| | 未婚 | unmarried | 6 843 | 0.44 | 0.50 | 0 | 1 |
| | 已婚 | married | 6 843 | 0.56 | 0.50 | 0 | 1 |
| | 个人社会地位 | status | 6 843 | 2.61 | 0.96 | 0 | 5 |
| | 性别 | gender | 6 843 | 0.63 | 0.48 | 0 | 1 |
| | 年龄 | age | 6 843 | 28.64 | 7.17 | 18 | 57 |
| | 城乡 | region | 6 843 | 0.55 | 0.50 | 0 | 1 |
| | 父亲受教育程度 | edu_f | 6 843 | 0.97 | 0.67 | 0 | 4 |
| | 父亲是否为党员 | party_f | 6 843 | 0.14 | 0.34 | 0 | 1 |
| | 父亲就业状态 | employ_f | 6 843 | 0.85 | 0.36 | 0 | 1 |
| | 父亲工作性质 | agricultural_f | | | | | |
| 环境变量 | 其他 | other_f | 6 843 | 0.08 | 0 | 0 | 1 |
| | 农业 | agri_f | 6 843 | 0.51 | 0.50 | 0 | 1 |
| | 非农 | non-agri_f | 6 843 | 0.41 | 0.49 | 0 | 1 |
| | 父亲雇用状态 | employer_f | | | | | |
| | 其他 | other_f | 6 843 | 0.08 | 0 | 0 | 1 |
| | 他雇 | hired_f | 6 843 | 0.34 | 0.47 | 0 | 1 |
| | 自雇 | self-employ_f | 6 843 | 0.58 | 0.49 | 0 | 1 |
| | 父亲雇主性质 | occupation_f | | | | | |
| | 其他 | other_f | 6 843 | 0.67 | 0.47 | 0 | 1 |
| | 个人或家庭 | family_f | 6 843 | 0.04 | 0.19 | 0 | 1 |

续表

| 变量 | 缩写 | 观测量 | 均值 | 标准差 | 最小值 | 最大值 |
|---|---|---|---|---|---|---|
| 私有 | private_f | 6 843 | 0.18 | 0.39 | 0 | 1 |
| 公有 | public_f | 6 843 | 0.10 | 0.30 | 0 | 1 |
| 父亲社会地位 | status_f | 6 843 | 2.89 | 1.06 | 0 | 5 |
| 母亲受教育程度 | edu_m | 6 843 | 0.66 | 0.67 | 0 | 4 |
| 母亲是否为党员 | party_m | 6 843 | 0.03 | 0.17 | 0 | 1 |
| 母亲就业状态 | employ_m | 6 843 | 0.74 | 0.44 | 0 | 1 |
| 母亲工作性质 | agricultural_m | | | | | |
| 其他 | other_m | 6 843 | 0.17 | 0.38 | 0 | 1 |
| 农业 | agri_m | 6 843 | 0.58 | 0.49 | 0 | 1 |
| 非农 | non-agri_m | 6 843 | 0.25 | 0.43 | 0 | 1 |
| 母亲雇用状态 | employer_m | | | | | |
| 其他 | other_m | 6 843 | 0.17 | 0.38 | 0 | 1 |
| 他雇 | hired_m | 6 843 | 0.19 | 0.39 | 0 | 1 |
| 自雇 | self-employ_m | 6 843 | 0.64 | 0.48 | 0 | 1 |
| 母亲雇主性质 | occupation_m | | | | | |
| 其他 | other_m | 6 843 | 0.02 | 0.13 | 0 | 1 |
| 个人或家庭 | family_m | 6 843 | 0.82 | 0.39 | 0 | 1 |
| 私有 | private_m | 6 843 | 0.12 | 0.32 | 0 | 1 |
| 公有 | public_m | 6 843 | 0.05 | 0.22 | 0 | 1 |
| 母亲社会地位 | status_m | 6 843 | 2.94 | 1.11 | 0 | 5 |

### 5.4.3 收入决定方程估计结果

参照 Bourguignon et al.（2007a）的方法，劳动者的经济收入由不可控的外部环境变量和可以为之负责的努力变量共同决定，因此本书采用的收入决定方程形式为：

$$\ln M\_c\_income = \alpha + \beta_1 \cdot hour + \beta_2 \cdot edu + \beta_3 \cdot party + \beta_4 \cdot employ + \beta_5 \cdot agricultural + \beta_6 \cdot employer + \beta_7 \cdot occupation + \beta_8 \cdot marriage + \beta_9 \cdot status + \gamma_1 \cdot gender + \gamma_2 \cdot age + \gamma_3 \cdot age^2 + \gamma_4 \cdot region + \gamma_5 \cdot edu\_f + \gamma_6 \cdot party\_f + \gamma_7 \cdot employ\_f + \gamma_8 \cdot agricultural\_f + \gamma_9 \cdot employer\_f + \gamma_{10} \cdot occupation\_f + \gamma_{11} \cdot status\_f + \gamma_{12} \cdot edu\_m + \gamma_{13} \cdot party\_m + \gamma_{14} \cdot employ\_m + \gamma_{15} \cdot agricultural\_m + \gamma_{16} \cdot employer\_m + \gamma_{17} \cdot occupation\_m + \gamma_{18} \cdot status\_m + \varepsilon$$

(5.16)

$\beta_i$（$i=1, 2\cdots9$）为待估计的努力变量回归系数，$\gamma_i$（$i=1, 2\cdots18$）为待估计的环境变量回归系数。且 agricultural、employer、occupation、agricultural_f、employer_f、occupation_f、agricultural_m、employer_m、occupation_m 等变量为多个哑变量组成的向量。由于劳动者的经济收入随年龄增长呈现出倒"U"形增长趋势，因此方程中引入劳动者的年龄项和年龄的二次方项。表 5.2 显示了收入决定方程的系数估计结果。

表 5.2 收入决定方程估计结果

| 子女年均收入对数 | 系数 | 标准误 | t 值 | P>\|t\| | 95% 的置信区间 | |
|---|---|---|---|---|---|---|
| 工作时长 | 0.004 | 0.001 | 7.03 | 0.000 | 0.003 | 0.005 |
| 是否党员 | 0.034 | 0.049 | 0.69 | 0.488 | −0.062 | 0.130 |
| 就业状态 | 0.269 | 0.051 | 5.28 | 0.000 | 0.169 | 0.369 |
| 工作性质 | | | | | | |
| 农业 | 0.816 | 0.144 | 5.66 | 0.000 | 0.533 | 1.098 |
| 非农 | 1.318 | 0.135 | 9.73 | 0.000 | 1.052 | 1.583 |
| 雇用状态 | | | | | | |
| 他雇 | 0.501 | 0.125 | 4 | 0.000 | 0.255 | 0.746 |
| 自雇 | 0.000 | （系统缺失） | | | | |
| 雇主性质 | | | | | | |
| 个人或家庭 | −0.007 | 0.143 | −0.05 | 0.960 | −0.287 | 0.272 |
| 私有 | 0.323 | 0.120 | 2.68 | 0.007 | 0.087 | 0.558 |
| 公有 | 0.278 | 0.124 | 2.25 | 0.025 | 0.036 | 0.521 |
| 个人社会地位 | 0.020 | 0.015 | 1.37 | 0.170 | −0.009 | 0.049 |
| 婚姻状态 | | | | | | |
| 未婚 | −0.614 | 0.330 | −1.86 | 0.063 | −1.261 | 0.034 |
| 已婚 | −0.550 | 0.329 | −1.67 | 0.095 | −1.194 | 0.095 |
| 受教育年限 | 0.131 | 0.014 | 9.56 | 0.000 | 0.104 | 0.157 |
| 性别 | 0.272 | 0.031 | 8.72 | 0.000 | 0.211 | 0.333 |
| 年龄 | 0.276 | 0.017 | 16.59 | 0.000 | 0.243 | 0.309 |
| 年龄$^2$ | −0.004 | 0.000 | −14.57 | 0.000 | −0.004 | −0.003 |
| 城乡 | 0.112 | 0.031 | 3.61 | 0.000 | 0.051 | 0.173 |

续表

| 子女年均收入对数 | 系数 | 标准误 | $t$ 值 | $P>|t|$ | 95% 的置信区间 | |
|---|---|---|---|---|---|---|
| 父亲是否为党员 | 0.040 | 0.043 | 0.92 | 0.358 | −0.045 | 0.124 |
| 父亲就业状态 | −0.049 | 0.055 | −0.89 | 0.374 | −0.156 | 0.059 |
| 父亲工作性质 | | | | | | |
| 农业 | −0.253 | 0.159 | −1.59 | 0.111 | −0.565 | 0.058 |
| 非农 | −0.311 | 0.153 | −2.03 | 0.043 | −0.612 | −0.010 |
| 父亲雇用状态 | | | | | | |
| 他雇 | 0.000 | （系统缺失） | | | | |
| 自雇 | 0.356 | 0.143 | 2.48 | 0.013 | 0.075 | 0.637 |
| 父亲雇主性质 | | | | | | |
| 个人或家庭 | 0.327 | 0.156 | 2.1 | 0.036 | 0.021 | 0.633 |
| 私有 | 0.360 | 0.142 | 2.54 | 0.011 | 0.082 | 0.638 |
| 公有 | 0.336 | 0.145 | 2.31 | 0.021 | 0.051 | 0.621 |
| 父亲社会地位 | 0.037 | 0.014 | 2.68 | 0.007 | 0.010 | 0.064 |
| 父亲受教育程度 | 0.023 | 0.011 | 2.05 | 0.041 | 0.001 | 0.046 |
| 母亲是否为党员 | −0.087 | 0.082 | −1.06 | 0.291 | −0.249 | 0.075 |
| 母亲就业状态 | 0.031 | 0.049 | 0.62 | 0.535 | −0.066 | 0.128 |
| 母亲工作性质 | | | | | | |
| 农业 | −0.253 | 0.159 | −1.59 | 0.111 | −0.565 | 0.058 |
| 非农 | −0.311 | 0.153 | −2.03 | 0.043 | −0.612 | −0.010 |
| 母亲雇用状态 | | | | | | |
| 他雇 | 0.000 | （系统缺失） | | | | |
| 自雇 | 0.416 | 0.217 | 1.91 | 0.056 | −0.010 | 0.842 |
| 母亲雇主性质 | | | | | | |
| 个人或家庭 | 0.400 | 0.239 | 1.67 | 0.094 | −0.068 | 0.868 |
| 私有 | 0.547 | 0.216 | 2.54 | 0.011 | 0.124 | 0.971 |
| 公有 | 0.345 | 0.222 | 1.55 | 0.120 | −0.090 | 0.779 |
| 母亲社会地位 | −0.011 | 0.013 | −0.82 | 0.413 | −0.036 | 0.015 |
| 母亲受教育程度 | 0.024 | 0.009 | 2.62 | 0.009 | 0.006 | 0.042 |
| 常数项 | 2.887 | 0.421 | 6.86 | 0.000 | 2.063 | 3.711 |
| $R^2$ | | | | 0.423 | | |
| 调整后的 $R^2$ | | | | 0.419 | | |

表 5.2 显示，努力变量中，劳动者的工作时长、就业状态、是否从事农业工作、受雇于他人、在公共部门或私人部门工作、受教育程度均至少在 5% 的水平上显著，且对劳动者经济收入产生正向影响。在环境变量中，性别、年龄、年龄的平方项、城乡地区均对劳动者经济收入在 1% 的显著性水平上产生影响，且除年龄的平方项之外，均为正向影响；在父母工作状况方面，父母从事非农工作对劳动者经济收入在 5% 的显著性水平上均产生显著的负向影响，而父母自主创业则分别在 5% 与 10% 的显著性水平上产生显著的正向影响；在父母工作单位性质方面，父亲在公有部门、私人部门工作或者受雇于个人或家庭均对劳动者经济收入在 5% 的水平上产生显著的正向影响，母亲在私人部门工作在 5% 的水平上产生正向影响，受雇于个人或家庭则在 10% 的水平上产生正向的影响；最后，父母的受教育程度与父亲在当地的社会地位均至少在 5% 的水平上对劳动者经济收入产生显著的正向影响。

### 5.4.4 机会不平等与努力不平等的参数估计

本书按照国家统计局对全国 31 个省份的地域划分，将样本分成东部地区、中部地区、西部地区与东北地区四个部分。需要说明的是，由于在同一时期，收入的分布在不同年龄之间具有特定的特征，对于全样本而言，年龄对于劳动者的经济收入具有显著的作用，不同年代劳动者的经济收入不具备可比性，因此估计特定年份内所有劳动者的收入公平性不具备理论意义。此外收入不平等在不同年代间的变化更加明显，且不同年代出生的父亲对子女经济收入的影响受到不同的市场环境和经济政策的影响（前文已叙述），分析同代人的收入公平与代际收入流动的影响才更具有测算的现实意义。因此本书依据父亲出生年代，将样本划分为 20 世纪 30 年代后期、40 年代前期、40 年代后期、50 年代前期、50 年代后期、60 年代前期、60 年代后期与 70 年代前期 8 个时期。考虑 8 个年代机会不平等、努力不平等与代际收入流动之间的变化，更能准确地反映三者之间的动态关系。表 5.3 反映了不同年代实际不平等、机会不平等与努力不平等的测算结果。

表 5.3 不同年代间收入不平等的测算结果

|  | 实际不平等 | 努力不平等 | 机会不平等 |
| --- | --- | --- | --- |
| 70 年代前期 | 0.537 | 0.472 | 0.179 |
| 60 年代后期 | 0.515 | 0.379 | 0.205 |
| 60 年代前期 | 0.462 | 0.294 | 0.197 |
| 50 年代后期 | 0.427 | 0.289 | 0.162 |
| 50 年代前期 | 0.520 | 0.287 | 0.133 |
| 40 年代后期 | 0.625 | 0.300 | 0.115 |
| 40 年代前期 | 0.476 | 0.319 | 0.137 |
| 30 年代后期 | 0.474 | 0.325 | 0.165 |

实际不平等为依据劳动者实际收入测算出的实际不平等指数。从表 5.3 可知，随着父亲的出生时期从 30 年代后期变化到 70 年代前期，劳动者的实际收入不平等经历了从逐渐增高到逐渐降低再逐渐增高的过程。从努力不平等与机会不平等程度上来看，劳动者的努力不平等始终高于机会不平等程度，努力不平等的波动较大，呈现出先逐渐降低后逐渐上升的变化趋势，而机会不平等的波动则相对较小，当父亲出生于 50 年代后期之后，劳动者的机会不平等明显提升。

分区域来看，东部地区和东北地区的实际不平等程度最高，中部地区最低。努力不平等程度则刚好相反，中部地区最高，东北地区最低，其次是东部地区。机会不平等程度在各个地区之间差异不大，并未呈现出明显的地域差别。

表 5.4 不同区域收入不平等的测算结果

|  | 实际不平等 | 努力不平等 | 机会不平等 |
| --- | --- | --- | --- |
| 东部地区 | 0.575 | 0.340 | 0.235 |
| 中部地区 | 0.478 | 0.382 | 0.257 |
| 西部地区 | 0.480 | 0.346 | 0.256 |
| 东北地区 | 0.508 | 0.275 | 0.239 |

### 5.4.5 基于参数估计的收入不平等对代际收入流动的影响

为检验收入不平等程度对代际收入流动的影响，分别计算出四个地区八个时期的代际收入弹性系数，同时利用上文计算出的各地区各时期实际不平等程度、努力不平等程度与机会不平等程度，通过 Hausman 检验，建立随机效应模型（P=0.321），模型估计结果如表 5.5 所示。

表 5.5　基于参数估计的随机效应模型估计结果

| 代际收入弹性 | 模型 I |  |  | 模型 II |  |  |
| --- | --- | --- | --- | --- | --- | --- |
|  | 系数 | 标准误 | $P>|z|$ | 系数 | 标准误 | $P>|z|$ |
| 实际不平等 | −0.046 | 0.143 | 0.747 |  |  |  |
| 努力不平等 |  |  |  | −0.450 | 0.147 | 0.002 |
| 机会不平等 |  |  |  | 1.640 | 0.267 | 0.000 |
| 常数项 | 0.372 | 0.071 | 0.000 | 0.243 | 0.056 | 0.000 |

从表 5.5 可知，在模型 I 中，实际不平等程度对代际收入流动的影响并不显著。模型 II 中，努力不平等指数对代际收入弹性系数在 1% 的水平上产生显著的负向影响，提高努力不平等程度可以降低代际收入弹性的大小，即可以加快社会的代际收入流动。机会不平等指数对代际收入弹性系数在 1% 的水平上产生显著的正向影响，提高机会不平等程度可以促使代际收入弹性的提升，即可以抑制社会的代际收入流动。因此，假设 4 与假设 5 成立。

分区域来看，不同地区机会不平等、努力不平等程度对代际收入流动的影响也存在明显的不同。模型估计结果如表 5.6 所示。

表 5.6　不同地区机会不平等与努力不平等对代际收入流动的影响

| 代际收入弹性 | 东部地区 |  | 中部地区 |  | 西部地区 |  | 东北地区 |  |
| --- | --- | --- | --- | --- | --- | --- | --- | --- |
|  | 系数 | $P>|t|$ | 系数 | $P>|t|$ | 系数 | $P>|t|$ | 系数 | $P>|t|$ |
| 努力不平等 | −0.045 | 0.914 | −0.442 | 0.251 | −0.691 | 0.012 | −0.630 | 0.011 |
| 机会不平等 | 0.919 | 0.102 | 2.974 | 0.004 | 1.977 | 0.005 | 1.636 | 0.005 |
| 常数项 | 0.196 | 0.186 | 0.115 | 0.413 | 0.251 | 0.016 | 0.247 | 0.003 |
| 调整后的 $R^2$ | 0.262 |  | 0.762 |  | 0.777 |  | 0.760 |  |

从表 5.6 可知，努力不平等与机会不平等对代际收入流动的影响在西部地区与东北地区大体一致，努力不平等对代际收入弹性在 5% 的水平上产生显著的负向影响，机会不平等对代际收入弹性在 1% 的水平上产生显著的正向影响。对于东部地区，努力不平等与机会不平等对收入流动性的影响均不显著。对于中部地区，努力不平等的负向影响不显著，而机会不平等的正向

影响在 1% 的水平上显著。就系数的绝对值来看，中部地区机会不平等对代际收入弹性的影响大于西部地区，西部地区大于东北地区。一种可能的解释是，在东部地区，经济发展水平已经达到相对较高的层次，市场化政策较为成熟，激励措施较为完善，竞争更为激烈，因此努力不平等程度的提升并不能有效带动收入流动性的增长，同时优越的市场政策足以引进大量的行业人才，弱化机会不平等对收入流动性的影响。在中部地区，经济发展水平虽然相对东部地区较低，但是依然处于较高的水平，努力对经济收入的影响被所有经济主体接受，因此努力不平等对收入流动性的影响依然不显著。此外由于中部地区，人才流出比例较大，且市场激励措施尚不完善，经济政策尚不成熟，加大了机会不平等对代际收入流动的影响，因此机会不平等对收入弹性的正向影响在四个地区中达到最大。在西部地区与东北地区，经济的市场机制还不够完善，劳动者依然可以通过个人努力加强资本的积累，弱化家庭经济收入的影响，提升收入的代际流动，因此努力不平等程度成为影响代际收入弹性大小的重要因素。同时，由于经济水平相对较低，教育的公共投入相对较少，教育资源相对匮乏，劳动者人力资本的累积依然较大程度依赖家庭的私人投入，因此机会不平等程度对代际收入流动同样产生显著的影响。

由于利用参数估计法测算出的机会不平等与努力不平等过多依赖环境变量与努力变量的选取，以及收入决定方程的建立，模型的稳健性难以保障。因此本书进一步利用非参数估计法对机会不平等与努力不平等进行测算，以验证机会不平等、努力不平等与代际收入弹性系数三者关系的稳健性。

## 5.5 基于非参数估计的收入不平等对代际收入流动的影响

### 5.5.1 变量

（1）环境变量。环境变量的选取与上文保持一致。

（2）努力变量。为了衡量劳动者努力程度的大小，选取劳动者的受教育程度、就业状态和雇用方式。然而这三个变量并不能完整地描述个人的努力状态，除了可测变量，个体的努力与其他不可测因素同样息息相关，比如心理状况和社会能力。Roemer（1993，1998）认为努力是无法被准确观测到的变量。劳动者之间比较努力的绝对程度并不合适，个体的努力会受到外部环境的影响，环境不同，个体努力的方式也会不同。例如，受过良好教育的父母，其子女的平均受教育水平要高于教育程度较低的家庭子女。Roemer 认为，努力程度的平均差异应当是群体之间的差异，而不是个体之间的差异，因此应当采用相对努力程度而不是绝对努力程度来对劳动者进行比较。根据收入不平等的路径无关性可以将收入的不平等分解为由于外部环境差异导致的收入差距，以及在相同外部环境下，努力程度的差异带来的收入差距。因此，在相同的外部环境下，个人的努力程度与其相对经济收入呈现单调递增的关系，即在相同的外部环境中，劳动者的经济收入由其努力程度决定，在同一环境群组中，个体收入分布的分位数：$p_k = F_k(y)$ 可以看成是劳动者相对努力程度的有效测度。具体做法为：将样本依自身的环境属性分成若干组，在各个环境分组内将样本的收入从小到大按照分位数分为若干类，以此得到的收入分类变量定义为样本的相对收入变量。为了尽可能地削弱努力的不可测因素带来的影响，本书采用相对收入变量来衡量个体努力的不可测部分。

### 5.5.2 数据

对于环境变量（机会不平等变量），其中劳动者性别、年龄、城乡户籍状态、父母受教育程度、是否为党员、就业状态与个人社会地位同前文处理方式一致。由于当环境变量过多时，容易产生样本量不足的问题，为了保证后期样本依据环境变量或努力变量分组的有效性，将工作性质依据"从事非农业活动""从事农业活动"与"其他"三种状态编码为"3""2"与"1"；雇用状态依据"自雇""他雇"与"其他"三种状态编码为"3""2"与"1"；雇主性质依据"公有""私有""个人或家庭"与"其他"四种状态编码为"4""3""2"与"1"。

对于努力变量（努力不平等变量），劳动者受教育程度、就业状态和雇用方式的处理方式与上文保持一致。对于相对努力变量，采用如下步骤进行计算：第一步，依据个体的全部环境变量，进行两步聚类，聚类数量由 AIC 信息准则自动确定；第二步，在每个环境类别中，将个体的全年总收入按照 9 个十分位数从小到大分为 10 类，分别编码为"1"到"10"；第三步，将所有环境类别中的收入分类汇总形成新的相对收入变量。由于在相同的环境背景下，个体收入越高，代表个体付出的努力越大，因此，相对收入变量也可以作为衡量个体努力程度的综合指标。

### 5.5.3 努力不平等与机会不平等的非参数估计

基于受教育程度、就业状态、雇用方式与相对收入四个变量，通过两步聚类法，将每个年代的样本分为8个群组（当组别小于8组时，两步聚类的凝聚和分离的轮廓测量指标将达不到良好。当组别大于8组时，不少分类子样本的数量过少，难以较好地完成后续的分析），此时组内的努力程度相对同质，组间努力程度差距较大。依据熵指数分解原理，计算出不同年代的机会不平等程度（组内不平等）与努力不平等（组间不平等）程度。图5.2与图5.3显示了机会不平等与努力不平等的熵指数分解与参数估计在父亲8个出生年代间的变化。

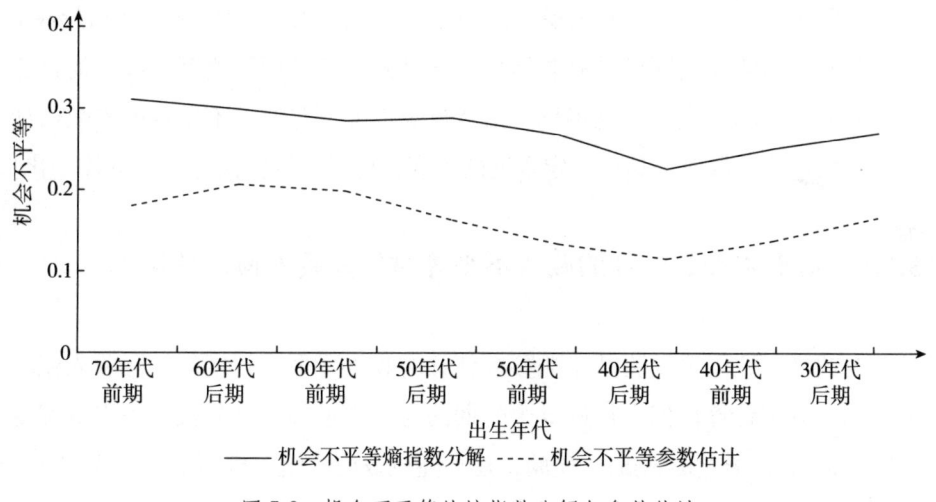

图 5.2 机会不平等的熵指数分解与参数估计

从图5.2来看，总体上来说，机会不平等的参数估计与非参数估计在8个年代之间的变化趋势具有相似性，且非参数估计值始终大于参数估计。一个可能的解释是，依据四个可测努力变量进行分组的组内不平等依然包含遗漏的未观测努力变量产生的效应，机会不平等的非参数估计值应当大于真实值。此外，由于机会不平等的参数估计过多依赖外部环境变量的选取，遗漏的外部环境变量将会导致参数估计值偏低，因此真实的机会不平等程度可能介于两者之间。

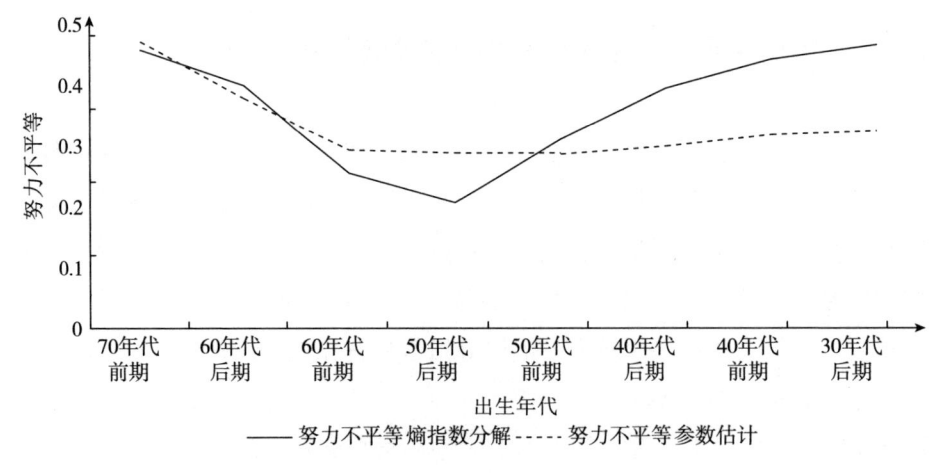

图 5.3　努力不平等的熵指数分解与参数估计

从图 5.3 来看，总体上来说，努力不平等的参数估计与非参数估计在 8 个年代间的趋势变化同样具有相似性，均为先逐渐降低再逐渐增高，而参数估计的波动范围更大。由此可见，虽然机会不平等与努力不平等的参数估计与非参数估计在数值上具有一定程度的差异，但是均反映出稳定的规律变化。

### 5.5.4　基于非参数估计的收入不平等对代际收入流动的影响

与前文一致，为检验基于非参数估计的收入不平等程度对代际收入流动的影响，分别计算出四个地区 8 个时期的努力不平等程度与机会不平等程度（gini_within），通过 Hausman 检验，建立随机效应模型，模型估计结果如下：

表 5.7　基于非参数估计的随机效应模型估计结果

| 代际收入弹性 | 系数 | 标准误 | z 值 | P>\|z\| | 95% 的置信区间 ||
| --- | --- | --- | --- | --- | --- | --- |
| 机会不平等 | 0.394 | 0.167 | 2.36 | 0.018 | 0.067 | 0.721 |
| 努力不平等 | −0.150 | 0.076 | −1.98 | 0.048 | −0.298 | −0.001 |
| 常数项 | 0.313 | 0.038 | 8.31 | 0.000 | 0.239 | 0.386 |

从表 5.7 可知，基于非参数估计的机会不平等对代际收入弹性在 5% 的

水平上产生显著的正向影响，努力不平等在 5% 的水平上产生显著的负向影响，模型估计结果与参数估计结果保持一致，模型稳健性得到验证。因此可以认为，社会的不平等程度对代际收入流动存在结构化影响，收入不平等中存在合理的一部分，即努力不平等，可以刺激代际收入流动的提升，以"按劳分配"为导向的市场公平性原则下，劳动者可以通过个人的努力提升资本总量的积累，弱化家庭经济水平对劳动者的影响，从而提升社会的收入流动性。收入不平等中存在不合理的一部分，即机会不平等，可以抑制代际收入流动的提升，由劳动者无法改变的环境因素导致的机会不平等，一方面会打击劳动者的工作积极性，另一方面家庭资本质量与总量的分配不均等将会进一步扩大劳动者人力资本的差距，加速社会阶层的固化。

### 5.5.5 努力程度对劳动者经济收入的影响

从上文可知，劳动者的努力不平等将对代际收入流动产生积极的影响，为了验证劳动者依靠自身努力程度是否能显著地提升经济收入，利用 PSM 方法对努力程度与经济收入之间的因果关系进行深入探索。

本书采用倾向得分匹配法（PSM）测算当劳动者降低努力程度时，可能获得的"反事实收入"，依据龚峰（2017）的方法，具体操作步骤如下：

第一步，根据劳动者的努力变量，采用两步聚类法将劳动者分为 $m$ 个努力群组，不同的组间具有不同的努力程度，而相同的组内努力程度大致相同。

第二步，计算群组内每个努力变量的均值，对比各群组内每个努力变量均值的大小，找到群组中努力程度相对最高的群组 $m^*$，将其定义为最高努力群组，其余所有群组均为努力较低群组。

第三步，将最高努力程度的群组与其他 $m-1$ 个群组两两合并成为子样本，将最高努力程度群组定义为处理群组，将其他群组定义为对照群组，同时定义处理变量 $D$：

$$D^j = \begin{cases} 1, & \text{当劳动者来自最高努力程度群组} \\ 0, & \text{当劳动者来自较低努力程度群组} \end{cases}, j = 1, 2 \cdots m-1$$

第四步，依据 $K$ 个环境变量，建立劳动者是否来自最高努力群组的 Logit 模型：

$$\frac{P(D_i^j = 1)}{1 - P(D_i^j = 1)} = \exp(\beta_0^j + \beta_1^j \cdot x_i^{1j} + \beta_2^j \cdot x_i^{2j} + \beta_3^j \cdot x_i^{3j} + \cdots + \beta_K^j \cdot x_i^{Kj} + \varepsilon_i^j)$$

（5.17）

其中，$j=1, 2, \cdots, m-1$，$\beta_K^j$ 为第 $j$ 个组合样本中第 $k$ 个环境变量的待估计系数，$x_i^{Kj}$ 为第 $j$ 个组合样本中，第 $i$ 个劳动者在第 $k$ 个环境变量上的取值，$\beta_0^j$ 为常数项，$\varepsilon_i^j$ 为误差项。

第五步，以 Logit 模型计算出的概率 $P$ 值作为劳动者在某种环境下选择最高努力程度的倾向得分，以个体的收入变量作为结果变量进行倾向得分匹配（PSM），从较低努力程度群组中选择最高努力群组的匹配收入，此时最高努力群组获得的匹配收入即为降低努力程度，同时又保留原有环境属性时，劳动者所获得的"反事实收入"。

本节在上文努力分组的基础上，对每个年代的最大努力程度进行定义。在本节中，由于 20 世纪"40 年代前期"与"30 年代后期"样本量相对较少，将这两个时期与"40 年代后期"样本合并为"30 年代到 40 年代"，在不同的年代，计算 8 个群组内 4 个努力变量的均值，并在群组间比较大小，找出努力程度相对最高的一组。"70 年代前期"有组 7 在四个努力变量上均值最高，"60 年代后期"有组 3 在三个努力变量上均值最高，"60 年代前期"有组 2 在四个努力变量上均值最高，"50 年代后期"有组 6 在三个努力变量上均值最高，"50 年代前期"有组 4 在三个努力变量上均值最高，"30 年代到 40 年代"有组 2 在四个努力变量上均值最高。将这些群组定义为该年代努力程度相对最高的群组。

在不同年代间，将努力最高的群组与其余七组分别合并，可以形成七组新的子样本。利用 Logit 模型判别外部环境如何影响个体在是否达到最大努力程度上的选择，6 个出生时期共建立 42 个 Logit 模型，由于模型过多，仅通过图 5.4 显示 42 个模型的系数估计结果。

由于不同时期、不同群组间系数的波动较大，因此仅对总体变化趋势进行分析。从图 5.4 可知，环境变量对子女是否付出最大努力程度的影响在父亲 6 个出生年代间既有相似之处又有明显的不同。相同之处在于，无论父亲出生哪个时期，城市地区的子女始终比农村地区的子女更愿意选择更高程度的努力。不同之处在于，当父亲出生时期在 60 年代后期和 70 年代前期时，

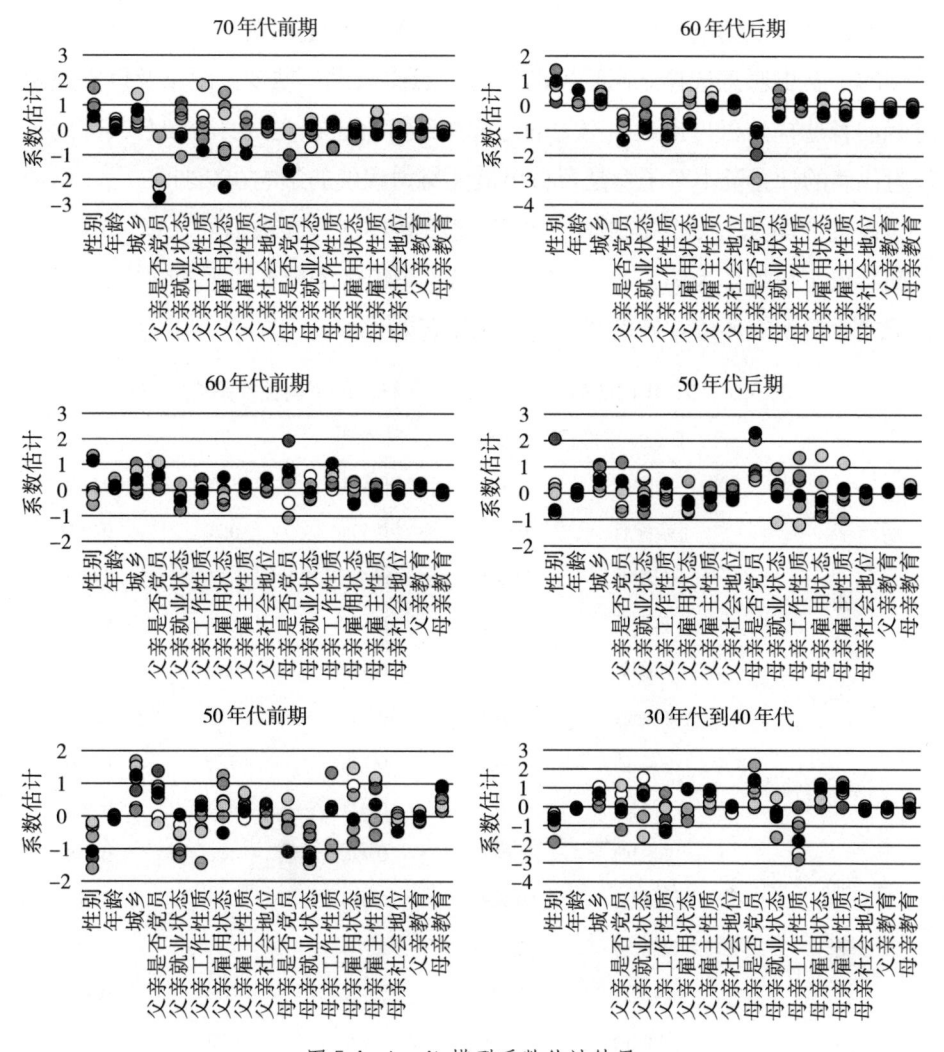

图 5.4 Logit 模型系数估计结果

儿子比女儿更愿意选择更高程度的努力；父母为非党员、年龄越大的子女更愿意选择更高程度的努力。当父亲出生时期在 60 年代前期时，父亲是党员、母亲从事非农工作、父亲教育程度高、年龄越大的子女更愿意选择较高程度的努力。当父亲出生时期在 50 年代后期时，母亲为党员、父母受教育程度更高的子女更愿意选择较高程度的努力。当父亲出生时期在 50 年代前期时，女儿比儿子更愿意选择较高程度的努力；父亲是党员、父亲在公共部门工作、母亲未就业、母亲受教育程度更高的子女更愿意选择较高程度的努力。当父亲出生时期在 30 年代到 40 年代之间时，其女儿比儿子更愿意选择较高程度的努力；母亲是党员、母亲从事农业工作、母亲自主创业、母亲在公共部门工作的子女更愿意选择更高程度的努力。总体来说，城乡差距以及性别差距对劳动者选择是否付出最大努力的影响始终存在，以党员身份和公共部门工作为代表的社会资本对子女是否付出最大努力程度的影响在减弱。

通过 PSM 方法，不同群组之间匹配后的环境差异被消除。以"70 年代前期"组 1 与组 7 为例，表 5.8 显示了组 1 与组 7 子样本的平衡性检验结果。匹配之后样本的环境背景更加平衡，无显著差异。

表 5.8 "70 年代前期"组 1 与组 7 子样本的平衡性检验结果

| 变量 | 匹配状态 | 处理组 | 对照组 | $t$ 值 | $p>|t|$ |
| --- | --- | --- | --- | --- | --- |
| 性别 | 匹配前 | 0.615 | 0.494 | 1.66 | 0.099 |
|  | 匹配后 | 0.621 | 0.635 | −0.20 | 0.845 |
| 年龄 | 匹配前 | 21.038 | 19.728 | 4.37 | 0.000 |
|  | 匹配后 | 20.495 | 20.431 | 0.29 | 0.773 |
| 城乡 | 匹配前 | 0.567 | 0.630 | −0.85 | 0.394 |
|  | 匹配后 | 0.547 | 0.603 | −0.77 | 0.445 |
| 父亲是否党员 | 匹配前 | 0.010 | 0.148 | −3.78 | 0.000 |
|  | 匹配后 | 0.011 | 0.023 | −0.68 | 0.500 |
| 父亲就业状态 | 匹配前 | 0.971 | 0.926 | 1.42 | 0.158 |
|  | 匹配后 | 0.968 | 0.974 | −0.24 | 0.814 |
| 父亲工作性质 | 匹配前 | 2.548 | 2.704 | −2.13 | 0.035 |
|  | 匹配后 | 2.558 | 2.552 | 0.08 | 0.937 |
| 父亲雇用状态 | 匹配前 | 2.548 | 2.420 | 1.70 | 0.091 |
|  | 匹配后 | 2.526 | 2.610 | −1.13 | 0.260 |
| 父亲雇主性质 | 匹配前 | 1.865 | 2.284 | −2.57 | 0.011 |
|  | 匹配后 | 1.905 | 1.749 | 1.07 | 0.288 |
| 父亲社会地位 | 匹配前 | 2.769 | 2.679 | 0.59 | 0.553 |
|  | 匹配后 | 2.747 | 2.926 | −1.14 | 0.255 |
| 母亲是否党员 | 匹配前 | 0.019 | 0.037 | −0.74 | 0.461 |
|  | 匹配后 | 0.021 | 0.020 | 0.08 | 0.940 |
| 母亲就业状态 | 匹配前 | 0.904 | 0.864 | 0.84 | 0.402 |
|  | 匹配后 | 0.916 | 0.923 | −0.17 | 0.866 |

续表

| 变量 | 匹配状态 | 处理组 | 对照组 | t值 | p>\|t\| |
|---|---|---|---|---|---|
| 母亲工作性质 | 匹配前 | 2.385 | 2.642 | −3.28 | 0.001 |
|  | 匹配后 | 2.400 | 2.346 | 0.70 | 0.482 |
| 母亲雇用状态 | 匹配前 | 2.606 | 2.432 | 2.18 | 0.030 |
|  | 匹配后 | 2.590 | 2.685 | −1.25 | 0.215 |
| 母亲雇主性质 | 匹配前 | 1.673 | 2.173 | −3.06 | 0.003 |
|  | 匹配后 | 1.695 | 1.559 | 0.92 | 0.357 |
| 母亲社会地位 | 匹配前 | 2.808 | 2.642 | 1.03 | 0.303 |
|  | 匹配后 | 2.705 | 2.517 | 1.25 | 0.212 |
| 父亲受教育程度 | 匹配前 | 1.442 | 1.679 | −2.05 | 0.042 |
|  | 匹配后 | 1.495 | 1.561 | −0.57 | 0.572 |
| 母亲受教育程度 | 匹配前 | 1.808 | 2.321 | −2.61 | 0.010 |
|  | 匹配后 | 1.790 | 1.695 | 0.45 | 0.655 |

最后，通过核匹配法，从努力程度较低群组中获得努力程度较高群组的"反事实收入"。表5.9显示了不同时期各个努力群组之间"反事实收入"平均值的差异，与运用bootstrap方法（n=500）进行显著性检验的结果。ATT表示努力程度高的劳动者降低努力程度之后的平均收入差异（正数代表下降），ATU表示努力程度低的劳动者提高努力程度之后的平均收入差异（正数代表提高），ATE表示所有劳动者都提高到最高努力程度之后的平均收入差异（正数代表提高）。

表5.9 不同时期各个努力群组之间PSM匹配结果与bootstrap显著性检验（n=500）

| 时期 | 处理组 | 对照组 | 平均处理效应 | 差异 | 标准误 | z值 | P>\|z\| | 显著性 |
|---|---|---|---|---|---|---|---|---|
| 20世纪70年代前期 | 7 | 1 | ATT | 19 400.80 | 1 412.48 | 13.74 | 0.000 | *** |
|  |  |  | ATU | 18 160.00 | 2 752.91 | 6.60 | 0.000 | *** |
|  |  |  | ATE | 18 861.64 | 1 654.57 | 11.40 | 0.000 | *** |
|  |  | 2 | ATT | 16 836.57 | 1 524.55 | 11.04 | 0.000 | *** |
|  |  |  | ATU | 16 097.65 | 2 187.58 | 7.36 | 0.000 | *** |
|  |  |  | ATE | 16 530.19 | 1 504.34 | 10.99 | 0.000 | *** |
|  |  | 3 | ATT | 15 721.14 | 1 869.84 | 8.41 | 0.000 | *** |
|  |  |  | ATU | 14 311.56 | 2 389.77 | 5.99 | 0.000 | *** |
|  |  |  | ATE | 15 265.10 | 1 674.65 | 9.12 | 0.000 | *** |

续表

| 时期 | 处理组 | 对照组 | 平均处理效应 | 差异 | 标准误 | z 值 | P>|z| | 显著性 |
|---|---|---|---|---|---|---|---|---|
| 20世纪70年代前期 | 7 | 4 | ATT | 18 208.11 | 1 334.93 | 13.64 | 0.000 | *** |
| | | | ATU | 16 822.57 | 1 996.43 | 8.43 | 0.000 | *** |
| | | | ATE | 17 659.12 | 1 282.44 | 13.77 | 0.000 | *** |
| | | 5 | ATT | 14 466.86 | 2 234.37 | 6.47 | 0.000 | *** |
| | | | ATU | 14 503.12 | 3 324.20 | 4.36 | 0.000 | *** |
| | | | ATE | 14 480.09 | 2 208.19 | 6.56 | 0.000 | *** |
| | | 6 | ATT | 11 359.64 | 2 010.45 | 5.65 | 0.000 | *** |
| | | | ATU | 10 081.54 | 2 007.05 | 5.02 | 0.000 | *** |
| | | | ATE | 10 785.95 | 1 660.58 | 6.50 | 0.000 | *** |
| | | 8 | ATT | 4 385.73 | 2 349.61 | 1.87 | 0.062 | * |
| | | | ATU | 4 859.06 | 2 175.79 | 2.23 | 0.026 | ** |
| | | | ATE | 4 624.67 | 1 866.10 | 2.48 | 0.013 | ** |
| 20世纪60年代后期 | 3 | 1 | ATT | 10 372.07 | 2 015.24 | 5.15 | 0.000 | *** |
| | | | ATU | 8 517.00 | 2 711.99 | 3.14 | 0.002 | ** |
| | | | ATE | 9 523.68 | 2 034.73 | 4.68 | 0.000 | *** |
| | | 2 | ATT | 17 333.98 | 2 460.85 | 7.04 | 0.000 | *** |
| | | | ATU | 17 093.28 | 2 616.07 | 6.53 | 0.000 | *** |
| | | | ATE | 17 186.33 | 2 370.86 | 7.25 | 0.000 | *** |
| | | 4 | ATT | 4 299.82 | 5 540.08 | 0.78 | 0.438 | |
| | | | ATU | 6 018.58 | 4 520.79 | 1.33 | 0.183 | |
| | | | ATE | 4 948.67 | 4 439.15 | 1.11 | 0.265 | |
| | | 5 | ATT | 10 109.86 | 2 333.96 | 4.33 | 0.000 | *** |
| | | | ATU | 9 656.55 | 3 015.01 | 3.20 | 0.001 | ** |
| | | | ATE | 9 914.69 | 2 234.02 | 4.44 | 0.000 | *** |
| | | 6 | ATT | 9 291.17 | 2 031.94 | 4.57 | 0.000 | *** |
| | | | ATU | 9 090.08 | 3 136.17 | 2.90 | 0.004 | ** |
| | | | ATE | 9 185.21 | 2 219.32 | 4.14 | 0.000 | *** |
| | | 7 | ATT | 17 555.95 | 2 198.22 | 7.99 | 0.000 | *** |
| | | | ATU | 16 063.52 | 2 873.56 | 5.59 | 0.000 | *** |
| | | | ATE | 16 665.94 | 2 285.92 | 7.29 | 0.000 | *** |
| | | 8 | ATT | 24 438.52 | 2 391.03 | 10.22 | 0.000 | *** |
| | | | ATU | 21 445.47 | 3 172.16 | 6.76 | 0.000 | *** |
| | | | ATE | 22 615.26 | 2 357.54 | 9.59 | 0.000 | *** |

续表

| 时期 | 处理组 | 对照组 | 平均处理效应 | 差异 | 标准误 | z 值 | P>\|z\| | 显著性 |
|---|---|---|---|---|---|---|---|---|
| 20世纪60年代前期 | 2 | 1 | ATT | 5 075.95 | 3 432.21 | 1.48 | 0.139 | |
| | | | ATU | 4 508.29 | 3 722.96 | 1.21 | 0.226 | |
| | | | ATE | 4 834.99 | 3 243.02 | 1.49 | 0.136 | |
| | | 3 | ATT | 12 727.90 | 2 160.62 | 5.89 | 0.000 | *** |
| | | | ATU | 10 099.77 | 2 607.17 | 3.87 | 0.000 | *** |
| | | | ATE | 11 533.87 | 2 082.29 | 5.54 | 0.000 | *** |
| | | 4 | ATT | 17 812.94 | 2 409.95 | 7.39 | 0.000 | *** |
| | | | ATU | 18 023.10 | 3 102.40 | 5.81 | 0.000 | *** |
| | | | ATE | 17 896.34 | 2 427.33 | 7.37 | 0.000 | *** |
| | | 5 | ATT | 24 943.79 | 2 374.73 | 10.50 | 0.000 | *** |
| | | | ATU | 29 010.86 | 2 851.29 | 10.17 | 0.000 | *** |
| | | | ATE | 27 417.80 | 2 422.07 | 11.32 | 0.000 | *** |
| | | 6 | ATT | 17 855.75 | 2 244.80 | 7.95 | 0.000 | *** |
| | | | ATU | 19 577.45 | 2 833.36 | 6.91 | 0.000 | *** |
| | | | ATE | 18 704.91 | 2 230.76 | 8.38 | 0.000 | *** |
| | | 7 | ATT | 30 484.94 | 2 411.83 | 12.64 | 0.000 | *** |
| | | | ATU | 23 343.04 | 3 963.09 | 5.89 | 0.000 | *** |
| | | | ATE | 27 088.18 | 2 488.28 | 10.89 | 0.000 | *** |
| | | 8 | ATT | 17 533.00 | 3 191.56 | 5.49 | 0.000 | *** |
| | | | ATU | 14 513.16 | 3 596.57 | 4.04 | 0.000 | *** |
| | | | ATE | 16 340.29 | 2 919.02 | 5.60 | 0.000 | *** |
| 20世纪50年代后期 | 6 | 1 | ATT | 11 941.05 | 6 085.74 | 1.96 | 0.050 | ** |
| | | | ATU | 14 931.21 | 3 056.74 | 4.88 | 0.000 | *** |
| | | | ATE | 13 725.87 | 3 585.35 | 3.83 | 0.000 | *** |
| | | 2 | ATT | 2 955.84 | 5 105.03 | 0.58 | 0.563 | |
| | | | ATU | 2 695.29 | 3 406.27 | 0.79 | 0.429 | |
| | | | ATE | 2 809.28 | 3 579.19 | 0.78 | 0.433 | |
| | | 3 | ATT | 14 852.75 | 2 698.08 | 5.50 | 0.000 | *** |
| | | | ATU | 14 978.15 | 3 016.25 | 4.97 | 0.000 | *** |
| | | | ATE | 14 909.96 | 2 488.21 | 5.99 | 0.000 | *** |
| | | 4 | ATT | 24 778.58 | 3 533.16 | 7.01 | 0.000 | *** |
| | | | ATU | 27 767.71 | 3 477.77 | 7.98 | 0.000 | *** |
| | | | ATE | 26 569.70 | 2 770.07 | 9.59 | 0.000 | *** |

续表

| 时期 | 处理组 | 对照组 | 平均处理效应 | 差异 | 标准误 | $z$ 值 | $P>|z|$ | 显著性 |
|---|---|---|---|---|---|---|---|---|
| 20 世纪 50 年代 后期 | 6 | 5 | ATT | 27 649.08 | 2 707.29 | 10.21 | 0.000 | *** |
| | | | ATU | 26 344.76 | 4 022.47 | 6.55 | 0.000 | *** |
| | | | ATE | 27 150.57 | 2 666.70 | 10.18 | 0.000 | *** |
| | | 7 | ATT | 17 255.55 | 2 217.35 | 7.78 | 0.000 | *** |
| | | | ATU | 15 651.20 | 3 632.40 | 4.31 | 0.000 | *** |
| | | | ATE | 16 598.45 | 2 470.88 | 6.72 | 0.000 | *** |
| | | 8 | ATT | 11 612.03 | 2 505.50 | 4.63 | 0.000 | *** |
| | | | ATU | 9 900.99 | 2 853.70 | 3.47 | 0.001 | *** |
| | | | ATE | 10 569.00 | 2 316.61 | 4.56 | 0.000 | *** |
| 20 世纪 50 年代 前期 | 4 | 1 | ATT | 11 808.38 | 8 618.21 | 1.37 | 0.171 | |
| | | | ATU | 3 492.82 | 4 469.01 | 0.78 | 0.434 | |
| | | | ATE | 6 796.26 | 5 569.17 | 1.22 | 0.222 | |
| | | 2 | ATT | 5 760.15 | 19 070.75 | 0.30 | 0.763 | |
| | | | ATU | 3 463.28 | 9 106.57 | 0.38 | 0.704 | |
| | | | ATE | 4 644.22 | 13 217.26 | 0.35 | 0.725 | |
| | | 3 | ATT | 57 876.58 | 28 532.50 | 2.03 | 0.043 | ** |
| | | | ATU | 34 555.33 | 19 565.65 | 1.77 | 0.077 | * |
| | | | ATE | 48 999.46 | 21 600.83 | 2.27 | 0.023 | ** |
| | | 5 | ATT | 9 276.82 | 24 051.11 | 0.39 | 0.700 | |
| | | | ATU | 11 019.67 | 10 399.17 | 1.06 | 0.289 | |
| | | | ATE | 9 983.64 | 17 544.46 | 0.57 | 0.569 | |
| | | 6 | ATT | 52 964.22 | 28 361.38 | 1.87 | 0.062 | * |
| | | | ATU | 34 608.82 | 22 206.98 | 1.56 | 0.119 | |
| | | | ATE | 44 828.31 | 20 516.25 | 2.19 | 0.029 | ** |
| | | 7 | ATT | 55 377.50 | 22 313.93 | 2.48 | 0.013 | ** |
| | | | ATU | 23 370.60 | 7 655.72 | 3.05 | 0.002 | ** |
| | | | ATE | 39 681.81 | 13 035.43 | 3.04 | 0.002 | ** |
| | | 8 | ATT | 17 170.20 | 5 767.34 | 2.98 | 0.003 | ** |
| | | | ATU | 24 909.88 | 5 354.58 | 4.65 | 0.000 | *** |
| | | | ATE | 22 666.95 | 4 747.73 | 4.77 | 0.000 | *** |

续表

| 时期 | 处理组 | 对照组 | 平均处理效应 | 差异 | 标准误 | z 值 | P>|z| | 显著性 |
|---|---|---|---|---|---|---|---|---|
| 20世纪30年代到40年代 | 2 | 1 | ATT | 23 695.51 | 6 943.59 | 3.41 | 0.001 | *** |
|  |  |  | ATU | 19 018.15 | 5 543.62 | 3.43 | 0.001 | *** |
|  |  |  | ATE | 21 061.13 | 5 604.93 | 3.76 | 0.000 | *** |
|  |  | 3 | ATT | 30 386.47 | 6 253.62 | 4.86 | 0.000 | *** |
|  |  |  | ATU | 23 041.14 | 4 126.38 | 5.58 | 0.000 | *** |
|  |  |  | ATE | 25 994.82 | 4 409.17 | 5.90 | 0.000 | *** |
|  |  | 4 | ATT | 14 521.26 | 5 859.83 | 2.48 | 0.013 | ** |
|  |  |  | ATU | 14 185.21 | 5 930.77 | 2.39 | 0.017 | ** |
|  |  |  | ATE | 14 305.33 | 5 282.67 | 2.71 | 0.007 | ** |
|  |  | 5 | ATT | 15 456.01 | 5 762.05 | 2.68 | 0.007 | ** |
|  |  |  | ATU | 6 639.66 | 5 101.07 | 1.30 | 0.193 |  |
|  |  |  | ATE | 10 882.53 | 4 781.28 | 2.28 | 0.023 | ** |
|  |  | 6 | ATT | 20 616.10 | 6 320.40 | 3.26 | 0.001 | *** |
|  |  |  | ATU | 22 741.37 | 8 960.10 | 2.54 | 0.011 | ** |
|  |  |  | ATE | 21 522.88 | 6 389.01 | 3.37 | 0.001 | *** |
|  |  | 7 | ATT | 2 642.64 | 6 548.04 | 0.40 | 0.687 |  |
|  |  |  | ATU | −3 363.27 | 6 777.40 | −0.50 | 0.620 |  |
|  |  |  | ATE | −855.95 | 5 939.34 | −0.14 | 0.885 |  |
|  |  | 8 | ATT | 4 743.86 | 7 421.21 | 0.64 | 0.523 |  |
|  |  |  | ATU | 9 347.89 | 11 837.97 | 0.79 | 0.430 |  |
|  |  |  | ATE | 7 192.81 | 8 301.28 | 0.87 | 0.386 |  |

注：* 表示在 0.1 的水平上显著，** 表示在 0.05 的水平上显著，*** 表示在 0.001 的水平上显著。

从表 5.9 可知，在所有的样本组合中，努力程度较高的劳动者降低努力程度之后，经济收入将有所下降，努力程度较低的劳动者提高努力程度之后，经济收入将有所上升，所有的劳动者提高努力程度后，经济收入将得到提高，且在大部分样本组合中，差异均至少在 10% 的水平上显著。因此努力程度与子女收入上涨的因果效应得到证明，提高努力程度确实可以为子女带来收入的提升。

## 5.5.6 努力程度对机会不平等的影响

通过 PSM 核匹配法获得的"反事实收入"序列为所有劳动者都付出最大程度的努力,同时又保留原有外部环境的"理想收入",在劳动者理想收入的基础上,对收入的反事实机会不平等进行测算,图 5.5 为实际收入和反事实收入的机会不平等在八个时期的差异对比。

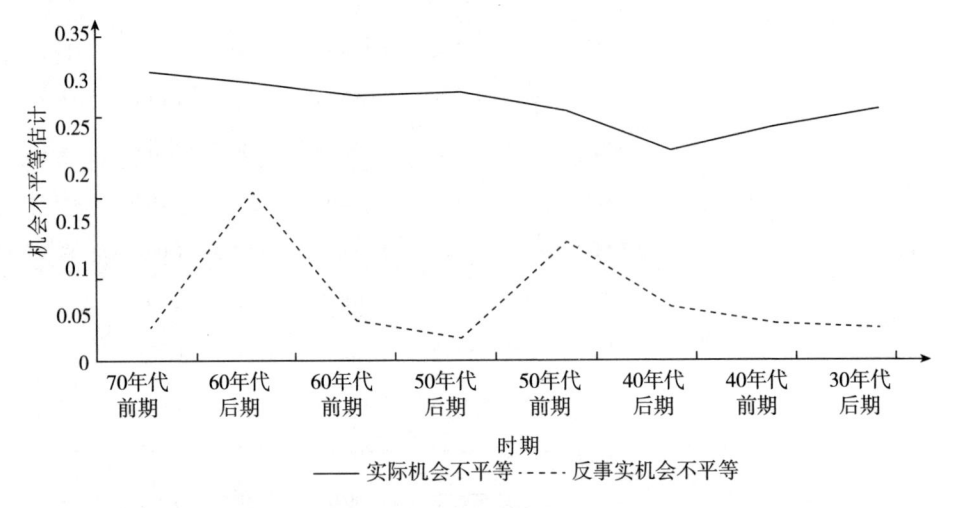

图 5.5 实际机会不平等与反事实机会不平等差异图

从图 5.5 可知,当劳动者付出最大努力程度之后,机会不平等程度也随之降低,外部环境对劳动者经济收入的不利影响得到削弱。

## 5.5.7 努力程度对代际收入流动的影响

本书通过对实际收入的代际转移矩阵与反事实收入的代际转移矩阵进行对比分析,来探索努力程度对社会代际收入流动的影响。将父辈的实际收入与子辈的实际收入和反事实收入从低到高分为 5 等份,依次分类为收入的 0%~20%、20%~40%、40%~60%、60%~80%、80%~100% 五个区间。对不同分位数群组内父亲及其子女收入的流动与继承进行分析。表 5.10 显示了基于子女实际收入与反事实收入计算的转移矩阵。表 5.11 显示了八个父亲出生时期的转移矩阵汇总指标。

表 5.10　基于子女实际收入与反事实收入计算的转移矩阵

| 实际 | | 1 | | 2 | | 3 | | 4 | | 5 | |
|---|---|---|---|---|---|---|---|---|---|---|---|
| | | 反事实 | 实际 | 反事实 | 实际 | 反事实 | 实际 | 反事实 | 实际 | 反事实 | 实际 |
| 70年代前期 | 1 | 20.16% | 22.66% | 16.28% | 20.3% | 16.28% | 16.4% | 24.81% | 20.3% | 22.48% | 20.3% |
| | 2 | 21.88% | 20.8% | 18.75% | 18.46% | 18.75% | 22.3% | 18.75% | 18.8% | 21.88% | 19.6% |
| | 3 | 22.79% | 20.5% | 20.59% | 19.7% | 24.26% | 22.05% | 13.97% | 20.5% | 18.38% | 17.3% |
| | 4 | 15.91% | 15.0% | 25.00% | 22.8% | 18.94% | 24.7% | 20.45% | 15.98% | 19.70% | 21.5% |
| | 5 | 19.05% | 20.5% | 19.05% | 18.9% | 22.22% | 14.7% | 22.22% | 24.7% | 17.46% | 21.26% |
| 60年代后期 | 1 | 25.43% | 21.48% | 18.56% | 18.7% | 17.53% | 24.6% | 20.27% | 22.5% | 18.21% | 12.7% |
| | 2 | 18.06% | 19.3% | 24.41% | 19.27% | 22.07% | 22.6% | 18.73% | 22.6% | 16.72% | 16.3% |
| | 3 | 14.43% | 21.6% | 19.80% | 18.8% | 24.16% | 17.77% | 22.48% | 19.9% | 19.13% | 22.0% |
| | 4 | 22.92% | 16.3% | 16.28% | 25.2% | 19.60% | 19.5% | 19.27% | 15.96% | 21.93% | 23.0% |
| | 5 | 19.06% | 21.2% | 21.07% | 18.2% | 16.72% | 15.3% | 19.06% | 18.6% | 24.08% | 26.64% |
| 60年代前期 | 1 | 24.92% | 19.25% | 18.84% | 16.1% | 17.33% | 21.7% | 18.24% | 17.7% | 20.67% | 25.2% |
| | 2 | 21.04% | 15.9% | 25.00% | 15.90% | 20.43% | 24.2% | 16.77% | 22.0% | 16.77% | 22.0% |
| | 3 | 16.36% | 22.5% | 23.33% | 22.8% | 23.64% | 16.92% | 21.52% | 19.7% | 15.15% | 18.2% |
| | 4 | 17.88% | 20.2% | 17.88% | 22.3% | 23.03% | 21.4% | 20.91% | 17.43% | 20.30% | 18.7% |
| | 5 | 19.50% | 21.8% | 15.17% | 23.0% | 15.79% | 16.3% | 22.29% | 23.0% | 27.24% | 15.95% |
| 50年代后期 | 1 | 35.16% | 23.63% | 16.44% | 24.2% | 15.53% | 17.0% | 14.61% | 18.1% | 18.26% | 17.0% |
| | 2 | 20.64% | 17.2% | 22.48% | 19.70% | 17.89% | 19.2% | 19.72% | 24.2% | 19.27% | 19.7% |
| | 3 | 15.38% | 17.1% | 26.24% | 20.9% | 23.08% | 25.12% | 19.91% | 18.0% | 15.38% | 19.0% |
| | 4 | 17.05% | 22.4% | 20.74% | 14.6% | 22.12% | 18.3% | 23.96% | 18.26% | 16.13% | 26.5% |
| | 5 | 10.60% | 19.8% | 14.75% | 20.2% | 21.66% | 19.8% | 22.58% | 21.3% | 30.41% | 16.91% |
| 50年代前期 | 1 | 28.41% | 20.61% | 19.89% | 22.4% | 23.30% | 17.6% | 10.80% | 19.4% | 17.61% | 20.0% |
| | 2 | 28.33% | 23.4% | 20.56% | 19.88% | 16.11% | 17.5% | 23.33% | 18.7% | 11.67% | 20.5% |
| | 3 | 21.23% | 19.5% | 24.58% | 22.0% | 20.11% | 23.78% | 18.99% | 18.9% | 15.08% | 15.9% |
| | 4 | 12.15% | 17.9% | 18.23% | 23.7% | 25.41% | 18.6% | 24.86% | 17.31% | 19.34% | 22.4% |
| | 5 | 9.39% | 17.2% | 17.13% | 11.7% | 14.36% | 23.4% | 22.65% | 26.9% | 36.46% | 20.69% |
| 40年代后期 | 1 | 35.58% | 22.00% | 27.88% | 22.0% | 13.46% | 21.0% | 10.58% | 20.0% | 12.50% | 15.0% |
| | 2 | 26.92% | 20.6% | 19.23% | 22.80% | 18.27% | 23.6% | 18.27% | 16.5% | 17.31% | 16.5% |
| | 3 | 17.48% | 21.8% | 20.39% | 20.6% | 15.53% | 20.74% | 23.30% | 18.6% | 23.30% | 18.2% |
| | 4 | 9.62% | 15.1% | 23.08% | 17.2% | 25.00% | 18.3% | 21.15% | 23.66% | 21.15% | 25.8% |
| | 5 | 10.58% | 18.8% | 9.62% | 17.6% | 28.85% | 16.5% | 25.96% | 20.9% | 25.00% | 26.26% |

续表

| 实际 | | 1 | | 2 | | 3 | | 4 | | 5 | |
|---|---|---|---|---|---|---|---|---|---|---|---|
| | | 反事实 | 实际 | 反事实 | 实际 | 反事实 | 实际 | 反事实 | 实际 | 反事实 | |
| 40年代前期 | 1 | 23.08% | 25.00% | 25.00% | 25.0% | 15.38% | 18.8% | 17.31% | 16.7% | 19.23% | 14.6% |
| | 2 | 24.53% | 15.4% | 24.53% | 16.67% | 28.30% | 22.5% | 15.09% | 25.0% | 7.55% | 20.4% |
| | 3 | 22.64% | 14.0% | 13.21% | 22.0% | 9.43% | 20.00% | 24.53% | 20.0% | 30.19% | 24.0% |
| | 4 | 15.09% | 23.5% | 22.64% | 17.6% | 22.64% | 21.6% | 26.42% | 15.69% | 13.21% | 21.6% |
| | 5 | 13.46% | 18.9% | 15.38% | 22.2% | 25.00% | 17.8% | 13.46% | 20.0% | 32.69% | 21.11% |
| 30年代后期 | 1 | 14.29% | 25.00% | 23.81% | 15.0% | 23.81% | 20.0% | 9.52% | 20.0% | 28.57% | 20.0% |
| | 2 | 27.27% | 26.3% | 18.18% | 21.05% | 18.18% | 21.1% | 31.82% | 10.5% | 4.55% | 21.1% |
| | 3 | 14.29% | 9.5% | 38.10% | 28.6% | 23.81% | 19.05% | 9.52% | 23.8% | 14.29% | 19.0% |
| | 4 | 27.27% | 33.3% | 9.09% | 16.7% | 9.09% | 11.1% | 31.82% | 22.22% | 22.73% | 16.7% |
| | 5 | 9.52% | 5.9% | 14.29% | 17.6% | 28.57% | 35.3% | 19.05% | 17.6% | 28.57% | 23.53% |

表 5.11 转移矩阵汇总指标

| | 惯性率 | | 亚惯性率 | | 平均阶差 | |
|---|---|---|---|---|---|---|
| | 实际 | 反事实 | 实际 | 反事实 | 实际 | 反事实 |
| 70年代前期 | 20.2% | 20.1% | 50.68% | 54.97% | 1.62 | 1.56 |
| 60年代后期 | 23.5% | 20.2% | 55.78% | 52.30% | 1.52 | 1.56 |
| 60年代前期 | 24.3% | 17.1% | 58.50% | 49.44% | 1.47 | 1.69 |
| 50年代后期 | 27.0% | 20.7% | 59.41% | 53.80% | 1.38 | 1.57 |
| 50年代前期 | 26.1% | 20.5% | 61.14% | 54.88% | 1.34 | 1.53 |
| 40年代后期 | 23.3% | 23.1% | 61.08% | 57.16% | 1.34 | 1.47 |
| 40年代前期 | 23.2% | 19.7% | 56.20% | 53.30% | 1.45 | 1.57 |
| 30年代后期 | 23.3% | 22.2% | 56.88% | 54.21% | 1.46 | 1.52 |

总体上来看，通过提升劳动者努力程度，低（高）收入群组家庭的子女收入向上（下）流动的概率大大增加。当劳动者努力程度达到最大值时，所有时期的惯性率均得到下降，除 70 年代前期以外，亚惯性率均得到下降，平均阶差均得到提升，因此提高劳动者的努力程度可以较大提升社会的代际收入流动。惯性率和亚惯性率（平均阶差）在"50 年代到 60 年代"下降（上升）幅度均较大，"30 年代到 40 年代"与"70 年代前期"降幅（涨幅）均降低，这说明对于父亲出生时期在"50 年代到 60 年代"的家庭，劳动者的努力不平等是代际收入流动程度较低的重要原因。而对于"30 年代到 40 年

代"，父亲年龄处于 80 岁左右，子女年龄处于 55 岁左右，子女的事业已经到了成熟的后期，人力资本对经济收入的效应已经完全发挥，因此即使劳动者再提高努力程度，代际收入流动程度的提高也会相对有限。到了 70 年代前期，父亲的年龄处于 50 岁左右，子女的年龄处于 25 岁左右，社会经济的市场化已经逐渐成熟，年轻的子女进入劳动力市场的时间不长，一方面人力资本对经济收入的回报效应还未充分发挥出来，另一方面劳动者均处于努力意愿较强的阶段，因此经济收入中努力不平等的所占比例相对较低，随着劳动者努力程度的提升，代际收入流动程度的提升相对较少。

从反事实转移矩阵来看，父亲出生时期在"50 年代到 60 年代"的家庭，当子女付出最大努力程度时，0% ~ 20%、20% ~ 40%、40% ~ 60% 收入群组家庭的子女流入 60% ~ 80%、80% ~ 100% 收入群组的概率大大加大。经过卡方检验，"70 年代前期"与"30 年代后期"父子收入的卡方检验 P 值分别为 0.684 与 0.2（均大于 0.05），因此可以认为该时期子女收入分布与父亲收入分布并无显著相关，此时子女经济收入受父亲经济收入影响不大。其余时期卡方检验 P 值均小于 0.05，子女经济收入受父亲经济收入影响较大。

## 5.6 小结

本章依据父亲出生年代，将样本划分为 30 年代后期、40 年代前期、40 年代后期、50 年代前期、50 年代后期、60 年代前期、60 年代后期与 70 年代前期 8 个时期。通过参数估计法和非参数估计法将劳动者的收入不平等分解为努力不平等与机会不平等，探讨了努力不平等、机会不平等与代际收入流动三者之间的关系。此外，基于 Logit 模型，采用 PSM 方法分年度构建所有劳动者达到最高努力程度后的"反事实收入"，通过计算"反事实收入"与实际收入的平均收入差距，探究了努力与劳动者收入增长的因果关系。同时，通过对基于实际收入与"反事实收入"计算的转移矩阵进行差异分析，判断子女提升努力程度是否能够提升个体经济收入，促进代际收入流动。

实证结果表明：（1）从"30 年代后期"到"70 年代前期"8 个时期，劳动者的实际收入不平等从逐渐增高到逐渐降低再逐渐增高，努力不平等的波动较大，先逐渐降低后逐渐上升，而机会不平等差异较小。分区域来看，东部地区和东北地区的实际不平等程度最高,中部地区最低。努力不平等程度则刚好相反,中部地区最高,东北地区最低。机会不平等程度无明显的地域差别。机会不平等对代际收入流动有抑制作用,努力不平等对代际收入流动有促进作用。(2)劳动者努力程度的提升能带来收入的提升,劳动者努力程度的下降会导致收入的下降。且大多数群组实际收入与反事实收入差距显著,因此,努力确实是劳动者提升收入的原因。(3)当子女的努力程度均达到最大时,收入的机会不平等程度下降幅度较大,且父亲收入对子女收入的影响被明显削弱。因此提升子女努力程度,可以提升社会的代际收入流动。

虽然子女提升努力程度改变自身经济状况的命题得到证明,但是外部环境对个人努力程度的影响依然不容小觑。父母对子女努力的影响体现在两个方面,一是通过耳濡目染和言传身教激发子女努力的意愿;二是父母的文化水平和经济能力决定了对子女教育投资的重视程度,子女所能达到的人力资本高度在一定程度上受制于家庭的投资力度。正是由于外部环境对于个人发展的影响日益扩大,才使得个人努力在当前经济形势下发挥不出最大的效应。为了从根本上加大社会的收入流动,减少弱势群体的机会不平等,政府应当大力发展公共事业,打破外部环境对贫困家庭孩子发展的桎梏。其次,应当加大社会资源的再分配,精准识别由于机会不平等造成的弱势群体,通过政策支持与资金援助来帮扶弱势群体就业与创业,让所有青年都拥有平等的努力权利,从源头上降低社会的代际收入弹性,实现社会资源的合理分配。

# 6 公共政策对代际收入流动的影响

## 6.1 引言

阶级排斥是社会过度不平等的结果，是社会公平性政策有效实施的阻碍。经济收入较高的家庭很多不愿意使用平价公共设施服务，一方面的原因是因为私人服务的质量有可能更好，另一方面的原因是因为价格高昂的私人服务可以彰显富人的经济地位，此时阶层隔离就会慢慢出现。这将有可能导致富人和穷人之间的政策偏好大相径庭。在很多发达国家，富人的偏好对公共政策的影响往往比穷人，甚至大多数人的偏好更大。这些因素的共同出现加剧了社会的阶层固化。私人服务和公共服务的质量差距将扩大社会的机会不平等，限制底层劳动者经济收入的向上流动。

财政政策，包括财政系统的各个组成部门，均可以通过多种途径对社会的代际流动性产生影响。首先，财政政策具有直接的收入效应，通过向低收入家庭提供额外的社会资源，改善孩童人力资本投入量，对劳动者的终生收入产生积极的影响。如果出于信贷限制而无法借贷的贫困父母缺乏对其子女人力资本进行最优投资时，财政政策的有效实施将可以帮助降低代际之间教育和经济收入的传递性（Mayer & Lopoo, 2008[34]）。其次，财政政策可以产生行为效应。具有较强针对性的转移支付政策将对劳动者的工作动机产生消极的影响，不利于社会流动性的提升。公共财政政策的消极作用主要发生于发达国家，对发展中国家劳动者的影响较小（Banerjee et al., 2017[242]）。在美国，税收减免政策能显著地增加劳动力供给，增加劳动者的额外收入，但另一方面，工作时间的增加减少了对子女的抚育时间，降低了对子女教育质量的关注，这将有可能对子女的人力资本累积产生消极的影响（Meyer, 2001[243]）。再次，财政政策对家庭人力资本投入产生至关重要的影响，一是税收政策的实施可以在一定程度上降低家庭教育投入，二是公共教育投入可以在一定程度上削弱家庭教育投入的效率，三是公共支出对弱势群体人力资本累积产生较大的影响（Mayer & Lopoo，2008[34]）（图 6.1）。

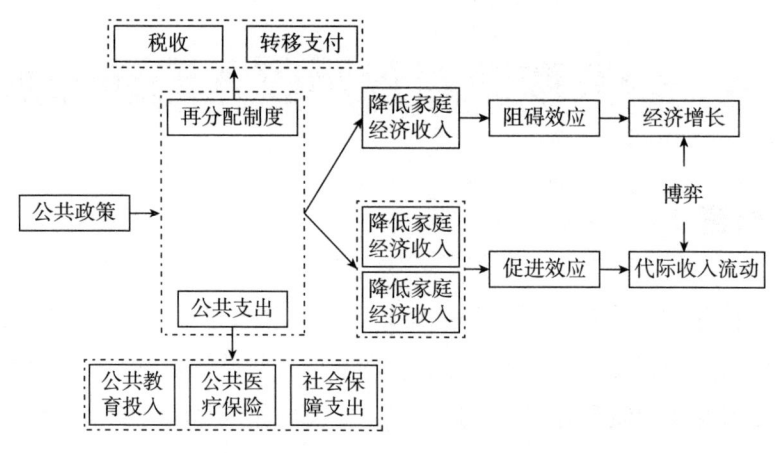

图 6.1　公共财政政策对代际收入流动的影响

特别是在儿童发育早期，加大政府公共投入是改善社会代际流动的一种非常有效且收益较高的途径。实施大规模的公共教育投入往往需要加收额外的税收，但是即使综合考虑这类政府干预措施对劳动力市场和资本市场的一般均衡效应，以及为这些政策有效实施提供资金而增加的额外税收效应，这种公共支出政策从长远上来看也被认为有利于社会的积极发展。直接向弱势家庭进行资源再分配，以帮助他们满足基本生活需要，保护他们不受收入冲击的影响，并鼓励他们获取生产性资产，在信贷紧缩的环境下，通过提高家庭补助，使他们能够对其子女的人力资本发展进行更多的投入，这些资源再分配措施对于提升社会流动性至关重要。

此外，财政政策的干预时机也很重要，即对劳动者个人生活的干预阶段。早期的儿童干预可以有效地改善在贫困中长大的儿童的未来成就。对于年龄较大的孩童，财政政策可以通过缓解学费支出中的信用约束来提高教育成就（Manoli & Turner，2016[244]）。不同国家之间公共政策的最佳干预时机可能存在显著差异，这取决于信贷约束的主要发生阶段和劳动者教育阶段的瓶颈位置。评估财政政策能否帮助弱势子女摆脱代际贫困陷阱需要大量数据进行支撑。理想情况下，需要跟踪儿童从其父母接触到财政政策到青春时期或成年时期的面板数据，而这些数据很少能获得（Molina & Millan，2016[245]）。

本书基于标准的宏观经济生命周期，在一般均衡模型中引入父母对儿童技能的投资,将宏观经济模型与儿童早期教育项目的研究结果相结合,分析了儿童早期教育投入对社会代际流动性产生的影响。父母通过在子女多个成长阶段投入时间和金钱来培养子女的社会技能。这些技能既可以有效提升子女的人力资本水平,也能获得较高的劳动力市场回报。

## 6.2 模型设定

考虑一个有限的经济体,其社会成员以家庭为单位代代传递,记 $i$ 为某个社会家庭,$i \in [1, N]$,在任意一个社会时期 $t(t = 0, 1, 2\cdots n)$,至少有两代人存活,父亲及其子女。每一代父亲的经济收入 $Y_{i,t}$ 可以由产出方程 $Y_{i,t} = f(\mu_t, \Theta_{i,t}, U_{i,t})$ 决定。其中,$\mu_t$ 代表 $t$ 时期的公共政策,$\Theta_{i,t}$ 代表 $t$ 时期家庭 $i$ 父亲的人力资本累积量,$U_{i,t}$ 为家庭 $i$ 父亲在 $t$ 时期经济市场的随机影响因素,表示考虑运气、就业机会等因素的影响时,资本条件相同的两个劳动者不一定获得相同的经济收入。因此,劳动者的经济收入可以由如下模型定义:

$$Y_{i,t} = B\mu_t^\alpha (U_{i,t}\Theta_{i,t})^{A\mu_t} \tag{6.1}$$

其中,$\mu_t \in [0, 1]$,$\alpha \geq 0$,$A$、$B$ 为技术参数。公共政策与其对劳动者经济收入产生的效率由 $\mu_t$ 与 $\alpha$ 两个参数来描述。参数 $\mu_t$ 描述了社会再分配的比例,$\mu_t$ 越低,意味着劳动者收入当中更高的比例会进行重新分配,此时的公共政策更加激进,或者说公共教育资源更加丰富,同时社会资源分配会更加均衡。参数 $\alpha$ 描述了公共政策的效率,当 $\mu_t$ 给定时,$\alpha$ 越高,意味着能够产生经济价值的个人人力资本比例更低,此时的公共系统对高能力劳动者的经济活动具有抑制作用。$\alpha$ 越大,社会资源分配更加均衡。

本书采用 OLG 模型,利用数值模拟的方法进行政策实验,探讨分析政府公共政策的变化对社会代际收入流动的影响。假定社会中所有经济体的一生均需经历三个阶段(图 6.2):被养育的孩童、工作的成人和退休的老人。本书假定劳动者在孩童阶段进行人力资本积累,孩童时期人力资本的累积来源于两个方面,政府的公共教育投入与家庭人力资本投资,此外人力资本的累积程度同时受到个人先天禀赋的影响。然后劳动者在成人阶段创造经济价值,获取经济收入,劳动者的经济收入由孩童时期累积的人力资本与社会宏观政策决定，之后，将经济收入用于自身的消费、下一代的家庭人力资本投资以及储蓄。最后，在老年时期消费成人时期储蓄的资金。之后，儿子成为父亲进行下一轮的替换。为了对模型进行简化，本书只探讨父母经济收入对子女人力资本的投资，而不考虑父母人力资本对子女人力资本的直接传递。

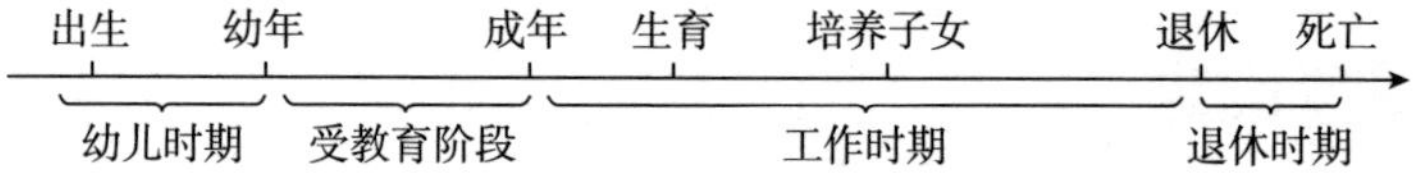

图 6.2 劳动者生命周期

对于任意一个社会家庭 $i$（$i \in [1, N]$），在任意一个时期 $t$，均有如下事件发生：

（1）在给定人力资本 $\Theta_{i,t}$，市场运气 $U_{i,t}$，以及政府公共政策 $\mu_t$ 时，$t$ 时期家庭 $i$ 父亲的经济收入 $Y_{i,t}$ 满足模型（6.1）；

（2）通过政府宏观调控，$t+1$ 时期公共政策为 $\mu_{t+1}$；

（3）孩子的遗传禀赋为 $V_{i,t+1}$，市场运气 $U_{i,t+1}$ 随机决定；

（4）父亲观察孩子的遗传禀赋 $V_{i,t+1}$，基于家庭资源 $Y_{i,t}$，为孩子进行家庭人力资本投资，使其效用最大化。孩子人力资本积累由家庭与公共教育投资函数决定 $\Theta_{i,t+1} = f(I_t, g_t, V_{i,t+1})$，其中 $I_t$ 为 $t$ 时期的家庭人力资本投入，$g_t$ 为 $t$ 时期的人均公共教育投入。人均公共教育投入的大小由社会居民收入总额 $\sum_{i=1}^{N} Y_{it}$、居民收入占 GDP 的比例 $G$、社会公共政策 $\mu_t$ 与公共教育支出比例 $\kappa$ 共同决定。此时，$g_{t+1} = f(\sum_{i=1}^{N} Y_{it}, G, \mu_t, \kappa)$；

（5）父亲退休进行储蓄消费，儿子变成父亲，进行下一代传递。

参考 Becker & Tomes (1979) 的相关文献，家庭 $i$ 孩子出生时的遗传禀赋 $V_{i,t+1}$ 满足 AR(1) 的"Galtonian"过程：

$$v_{i,t+1} = (1 - \rho_1)\rho_0 + \rho_1 v_{i,t} + \in_{i,t+1} \quad (6.2)$$

其中，$v_{i,t+1} = \ln V_{i,t+1}$（小写字母均为相应大写字母的对数变换），$\in_{i,t+1}$ 为白噪声过程，$E(\in_{i,t}) = 0$，$Var(\in_{i,t}) = \sigma_v^2$，自相关系数为 0。遗传禀赋的对数转换平稳回归到均值 $E(v_{i,t}) = \rho_0$，且方差 $Var(v_{i,t}) = \sigma_v^2/(1-\rho_1^2)$。参数 $\rho_1$ 描述了与家族能力和收入水平相关的遗传轨迹，$0 \leq \rho_1 < 1$，每个家族都有特定的 $\rho_1$。

另一个随机变量为劳动者的市场运气 $U_{it}$，同样也是一个噪声过程，方差为 $\sigma_u^2$，与 $\epsilon_{i,t}$ 独立。与 $U_{it}$ 不同，劳动者的人力资本 $\Theta_{i,t}$ 为产出模型的弹性变量，人力资本的累积受到公共政策 $\mu_t$ 效率的影响。

每一个家庭都十分关注孩子的教育质量，父亲基于孩子的遗传禀赋 $V_{i,t+1}$ 与市场运气 $U_{i,t+1}$，将经济收入 $Y_{i,t}$ 分解为个人当期消费，子女人力资本投资和储蓄。使其效用函数最大化：

$$\ln C_{i,t} + \beta\ln C_{i,t+1} + \frac{1}{\gamma}\ln Y_{i,t+1} \quad (6.3)$$

其中 $C_{i,t}$ 为家庭 $i$ 父亲的当期（$t$ 时期）消费，$C_{i,t+1}$ 为家庭 $i$ 父亲在退休之后（$t+1$ 时期）的储蓄消费，$\beta$ 为贴现因子，$Y_{i,t+1}$ 为家庭 $i$ 孩子在 $t+1$ 时期的经济收入，$\frac{1}{\gamma}$ 为父亲利他动机的系数，也就是孩子经济收入给父母产生的效用强度系数，$\gamma$ 越小，父亲的利他动机越强。其预算约束分别为：

$$Y_{i,t} = C_{i,t} + I_{i,t} + S_{i,t} \quad (6.4)$$

$$(1 + r_{t+1}) S_{i,t} = C_{i,t+1} \quad (6.5)$$

其中，$S_{i,t}$ 为家庭 $i$ 父亲的当期储蓄，$I_{i,t}$ 为家庭 $i$ 父亲对孩子的人力资本投入，$r_{t+1}$ 为储蓄利率。孩子的人力资本投入函数由以下模型决定：

$$\Theta_{i,t+1} = D(g_t)^{1-\delta-\varepsilon} (V_{i,t+1})^\delta (I_{i,t})^\varepsilon \quad (6.6)$$

$$g_t = \frac{\kappa(1-\mu) G}{N} \sum_{i=1}^{N} Y_{i,t} \quad (6.7)$$

其中 $\varepsilon$ 为家庭人力资本投资对劳动者人力资本累积的弹性，$\delta$ 为基因禀赋对劳动者人力资本累积的弹性，$1-\delta-\varepsilon$ 为公共教育投入对人力资本累积的弹性，$D$ 为技术参数。假定政府公共政策在短时间内不会发生太大的变动，总体保持稳定，$\mu_{t+1}=\mu_t=\mu$，将模型（6.1）与模型（6.6）两边取对数，代入效用模型与预算模型（6.3）与（6.4）中：

$$U = \ln(Y_{i,t} - I_{i,t} - S_{i,t}) + \beta\ln S_{i,t} + \beta\ln(1 + r_{t+1}) + \frac{1}{\gamma}\ln Y_{t+1} \quad (6.8)$$

依据效用函数最大化原则，效用函数两边分别对 $I_{i,t}$ 与 $S_{i,t}$ 求一阶导数，并令导函数等于 0，求得：

$$I_{i,t} = \frac{A\varepsilon\mu}{\gamma + A\varepsilon\mu}(Y_{i,t} - S_{i,t}) \quad (6.9)$$

$$S_{i,t} = \frac{\beta}{1+\beta}(Y_{i,t} - I_{i,t}) \tag{6.10}$$

将模型（6.10）代入模型（6.9）中，得到：

$$I_{i,t} = \frac{A\varepsilon\mu}{\gamma + \gamma\beta + A\varepsilon\mu} Y_{i,t} \tag{6.11}$$

继而可以得到家族 $i$ 的代际传递方程：

$$\ln Y_{i,t+1} = A\mu \ln U_{i,t+1} + A\mu \ln D + A(1-\delta-\varepsilon)\mu \ln\left[\frac{\kappa(1-\mu)G}{N}\sum_{i=1}^{N} Y_{i,t}\right]$$
$$+ A\delta\mu \ln V_{i,t+1} + A\varepsilon\mu \ln \frac{A\varepsilon\mu}{\gamma + A\varepsilon\mu + \gamma\beta} + A\varepsilon\mu \ln Y_{i,t} + \ln B + \alpha\ln\mu \tag{6.12}$$

由此可见，代际传递方程的常数项由两个部分组成，一是不随时间变化对每个家庭都一致的常数项，$\ln B + \alpha\ln\mu + A\mu\ln D + A\varepsilon\mu\ln\frac{A\varepsilon\mu}{\gamma + A\varepsilon\mu + \gamma\beta}$；二是随时间变化但是对同时期的每个家庭都一致的常数项，$A(1-\delta-\varepsilon)\mu\ln\left[\frac{\kappa(1-\mu)G}{N}\sum_{i=1}^{N} Y_{i,t}\right]$。常数项由公共政策和公共教育投入决定。以往的文献中通常关注于家庭人力资本投资对代际传递的影响，在本书中，将公共投资与家庭投资分离开来，同时考虑公共政策 $\mu$ 对代际收入传递的刺激作用，同时可以推测社会再分配比例应当评估代际收入弹性而决定。

在上式的基础上，对子女对数收入求期望值，函数满足：

$$E(\ln Y_{i,t+1} \mid Y_{i,t}) = \ln B + \alpha\ln\mu + A\mu\ln D + A(1-\delta-\varepsilon)\mu\ln\left[\frac{\kappa(1-\mu)G}{N}\sum_{i=1}^{N} Y_{i,t}\right]$$
$$+ A\varepsilon\mu\ln\frac{A\varepsilon\mu}{\gamma + A\varepsilon\mu + \gamma\beta} + A\delta\mu[(1-\rho_1)\rho_0 + \rho_1 v_{it}] + \varepsilon\mu\ln Y_{i,t}$$

$$\tag{6.13}$$

从上式中可知，劳动者的经济收入受到利他因子、公共政策、基因禀赋与父亲经济收入的影响，父亲的利他因子越大，$\gamma$ 越小，孩子的经济收入越高。社会再分配比例一定的情况下，公共政策效率 $\alpha$ 越高，孩子的经济收入容易受到限制。孩子的基因禀赋越高，孩子的经济收入越高。

## 6.3 参数设定

本书通过 python 软件进行数值模拟，根据 OLG 世代模型，假定每代跨度为 25 年，本书采用 CFPS（2016）数据匹配和校准个体特征值。为了保证劳动者的经济收入最大程度地接近其终生收入，选取 CFPS（2016）中 30 岁到 40 岁的受访者样本。此外，部分参数初始设定也从 CFPS（2016）中获取，以保证数据的一致性。

关于孩童时期人力资本的积累，参考国内外相关文献，Restucca 和 Urrutia（2014）[246]认为父辈人力资本对子女人力资本的累积弹性在 0.2 到 0.4 之间，Nabil 等（2011）[247]给出公共基础教育投资对劳动者人力资本的累积弹性大约为 0.17，郭庆旺（2009）[248]认为公共教育对劳动者人力资本的累积弹性为 0.4，家庭教育对劳动者人力资本的累积弹性为 0.3。本书考虑到公共教育对劳动者人力资本累积的重要性，参照郭庆旺有关公共教育投入和家庭教育投入的弹性系数设定，将公共人力资本投入的弹性系数，$1-\delta-\varepsilon$，设定为 0.4，将家庭人力资本投入的弹性系数，$\varepsilon$，设定为 0.3，因此基因禀赋对劳动者人力资本的累积弹性系数，$\delta$，为 0.3。

模型中，子女经济收入对父母产生的效用强度系数，也就是父亲的利他动机系数，$\frac{1}{\gamma}$，参照徐丽等（2017）[249]的做法，设定为 0.271，也就是 $\gamma$ 赋值为 3.69。

有关年均贴现因子的设定，国内外文献大多设定为 0.95–0.99，且一个年龄为 35 岁左右的劳动者，到退休阶段需要经历大约 25 年的时间跨度，因此，本书将 $\beta$ 赋值为 0.47。

对于人力资本 $\ln\Theta_{i,t}$，本书采用劳动者内在人力资本来度量，前文所估计的劳动者内在人力资本，为包含劳动者教育水平、培训水平与健康水平的标准化数值，90% 以上的劳动者内在人力资本处于 [-2，2] 的范围内。

对于家族禀赋 $\rho_0$，为了缩小波动范围，本书假定 $\rho_0$ 在市场上的分布服从均值为 0、标准差为 1 的正态分布。对于遗传系数 $\rho_1$，使用 CFPS（2016）数据库中父亲人力资本与子女人力资本的相关系数来衡量。$v_{i,t}$ 的初始值由下式衡量：

$$v_{i,0} = \frac{\ln\Theta_{i,0} - \ln D - (1-\delta-\varepsilon)g - \varepsilon\ln\frac{A\varepsilon\mu}{\gamma + A\varepsilon\mu + \gamma\beta} - \varepsilon\ln y_{i,-1}}{\sigma} \quad (6.14)$$

其中，$y_{i,-1}$ 为 CFPS（2016）数据库中劳动者父亲的经济收入。

技术参数 $A$ 和 $B$ 的估计方法是，在假设市场运气 $U_{it}=0$，公共政策效率 $\alpha=1$ 的条件下，提取 CFPS 2016 年数据中 35 岁居民的收入（最为接近终生收入）与内在人力资本估计值，利用公式 $\ln Y=\ln B+\ln \mu_0+A\mu_0 \ln \Theta_{i,t}$ 进行回归得到 $A$ 和 $B$ 的估计值，$1-\mu_0$ 为 2016 年社会再分配的比例，本书基于 2016 年国家统计年鉴数据，利用财政收入占 GDP 的比例来衡量社会再分配的比例，得到 $1-\mu_0=0.214$，$\mu_0=0.786$。因此 $A$ 的估计值为 0.4597，$\ln B$ 的估计值为 10.076。

对于技术参数 $D$，为了使人力资本存量估计值与劳动者内在人力资本初始值相匹配，设定 $\ln D$ 为 $-4.041$。

此外，基于 2016 年国家统计年鉴数据得到居民收入占 GDP 的比例为 45.8%，得到 $G$ 的校准值为 2.183。公共教育投入占 GDP 的比例为 4%，得到公共教育投入占财政收入的比例，$\kappa$ 为 18.7%。

综上所述，本章节各参数的设定结果如表 6.1 所示：

表 6.1　主要参数设定表

| $1-\delta-\varepsilon$ | $\varepsilon$ | $\delta$ | $\gamma$ | $\beta$ | $\rho_0$ | $\rho_1$ | $A$ | $\ln B$ | $\ln D$ | $G$ | $\kappa$ |
| --- | --- | --- | --- | --- | --- | --- | --- | --- | --- | --- | --- |
| 0.4 | 0.3 | 0.3 | 3.69 | 0.47 | $N(0,1)$ | 0.217 | 0.459 | 10.076 | −4.041 | 2.183 | 0.187 |

本章节基于模型（6.13），考虑在社会再分配比例分别为 0.4、0.3、0.2 与 0.1，$\mu \in (0.6, 0.7, 0.8, 0.9)$ 的条件下代际收入流动的变化趋势。

## 6.4　政策模拟

在本章节中，政策模拟是根据前文的模型构建与变量之间的关系设定的，相关参数由 CFPS 2016 年数据库、2016 年国家统计年鉴与文献研究确定，所以仅仅为数值模拟结果，与社会真实情况不尽相同，且居民收入与劳动者内在人力资本等具有明确意义的变量与居民真实情况可能存在差异，社会再分配比例无法准确估计，仅以相似概念的变量进行替代衡量。本章节重点分析不同的社会再分配比例对居民经济收入、不平等指数和代际收入流动的长期动态影响，无法给出一个具体的最优值，因为对于真实的社会经济状况而言，社会再分配政策是一个结构更为复杂的概念，并不能简单地估计出特定值。

## 6.4.1 居民收入的影响分析

在不同社会再分配比例与公共政策效率的条件下，劳动者人力资本对经济收入的影响有所不同。

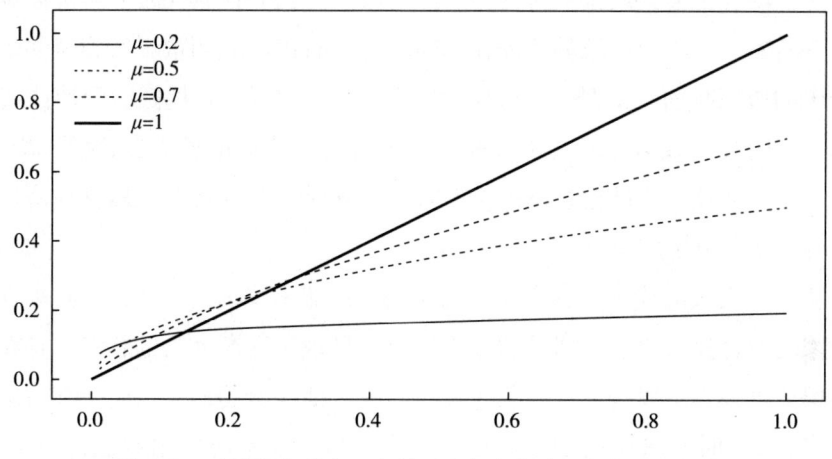

图 6.3 不同社会再分配比例下人力资本对经济收入的影响

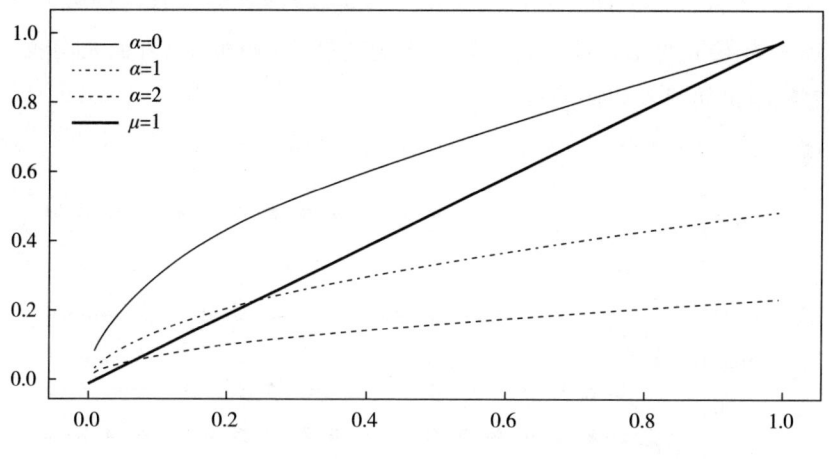

图 6.4 不同公共政策效率下人力资本对经济收入的影响

从图 6.3 中可知，当劳动者人力资本与市场运气一定时，$\mu_t$ 越低，高人力资本家庭的产出收入会越来越低，而低人力资本家庭的产出收入会越来越高。当公共政策更加激进，或者说公共教育资源更加丰富时，弱势家庭收益更多，而富裕家庭的经济生产会受到一定程度的抑制。此外，$\mu_t$ 越高，生产曲线更加陡峭，$\mu_t$ 越低，生产曲线更加平缓，说明，再分配比例越高，公共政策越激进（公共教育资源越丰富），劳动市场资源分配越均衡，劳动者人力资本存量对经济收入的影响越小。

从图 6.4 中可知，生产曲线与 45° 虚线相交形成两区域，左边区域测量了劳动者得益于公共政策获得的额外经济收入。当 $\alpha$ 值越大时，左边区域的范围不断缩小，右边区域的范围在不断增大，右边区域测量了实施公共政策所付出的效率代价。此外，$\alpha$ 越高，生产曲线越平缓，$\alpha$ 越低，生产曲线越陡峭，说明公共政策（社会再分配）效率越高，劳动市场资源分配越均衡。因此，当公共政策（社会再分配）的效率增强时，劳动市场以牺牲经济效率为代价实现了市场均衡。

从居民收入的代际传递来看，假定公共政策效率 $\alpha=1$，经过公共教育投入与家庭教育投入之后，居民的年平均收入呈现出逐渐增长的趋势，且在数值模拟的过程当中发现，家族收入经过一段时期后会趋向于稳定在某一水平上，当 $\mu=0.6$ 时，居民人均收入在第八代开始数值不再发生变化，当 $\mu=0.7$ 时，居民人均收入在第 9 代开始数值不再发生变化，当 $\mu=0.8$ 时，居民人均收入在第 11 代开始数值不再发生变化，当 $\mu=0.9$ 时，居民收入在第 12 代开始数值不再发生变化。且社会再分配比例越高（$\mu$ 越低），居民人均收入越低。模拟结果如图 6.5 所示。

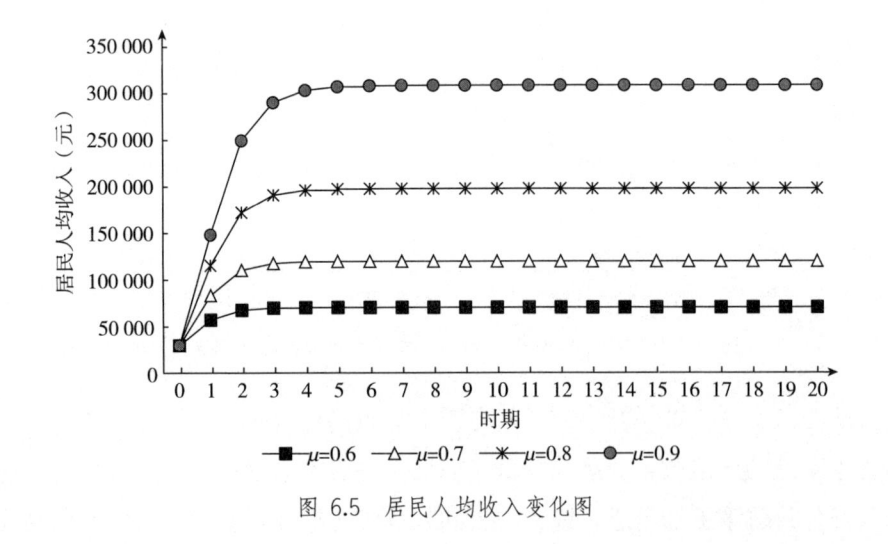

图 6.5 居民人均收入变化图

### 6.4.2 基尼系数影响分析

从基尼系数的变化来看，社会的基尼系数随着时期的增加不断提高，经过若干代之后，基本维持在稳定的水平，且随着社会的再分配比例增大（$\mu$ 减小），基尼系数随之减小。模拟结果如图 6.6 所示。通过对比图 6.5 与图 6.6 的结果，当 $\mu=0.6$ 时，收入的基尼系数最小，但与此同时，居民的人均收入达到最低；当 $\mu=0.9$ 时，居民的人均收入达到最高，但是收入的基尼系数也同样达到最高。随着社会再分配比例的提高，基尼系数开始降低，同时居民的人均收入随之降低。收入的基尼系数在一定程度上是居民收入公平性的体现，而居民的人均收入可以衡量社会的经济效率，由此可知，收入的公平性与经济效率不可同时兼得，在进行经济决策时，可以同时考虑收入的公平性与经济效率的博弈，但是无法使二者同时达到最优。

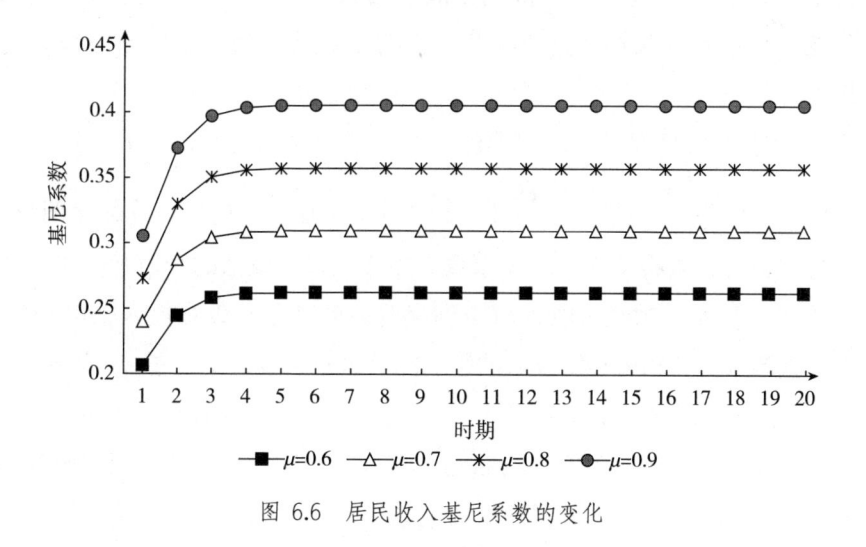

图 6.6 居民收入基尼系数的变化

世代模型经过一定时期之后，在社会公共政策不发生改变。社会总人口不发生改变的情况下，公共教育投入与家庭教育投入不再发生剧烈的变化：

$$E\left\{\ln\left[\frac{\kappa(1-\mu)G}{N}\sum_{i=1}^{N} Y_{i,t}\right]\right\} = g \quad (6.15)$$

家庭教育投资也趋向于稳定，同时家族遗传禀赋收敛于稳定值，收入序列将趋近于平稳，$E[(1-\rho_1)\rho_0 + \rho_1 v_{it}] = \rho_0$，此时 $E(\ln Y_{i,t+1} \mid \mu) = E(\ln Y_{i,t} \mid \mu)$，可以推导出长期对数收入的期望值为（对于任意 t 时期）：

$$E(\ln Y_{i,\,t+1} \mid \mu) = \begin{pmatrix} \ln B + \alpha\ln\mu + A\mu\ln D + A(1-\delta-\varepsilon)\mu g \\ + A\varepsilon\mu\ln\dfrac{A\varepsilon\mu}{\gamma + A\varepsilon\mu + \gamma\beta} + A\delta\mu\rho_0 \end{pmatrix} / (1 - A\varepsilon\mu) \quad (6.16)$$

因此，此时家族长期收入的期望值只与家族的遗传禀赋相关。社会再分配比例 $1-\mu$ 通过四种路径对家族长期收入产生影响：

（1）对经济收入的直接削弱：社会公共政策对劳动者经济收入的直接影响由 $\alpha\ln\mu$ 决定，也就是收入产出方程中的 $\mu_t^\alpha$，随着社会再分配政策效率 $\alpha$ 的增强，社会再分配对劳动者经济收入的抑制作用越强。

（2）削弱家庭人力资本的累积：家庭人力资本投资的累积由 $A\varepsilon\ln\dfrac{A\varepsilon\mu}{\gamma + A\varepsilon\mu + \gamma\beta}$ 决定。公共政策越激进，社会再分配比例越高，$\mu$ 越低，家庭人力资本投入对人力资本的边际累计率 $\left(\dfrac{A\varepsilon\mu}{\gamma + A\varepsilon\mu + \gamma\beta}\right)^\varepsilon$ 将降低，此外，家庭人力资本的累积再乘以系数 $A\mu$，将进一步降低家庭人力资本累积对收入的影响，随着 $\mu$ 的降低，劳动者的长期经济收入将有下降的趋势，每个社会家庭都有同样的规律。

（3）对公共教育投入的影响：人均公共教育投入由 $(1-\delta-\varepsilon)g = (1-\delta-\varepsilon)E\left\{\ln\left[\dfrac{\kappa(1-\mu)G}{N}\sum_{i=1}^{N}Y_{i,t}\right]\right\}$ 决定，$\mu$ 越低，社会再分配比例越高，人均公共教育投入将增加，对于家庭人力资本投入较低的劳动者，加大公共教育投入，劳动者的经济收入将得到提升。此外公共教育投入乘以系数 $\mu$，使得公共政策对劳动者经济收入的影响能够自我调节，实现进一步均衡。

进一步对人力资本的长期累积过程进行模拟发现，随着时期的增长，居民人力资本累积逐渐提升至平稳状态，在代际初期，社会再分配的比例越高（$\mu$ 越小），居民人力资本累积的平均值越高，此时较高的公共教育投入带来了居民人力资本的提升。然而，从长期来看，随着社会再分配比例的降低，居民人力资本累积先逐渐提高，在 $\mu=0.8$ 时达到最大，当 $\mu$ 提升至 0.9 时，人力资本累积降至最低，略低于 $\mu=0.6$ 时人力资本累积的平均值。当社会再分配比例降低时，居民人均收入增加的同时，人均可支配收入也逐渐增加，此时家庭人力资本投入对劳动者人力资本累积的比重增大，劳动者人力资本累积的总量也得到提升，但是当社会再分配比例过低时，公共教育投入也降至较低的水平，此时劳动者人力资本累积的总量反而下降至较低的水平。因此，社会再分配比例过高或者过低时，劳动者人力资本的累积均处于较低的水平，具体模拟情况如图 6.7 所示。

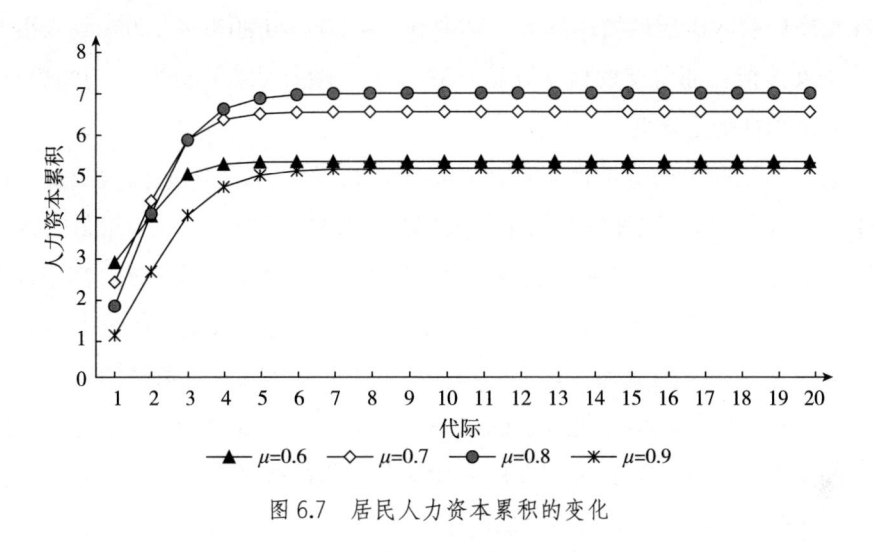

图 6.7　居民人力资本累积的变化

（4）对社会流动性的影响：社会流动性的影响由 $1-A\varepsilon\mu$ 决定，其中 $A\varepsilon\mu$ 为代际传递函数中，父亲经济收入对孩子经济收入的弹性系数。对于基因禀赋较低的劳动者，$\rho_0=E(\ln V)$ 为负值，因此当 $\mu$ 降低时，社会的代际流动性增强，$A\delta\mu\rho_0/(1-\varepsilon\mu)$ 将增加，因此劳动者的经济收入将得到提升，实现向上的代际流动。而对于基因禀赋较高的劳动者，$\rho_0=E(\ln V)$ 为正值，因此当 $\mu$ 降低时，社会的代际流动性增强，$A\delta\mu\rho_0/(1-\varepsilon\mu)$ 将降低，因此劳动者的经济收入将得到抑制，从而产生向下的代际流动。

### 6.4.3　代际收入流动影响分析

进一步对居民收入的转移矩阵进行模拟，将一代和二代居民收入从低到高分为 5 等份，依次分类为收入的 0%～20%、20%～40%、40%～60%、60%～80%、80%～100% 五个区间。对不同分位数群组内父亲及其子女收入的流动与继承进行分析。表 6.2 显示了在不同社会再分配比例下收入的转移矩阵。对转移矩阵进行分析可以得到以下结论：

第一，随着社会再分配比例的提高，收入的代际流动程度越高，父亲对子女经济收入的影响越小。用转移矩阵对角线上的元素衡量子女经济收入对父亲经济收入的继承，当 $\mu$=0.6 时，0% ~ 20%、20% ~ 40%、40% ~ 60% 收入组家庭的子女停留在原阶层的概率仅为 0.2 左右，当 $\mu$=0.9 时，子女停留在家庭原收入阶层的概率最大，其中 0% ~ 20% 与 80% ~ 100% 收入组家庭的子女停留在原阶层的概率高达 0.37 以上，随着社会再分配比例的提高，收入的继承性随之降低。

第二，从向上的流动性来看，当 $\mu$=0.6 时，最低收入组家庭的子女流向 60% ~ 80%、80% ~ 100% 收入组的概率高达 0.36，当 $\mu$=0.9 时，最低收入组家庭的子女流向 60% ~ 80%、80% ~ 100% 收入组的概率仅为 0.20，随着社会再分配比例的提高，低收入组家庭的子女经济收入向上流动的概率大大增加。

第三，从向下的流动性来看，当 $\mu$=0.6 时，最高收入组家庭的子女流向 0% ~ 20%、20% ~ 40% 收入组的概率高达 0.36，当 $\mu$=0.9 时，最高收入组家庭的子女流向 0% ~ 20%、20% ~ 40% 收入组的概率仅为 0.21，随着社会再分配比例的提高，高收入组家庭的子女经济收入向下流动的概率大大增加。

因此综上所述，提升社会的再分配比例，有助于降低子女经济收入的继承性，提升低收入组家庭向上流动的概率和高收入组家庭向下流动的概率，促进社会的代际收入流动。

表 6.2　不同社会再分配比例下的代际收入转移矩阵

|  |  | 1 | 2 | 3 | 4 | 5 |
|---|---|---|---|---|---|---|
| $\mu$=0.6 | 1 | 0.214 | 0.230 | 0.189 | 0.191 | 0.176 |
|  | 2 | 0.232 | 0.193 | 0.221 | 0.176 | 0.178 |
|  | 3 | 0.234 | 0.193 | 0.191 | 0.181 | 0.201 |
|  | 4 | 0.158 | 0.181 | 0.204 | 0.242 | 0.216 |
|  | 5 | 0.160 | 0.204 | 0.196 | 0.211 | 0.229 |
| $\mu$=0.7 | 1 | 0.227 | 0.217 | 0.209 | 0.179 | 0.168 |
|  | 2 | 0.216 | 0.198 | 0.188 | 0.186 | 0.211 |
|  | 3 | 0.204 | 0.204 | 0.198 | 0.198 | 0.196 |
|  | 4 | 0.181 | 0.206 | 0.204 | 0.219 | 0.191 |
|  | 5 | 0.170 | 0.176 | 0.201 | 0.219 | 0.234 |
| $\mu$=0.8 | 1 | 0.395 | 0.204 | 0.168 | 0.158 | 0.074 |
|  | 2 | 0.209 | 0.232 | 0.211 | 0.183 | 0.165 |
|  | 3 | 0.158 | 0.206 | 0.219 | 0.216 | 0.201 |

续表

|  |  | 1 | 2 | 3 | 4 | 5 |
|---|---|---|---|---|---|---|
|  | 4 | 0.145 | 0.191 | 0.201 | 0.216 | 0.247 |
|  | 5 | 0.092 | 0.168 | 0.201 | 0.226 | 0.313 |
|  | 1 | 0.378 | 0.268 | 0.153 | 0.130 | 0.071 |
|  | 2 | 0.221 | 0.252 | 0.204 | 0.183 | 0.140 |
| $\mu=0.9$ | 3 | 0.204 | 0.173 | 0.224 | 0.229 | 0.170 |
|  | 4 | 0.117 | 0.173 | 0.229 | 0.247 | 0.234 |
|  | 5 | 0.079 | 0.135 | 0.191 | 0.211 | 0.384 |

从转移矩阵的汇总指标可以看出，随着收入再分配比例的提升，惯性率逐渐降低，$\mu=0.8$、$\mu=0.9$ 时的亚惯性率高于 $\mu=0.6$、$\mu=0.7$ 时的亚惯性率，$\mu=0.8$、$\mu=0.9$ 时的平均阶差低于 $\mu=0.6$、$\mu=0.7$ 时的平均阶差。社会再分配比例越低，收入的代际流动程度越低。具体指标如表 6.3 所示。

表 6.3 转移矩阵汇总指标

|  | 惯性率 | 亚惯性率 | 平均阶差 |
|---|---|---|---|
| $\mu=0.6$ | 0.213 | 0.551 | 1.52 |
| $\mu=0.7$ | 0.215 | 0.543 | 1.53 |
| $\mu=0.8$ | 0.275 | 0.619 | 1.30 |
| $\mu=0.9$ | 0.297 | 0.650 | 1.21 |

对于一个政策稳定的社会而言，公共教育投入越高，代际流动性越高，此外，以牺牲经济产出为代价提升社会再分配比例时，市场不确定性因素越多，父母的利他因子越低，社会的代际收入流动越高。

此外，可以将孩子在 $t+1$ 时期经济收入的期望值改写为长期经济收入的期望值同公共教育当期投入、父亲的当期收入、劳动者遗传禀赋与均衡值的离差之和：

$$E(\ln Y_{i,\,t+1} \mid Y_{i,\,t}) = E(\ln Y_{i,\,t+1} \mid \mu) + A\varepsilon\mu \left[\ln Y_{i,\,t} - E(\ln Y_{i,\,t+1} \mid \mu)\right]$$
$$+ A(1-\delta-\varepsilon)\mu\left\{\ln\left[\frac{\kappa(1-\mu)G}{N}\sum_{i=1}^{N} Y_{i,\,t}\right] - g\right\} + \delta\mu\rho_1(v_{i,\,t} - \rho_0) \quad (6.17)$$

社会再分配比例的确定是社会经济均衡与社会经济效率的博弈。从上式可知当父亲的经济收入低于长期均衡收入时，增加社会再分配比例有助于其子女经济收入的提升；当公共教育投入低于均衡投入时，增加社会再分配比例有助于其子女经济收入的提升；当劳动者遗传禀赋低于家族遗传禀赋时，增加社会再分配比例同样有助于子女经济收入的提升。这再一次说明了激进的公共政策可以均衡社会资源的分配，增加弱势家庭的经济收入，提升收入的代际流动，但是会在一定程度上削弱优势家庭的劳动产出，打压了高能力劳动者的工作积极性。

综上所述，随着 $\mu$ 的增加，社会的再分配比例越低，父子之间收入的代际传递将会越强，社会的不平等指数在逐渐升高。一个激进的公共政策可以有效地降低劳动者收入的不平等，同时也能进一步削弱收入的代际联系，子女经济收入对家庭人力资本投入、父亲经济收入与个人禀赋的依赖性将会越低。当不存在公共政策，社会再分配比例为 0 时（$\mu=1$），子女的经济收入完全由其家庭投资与个人遗传禀赋决定，社会的代际收入弹性达到最大，弱势家庭的子女将较难脱离父母所处的经济阶层，社会的收入流动降至最低。

但是从另一个方面来看，虽然加大社会再分配比例，可以有效地保证弱势家庭子女获取经济收入的能力，实现家庭代际收入的向上流动，却会导致优势家庭子女经济收入向下流动的概率大大增加，打压了高能力劳动者的工作动机，当社会再分配比例过高时，所有家庭的经济收入都将受到抑制，优势家庭为了避免子女成年后经济收入过低，有可能选择出国或者移民等方式以保障家庭优势能够继续传递。因此，社会再分配比例过高并不利于社会经济的长远发展。提升社会再分配比例，社会经济总体产出将降低，社会资源分配以牺牲经济效率为代价实现了均衡，因此，社会再分配比例的决定应当在资源均衡与经济效率的博弈之中决定，绝对的资源均衡不利于社会经济的有效发展，社会代际收入流动程度达到最高并非一个理想的社会状态。

## 6.4.4 税收起征点对居民经济收入的影响

提高再分配比例可以有助于代际收入流动的提升，帮助弱势群体的子女实现经济收入的向上流动，但是再分配比例过高一方面将会抑制社会的经济增长，另一方面过少的可支配收入也会进一步加重弱势家庭的经济负担。提高税收起征点，加大高收入群体的再分配比例，可以在一定程度上均衡社会的资源分配，也能在一定程度上保障低收入人群的正常经济生活，但是起征点如果过高，则不能保障社会资源的有效再分配，起征点如果过低，则不能保障低收入人群的正常生活。

为了探讨税收起征点与再分配比例对居民经济收入的影响，将每一期居民的经济收入依照五分位点从低到高分为一至五类，分别对二类以上、三类以上、四类以上和五类人群（定义居民类别变量，z=2、3、4、5）依照0.5、0.4、0.3、0.2、0.1的比例收取税收。此时居民的收入方程可以重新定义为：

$$Y_{i,t} = B\mu_t^\alpha (U_{i,t}, \Theta_{i,t})^{A\mu_t^*} \quad (6.18)$$

其中，$1-\mu_t$ 为劳动者个人的税收比例，$1-\mu_t^*$ 为社会综合再分配比例。此时居民收入的代际传递方程为：

$$\ln Y_{i,t+1} = \ln B + \alpha\ln\mu + + A\mu_t^*\ln D + A(1-\delta-\varepsilon)\mu_t^*\ln \kappa GNi = 1N1 - \mu iY_{i,t}$$
$$\mu_t^*\ln V_{i,t+1} + A\varepsilon\mu_t^*\ln\frac{A\varepsilon\mu_t^*}{\gamma + A\varepsilon\mu_t^* + \gamma\beta} + A\varepsilon\mu_t^*\ln Y_{i,t} \quad (6.19)$$

其中，$\mu_t^* = 1 - \sum_{i=1}^{N}(1-\mu_i)Y_{it} / \sum_{i=1}^{N} Y_{it}$

进一步对居民收入进行模拟发现，对于低收入劳动者而言，以当期处于一类低收入群体的劳动者为例，当个税税率较高（$\mu$=0.6）时，劳动者平均经济收入较低，且税收起征点越高，劳动者经济收入越高。因此当税率较高时，可以适当提升税收起征点，有助于保护低收入人群的经济水平。当个税税率较低（$\mu$=0.9）时，劳动者平均经济收入较高，且在代际初期，经济收入相对较低时，税收起征点越低，劳动者经济收入越高，在代际后期，经济收入提升至较高水平时，对四类以上劳动者收取税金（z=4）可以使劳动者经济收入处于最高水平。因此，当税率较低时，降低税收起征点可以有助于提升低收入劳动者的经济水平，具体模拟情况如图6.8所示。

对于高收入劳动者而言，以当期处于五类高收入群体的劳动者为例，当个税税率较高（$\mu$=0.5）时，劳动者平均经济收入较低，且税收起征点越高，劳动者经济收入越高，当对二类以上劳动者收取税金时，高收入人群的经济收入随着代际传递逐渐降低。因此当税率较高，起征点较低时，高收入人群的经济水平将会逐代下降。当个税税率较低（$\mu$=0.9）时，劳动者平均经济收入较高，且在代际初期，经济收入相对较低时，税收起征点越低，劳动者经济收入越高，在代际后期，经济收入提升至较高水平时，对四类以上劳动者收取税金（$z=4$）同样可以使高收入群体的经济收入处于最高水平。因此，当税率较低时，降低税收起征点同样可以保障高收入人群的经济利益。具体模拟情况如图 6.9 所示。

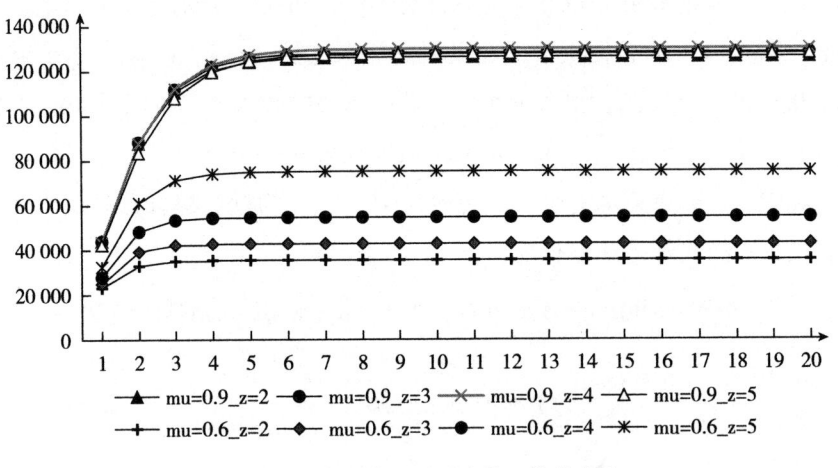

图 6.8　一类低收入人群的收入均值变化

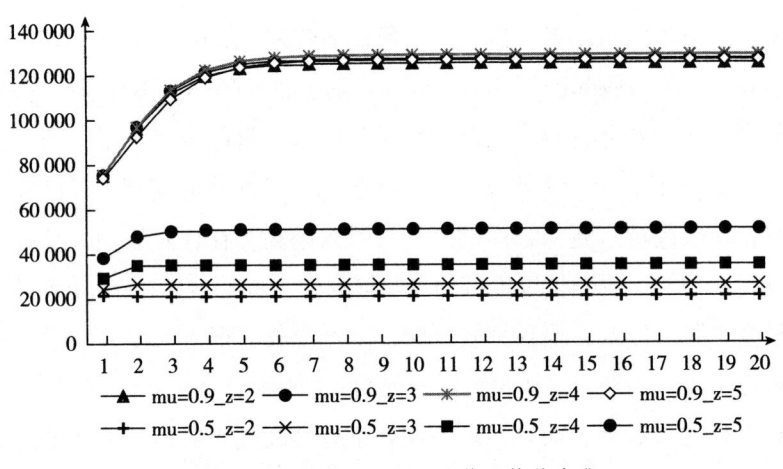

图 6.9　五类高收入人群的收入均值变化

此外通过模拟发现，当税率为 0.2（$\mu=0.8$），起征点较高（对五类高收入人群征税）时，低收入群体的经济水平达到最大；当税率为 0.1（$\mu=0.9$），适当降低起征点（对四类以上收入人群征税）时，高收入群体的经济水平达到最大。因此，适当提高税率，提高起征点可以帮助低收入人群提升经济收入，降低税率，适当降低起征点可以帮助高收入人群维持经济水平。

## 6.5 小结

本章基于 OLG 模型，利用 CFPS（2016）数据库进行特征匹配，通过数值模拟对居民人均收入和基尼系数在社会再分配比例分别为 0.6、0.7、0.8、0.9 四种条件下的代际变化进行了分析，并进一步探讨了社会再分配比例对代际收入流动产生的影响。

研究结果表明：（1）对于人力资本存量较低的劳动者，提高社会再分配比例可以提升劳动者的经济收入，对于人力资本存量较高的劳动者，提高社会再分配比例意味着经济收入的降低。社会再分配比例越高，劳动者人力资本存量对经济收入的影响越小。此外公共政策效率越高，经济资源在劳动力市场分配越均衡，人力资本存量对劳动者经济收入的影响越小；（2）当公共政策效率不变时，经过若干代的交替，居民收入将会逐渐增长达到均衡收入，居民收入基尼系数也将逐渐增长达到稳定，且社会再分配比例越高，居民人均收入越低，基尼系数也越低；（3）提升社会再分配比例，一方面有助于提升公共教育投入，推动社会的代际收入流动，促进低收入家庭的向上流动；另一方面，将会抑制家庭人力资本投入，降低高能力劳动者的经济产出，加快高收入家庭的向下流动。（4）适当提升税率，提高税收起征点，对低收入群体更为有利；降低税率，降低税收起征点，对高收入群体更为有利。

社会的代际收入流动受到三个方面的影响：家庭的先天影响、劳动者的后天影响和社会的政策影响。以往的参考文献中，通常将社会的收入流动看成是在家庭产出限制的条件下，支出效用最大化的结果，而忽视了社会再分配比例等宏观政策对劳动者经济行为的影响。通过将公共政策引入世代交替模型，可以展示社会再分配比例与代际收入流动之间的关系。合理的公共政策必须经过代际收入流动和经济效率相互权衡之后才能决定。此外，即使公共教育等公共资源保障能够以较为便宜的价格进行提供，也不一定能达到理想的社会流动水平，除了父母利他行为、劳动力市场特质与基因遗传之外，代际收入流动同样受到宏观政策的限制。加大社会再分配比例，将削弱子女经济收入对家庭人力资本投资与个人禀赋的依赖，提高公共教育的投入的确能够保障弱势家庭子女基础的人力资本累积，加大子女收入向上流动的概率，但是过于激进的公共政策将在一定程度上将对高能力者的工作动机造成影响，代际收入流动程度达到最大并不利于社会的长远发展。因此，不能简单地用社会代际收入流动和收入不平等指数来评价经济体制的好坏，合理的公共政策应当兼顾效率与公平，适当的努力不平等可以激发劳动者的工作动机，合理的资源分配优化可以保障弱势群体奋斗的基本条件。

大部分提升社会代际收入流动的政策都是广为人知的，因为这些政策通常也是降低贫困、提升社会经济增长的有效政策。本书从代际流动性的角度对相关政策进行分析，可以帮助政府从经济增长与社会公平的长期改善角度来确定政策实施的优先次序。但是目前依然难以提出一个有效的政策可以从根本上解决社会不平等的问题。事实证明，房产税或遗产税难以被真正实施推行；相当数量的家庭尚未对儿童早期非认知能力发展提高重视程度；公共教育教学质量的改革往往没有得到有效实施。与此相反，无法提升社会公平的政策在各个时期长期存在。许多发展中国家都难以解决福利政策实施效率低下、富人受益多于穷人的问题。

# 7 代际收入流动研究的国际比较与启示

## 7.1 代际收入流动的国际比较

本书使用的国际数据主要来源为 GDIM（代际流动全球数据库）（2018），该数据库为世界银行发展研究小组建立，覆盖东亚与太平洋地区、欧洲与中东地区、拉丁美洲与加勒比地区、中东与非洲北部地区、撒哈拉以南非洲地区等 75 个国家和地区，其中包含 43 个发展中国家与 32 个发达国家。中国为接受调查的发展中国家。

将 GDIM（2018）数据库中所有调查国家依照代际收入弹性系数进行排序，发现大多数发展中国家的代际收入弹性系数较大。尽管不同国家的代际收入弹性系数是基于各个国家近几年的居民经济收入数据计算得出，估计方法与估计年限不尽相同，但是依然可以从整体上看出趋势变化，发展中国家（Developing economies）的代际收入流动程度比发达国家（High-income economies）普遍偏低（见图 7.1）。

收入流动性排名处于后百分之三十的 25 个国家，其代际收入弹性系数的估计值大约在 0.6 到 1.1 之间，其中有 24 个国家是发展中国家，非洲地区有 10 个，拉丁美洲和加勒比地区有 7 个。而收入流动性排名处于前百分之三十的 25 个国家，其代际收入弹性数估计值大约在 0.11 至 0.35 之间，其中有 20 个国家为发达国家，另外 4 个在东欧和中亚地区。收入流动性排名靠后的非洲国家不仅包含贫困率较高的地区，如刚果、马里、马拉维和乌干达，还包括肯尼亚、尼日利亚和南非等大型新兴经济体。然而，由于各国代际收入弹性系数主要是基于 60 年代至 70 年代出生的劳动者经济收入计算得出，因此，在某种程度上反映的是过去的政策和制度，尤其是在人力资本发展方面的政策与制度。但是，由于代际收入流动反映的是一个国家长期的经济增长与社会包容性，因此依然具有较大的意义。

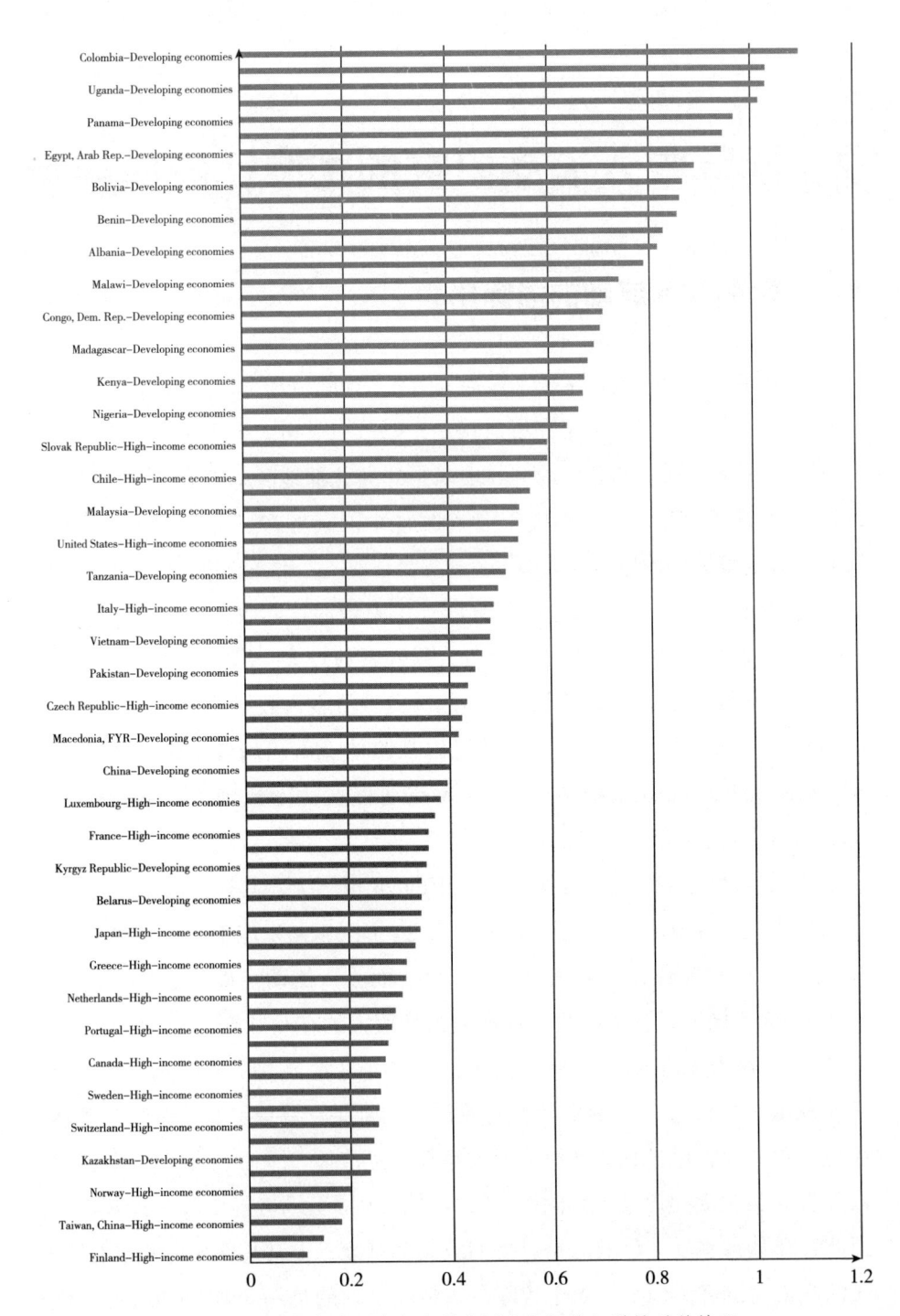

图 7.1 75个发达国家与发展中国家代际收入弹性系数情况

在发展中国家中，部分非洲、拉丁美洲、加勒比地区以及南亚的国家代际收入流动程度相对较低，而东亚、太平洋地区以及东欧和中亚地区的代际收入流动程度相对较高。而美国的代际收入流动程度低于其他大部分发达国家，与部分发展中国家的代际收入流动程度相近。中国的代际收入流动性在世界范围内排名中等以上，在发展中国家中排名靠前。

不同国家之间的代际收入流动性存在较大的差异。在巴西、印度、尼日利亚、秘鲁和南非等国家，如果两个父亲之间的经济收入相差一倍，则平均而言，孩子的经济收入将相差60%到70%，在埃及、摩洛哥和巴拿马等国家，这一差距上升到90%以上，在哥伦比亚、厄瓜多尔、危地马拉和乌干达等国家，这一差距将上升到100%以上。哥伦比亚、厄瓜多尔、危地马拉和巴拿马等国家具有较高的代际收入传递性，居民的教育代际传递程度同样相对较大。相比之下，在意大利、英国、美国和越南等国家，孩子的收入差距在50%左右；在中国、韩国、蒙古和西班牙等国家，孩子的收入差距在40%左右；而在比利时、丹麦、芬兰和挪威等国家，孩子的收入差距则不到20%。

在20世纪40年代，发展中国家的劳动者从底层上升到顶层的概率高于发达国家。随着时间的推移，该情况一直朝着相反的方向发展，对于20世纪80年代出生的劳动者而言，发达国家的劳动者从社会底层上升到社会顶层的概率已经高于发展中国家。随着社会流动性的下降，发展中国家底层劳动者的代际传递性有所增强，逐渐高于发达国家底层劳动者的代际传递性。因此，在许多平均生活水平仍然相对较低的地区，贫困弱势家庭子女经济收入向上流动的机会正在逐渐缩小。

从不同性别上来看，现在高收入国家的女孩比男孩有更高的代际流动性。从20世纪60年代出生的劳动者开始，代际流动的性别差距开始出现逆转，高收入国家的女孩优势有所增强。自20世纪60年代以来，与男孩相比，贫困家庭的女孩从社会底层上升到顶层的概率更高，贫困家庭女孩的代际传递程度更低。在发展中国家，也呈现出相近的趋势。女性接受高等教育的人数正在逐渐接近男性，在代际流动性方面，性别差距也正在迅速缩小。这些趋势表明，在不远的将来，发展中国家女孩的向上流动性将有可能大于男孩。

随着经济转型的推进，同一国家中不同群体和地理区域的经济流动轨迹可能会发生较大的变化。在中国，自从经济转型开始以来，妇女和经济落后地区的居民代际流动在教育和收入方面下降得更多。高收入人群的代际传递性也更强。在巴西，较富裕的东南部地区人口流动性高于较贫穷的东北部地区。在印度，随着经济转型的加速，固定种姓和群体的代际流动有所增加，并向其他群体的代际流动程度靠拢。这可能是20世纪90年代初开始的经济自由化导致的社会规范变化和竞争加剧的结果，这将有可能会导致企业歧视性选择劳动者的代价更加高昂。

通过探索非线性的代际传递关系，可以更准确地理解不同群组和区域之间的差异。例如，在巴西，东北部和东南部地区之间的代际流动差异主要源于东北部收入最低的五分之一地区比东南部地区具有更强的代际传递性。虽然在巴西，黑人的流动性比白人高，但在低收入阶层中，黑人的代际传递程度显著高于白人，而在高收入阶层中，情况正好相反。一个国家内不同群体和地区之间代际流动性差异较大的一个原因是，劳动者将在不断变化的地点或行业中面临巨大的调整成本，这将在一定程度上阻止了劳动者在一个正在转型并与其他地区融合的市场中寻求新的就业机会。世界银行（2018）[190]基于出口对南亚劳动力产出的影响性研究发现，这种经济收益具有显著的地方特征，与劳动者的调整成本理论存在一致性。在印度和斯里兰卡，不断增长的出口需求有利于出口生产地的劳动者，但对其他劳动力市场的影响微乎其微。即使在同一地区，也存在着收益的不均衡分配，男性比女性收益更大，受教育程度高的劳动者比受教育程度低的劳动者收益更大，年长的劳动者比年轻的劳动者收益更大。劳动者的转型调整成本也是一些高收入国家的进口增长会对特定地区和行业劳动者产生不利影响的一个原因。因此，在此情况之下，实现社会流动性大幅度提升的一个重要路径为依靠政府政策和公共投入来促进不同地区的劳动力转移和跨行转型流动性。

## 7.2 代际收入流动影响因素的国际比较

从前文的分析可知，劳动者的人力资本在代际传递过程中产生显著的影响。人力资本累积的主要来源为家庭教育投入与政府公共教育资源投入，家庭教育投入决定了教育的机会不平等程度，而政府公共资源投入可以有效地削弱家庭环境对劳动者机会不平等的影响。

从 20 世纪 40 年代到 80 年代出生的劳动者，六大发展中国家教育的向上流动概率都有所提升，埃及和印度尼西亚增长最大，尼日利亚增长最小（如图 7.2）。中国和尼日利亚教育的向上流动性趋势在很大程度上与发展中国家的平均趋势相匹配：在最初的几十年里有所增长，但在 20 世纪 60 年代开始稳定在 50% 左右。在巴西、埃及、印度和印度尼西亚，教育向上流动的概率在持续上升，到 20 世纪 80 年代，达到了 60% 以上。

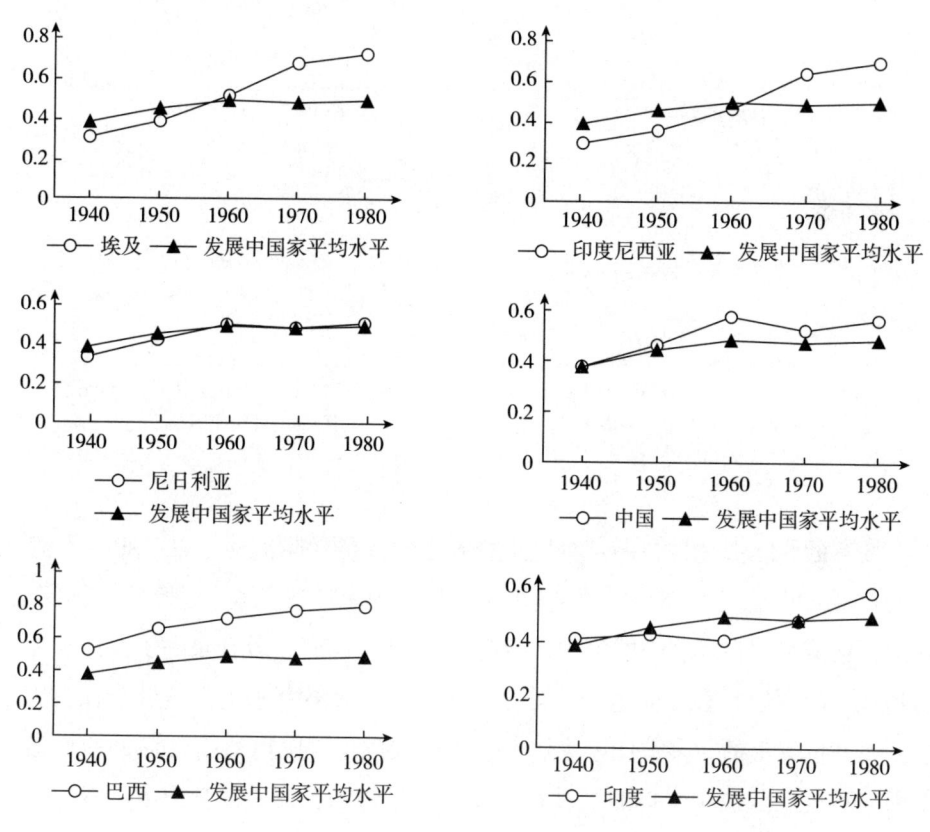

图 7.2 六大发展中国家在不同年代间教育的向上流动概率

总体上来看，教育的代际流动性（包括向上流动、保持不变与向下流动）在巴西、埃及、印度和印度尼西亚有所上升，而在中国和尼日利亚有所下降。中国和尼日利亚的教育流动性下降趋势与发展中国家整体逐渐上升的趋势形成鲜明的对比（如图 7.3）。

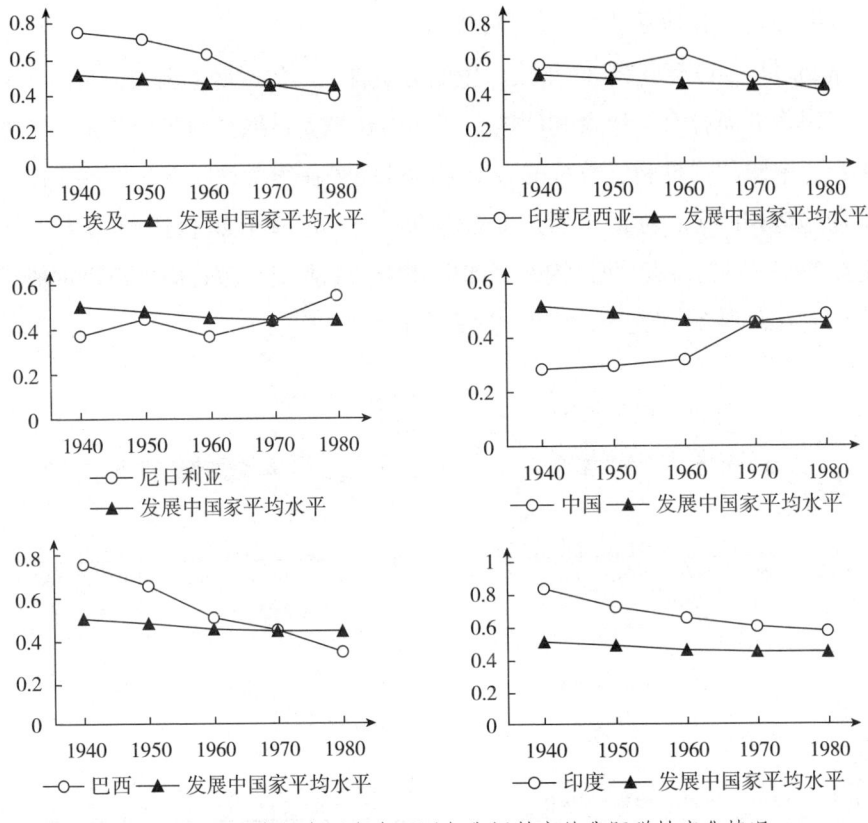

图 7.3　六大发展中国家在不同年代间教育的代际弹性变化情况

教育的代际流动性在一定程度上影响了收入的代际流动。在"80 后"经济收入最低的 50 个国家中，有 46 个是发展中国家，只有 4 个是高收入国家，其中包括美国。在发展中国家中，只有不到 15% 的底层教育家庭子女能够流动到社会的顶层教育，而超过三分之二的子女，其教育水平仍然处于社会底层。而在世界上的大多数国家中，劳动者的受教育程度达到社会前 25% 的概率很大程度上取决于父母的受教育程度。如果劳动者的受教育程度不取决于父母受教育程度，那么这个概率应该就是 0.25。然而，很少有国家超过 0.20（如图 7.4）。

事实上，GDIM（2018）数据显示，教育流动程度较低（教育的代际弹性较高）的国家，代际收入弹性系数普遍偏高（如图 7.5）。另一方面，劳动力市场的自由性与劳动者的教育回报率极大地影响了教育与收入的代际关系。

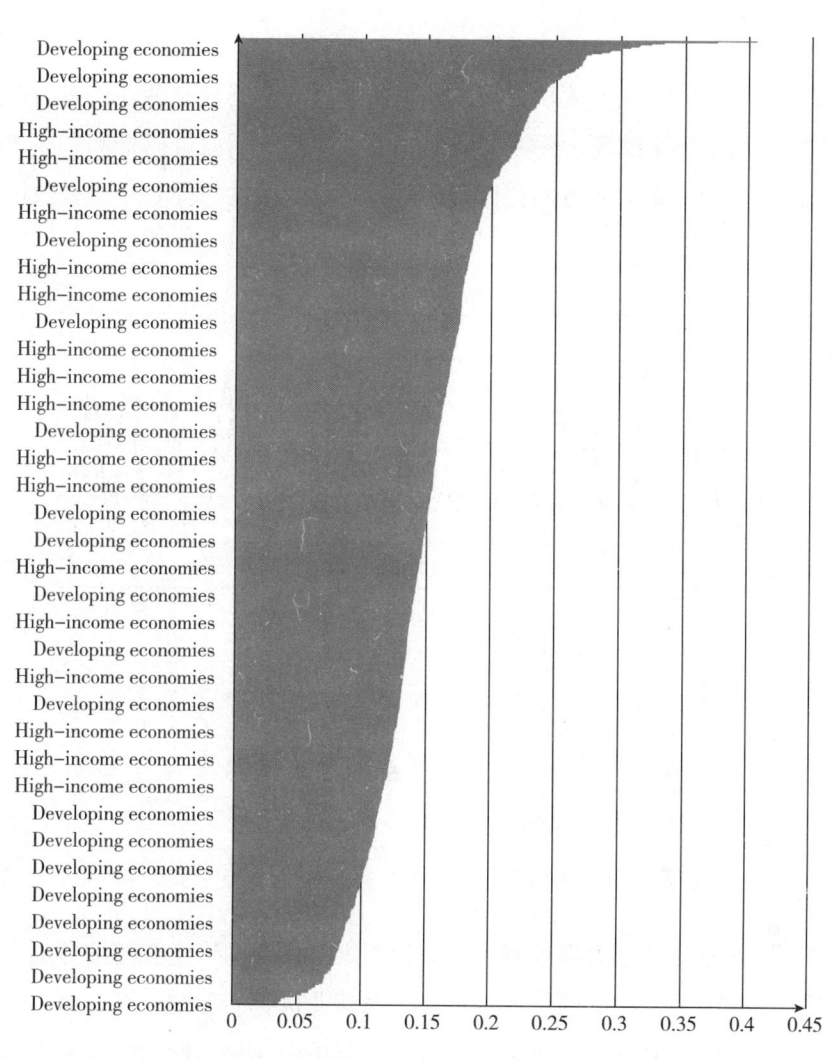

图 7.4　各国底层教育家庭子女向上流动到顶层教育的概率分布

较低的劳动力参与率和较高的失业率是劳动力市场失衡的最明显特征，除此之外还有劳动力供应过剩和劳动力流动障碍、就业匹配摩擦大等市场僵化现象。当政府的失业保险制度或者其他形式的最低收入保障制度不完善时，难以依靠劳动收入维持生计与在困难时期无法获得信贷保险以平稳消费的较贫困家庭，其就业困扰将更加严重。在较低劳动力参与率或较高失业率的市场经济特征下，劳动者人力资本投入更加难以货币化，教育的代际流动与收入的代际流动之间可能存在另外一种关联途径。在劳动力参与率较低（低于中位数）的国家中，代际教育流动与代际收入流动之间的关联关系要比在劳动力参与率较高的国家弱得多（World Bank，2018[190]），通过回归分析表明，代际教育流动与代际收入流动之间的相关性显著地受到社会劳动力参与率的影响，且劳动参与率越高，两者之间的相关性越强。因此可以推测，当成年劳动者在劳动力市场中所占的比例较小时，教育流动性的提升无法有效推动代际收入流动的提升。

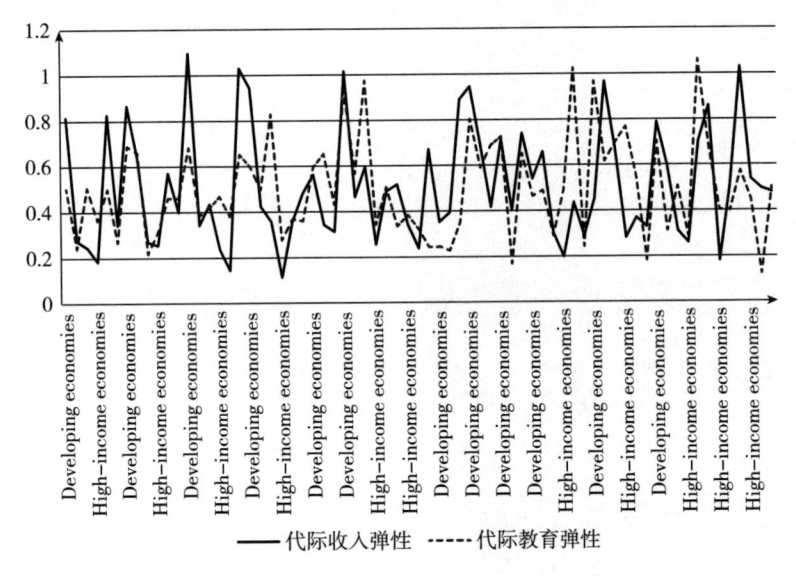

图 7.5　各国代际教育弹性系数与代际收入弹性关系图

然而，即使在劳动力需求健康增长的国家，社会网络也会扭曲劳动力市场的效力。在中国，社交网络或关系在非农就业机会的分配中至关重要。通过婚姻市场获得的社交网络也被证明可以改善中国年轻男性的劳动力市场结果。即使在流动程度相对高的社会中，父母的社交网络也是导致收入分配顶层的特权阶级代代相传的一个重要原因。在加拿大，一项研究发现，儿子继承父亲的雇主，是父母在劳动力市场将就业优势传递给下一代的一种方式。到 30 岁的时候，大约有 40% 的儿子已经为曾经雇佣过他们父亲的雇主工作。这一现象在富人中更为普遍：近 70% 的高收入阶层的子女曾与他们的父亲拥有相同的雇主。

因此，完善市场的有效性，强化要素市场的自由程度，提升劳动者教育的经济回报程度变得格外重要，在大多数发展中国家中，经济转型过程对要素市场的运作产生较大的影响。经济转型可以引发重要的市场变化，如劳动技能回报率上升、劳动力区域流动程度上升、激励性政策和规范性政策的改变等，并对每一代劳动者的代际流动程度与向上流动概率均产生不同的影响。撒哈拉以南非洲发展中国家的最新数据显示，有三个发展中国家的职业流动一直在迅速增加，部分原因是现行的经济制度转型导致的劳动者职业结构的变化。经济转型的力量可以从不同的角度对代际流动产生影响。许多常见的因素，如劳动者的就业意愿向生产力更高的技术部门转变、市场生产率的提高和劳动力区域流动性的提高、城市化和集聚率的提高以及限制性社会规范政策的弱化，均有可能对代际流动性产生正向的影响。但是，具有较高准入门槛的技术变革可以通过提高教育回报率，从而提高顶层劳动者的工资，进而降低代际收入流动。Castello et al.（2017）的最近研究发现，收入不平等并未随着世界范围内教育不平等的显著减少而缩小，这是由于另一股抵消力量产生了较大的影响，比如具有高精尖技能需求的技术变革[250]。随着劳动力市场对高级技能劳动者支付更高的经济报酬，提高公共教育质量、提升弱势家庭子女教育的向上流动程度对于降低收入不平等的代际传递变得更为重要。

## 7.3　机会不平等对代际流动影响的国际比较

对发展中国家儿童的机会不平等程度以及造成不平等的关键因素进行探索对提升社会的流动性具有重大的意义。人类机会指数（HOI）为国际上广泛应用的衡量儿童可获得机会的一种综合衡量方法，它用一项机会指标（如入学率）的平均覆盖率来衡量，随着不同环境下儿童机会程度的提升而降低。

世界银行（2018）[190]采用 HOI 指数对入学率、毕业率、营养、免疫和获得基础服务等指标对儿童的机会程度进行估计，全世界的发展中国家均存在不同程度的贫困和不平等状况。在撒哈拉以南非洲和南亚的大部分地区，儿童教育的综合机会程度较低，基础生活服务率较低，因此，儿童之间的不平等程度很大。

改善儿童早期生活环境是政策制定者寻求机会均等和增加社会流动性的第一步目标。甚至在儿童出生之前，就必须通过消除或补偿不利环境因素对儿童的影响来使机会均等。制定政策时，必须优先考虑这些处于不利环境的弱势群体，这些弱势群体通常与中低家庭收入、贫瘠的家庭资产与资源、较低的家庭受教育程度、不完善的公共服务与贫穷的地区环境高度相关。

除了不同收入阶层的子女所面临的教育机会不平等之外，国外诸多国家的儿童甚至从出生开始就要面临严峻的种族不平等，以及由种族差异带来的机会不平等。例如，南非的儿童长时间面临较高程度的机会不平等。相关研究发现，遗传环境（包括受教育程度、职业和父亲的种族）与家庭因素的差异成为解释南非收入不平等的一个重要途径（Piraino，2015[251]）。在此基础上，研究者计算出南非的代际收入弹性系数较高（社会的收入不平等程度较高），种族收入差异对代际收入流动产生显著的影响，少数白人持续集中在收入分配的顶端。这与 Hertz（2008）[252] 对美国实证研究的结果类似：非裔美国人长时间停留在收入分配的底端，对美国社会的代际收入流动产生了较大的影响。对于南非与美国这两个国家，种族之间的经济差距成为导致代际收入流动较低的重要原因，在家庭经济地位的影响之下，这种收入差距被代际传递下去。此外，即使每个劳动者的经济收入都得到增长，收入的不平等依然在代际间进行传递，导致了不平等陷阱的产生（Bourguignon et al. 2007[140]）。不同层面的不平等（财富、权力和社会地位）相互作用，以保证富人免于向下流动，并防止穷人向上流动（Rao，2006[253]）。然而，种族并不是南非不同阶层群体机会不平等的唯一重要因素，Im et al.（2012）[254] 发现，父母的受教育水平和孩子的成长位置（城市、县镇或农村）同样为影响孩子学习环境与生活环境的重要影响因素，劳动者工作地为影响全职劳动者，特别是青年劳动者，经济收入差距的主要因素。

美国的经济发展水平处于世界前列，但是社会流动性却甚至低于部分发展中国家，这在一定程度上受到了社会分离主义的影响，社会分离主义是社会过度不平等的结果。在社会分离主义的影响之下，富人宁愿政府不提供公共服务，这是因为私人服务可能比公共服务的质量更好，同时更能彰显富人的经济地位。除此之外，富人往往比穷人拥有更大的议价权，富人的偏好对公共政策的影响比穷人更大，在这些因素的影响之下，公共服务的质量可能由于特权阶级的喜好而变得恶化。

因此，降低劳动者的机会不平等是提高教育流动性和收入流动性的重要途径。探究除了父母经济收入与受教育程度之外，影响机会不平等的其他外在因素可以帮助探索阻碍社会代际收入流动性提升的真正原因。劳动者机会不平等包含了所有可观察到的外部环境，这些环境将在几代人之间产生持续的收入不平等。设计适当的政策来提高代际收入流动需要识别这些潜在的环境和它们各自的重要性，并在相互作用中降低劳动者的机会不平等。

## 7.4 公共政策对代际流动影响的国际比较

### 7.4.1 公共支出对代际流动的影响

Daruich（2018）认为收入不平等和社会流动性可以通过政府公共教育政策对儿童早期发育阶段的干预而得到较大的改善[255]。美国一项加大政府公共支出的仿真实验（儿童早期发展项目）对公共政策的局部均衡影响进行了验证。实验表明，加大政府公共支出之后，社会的代际收入流动性提升了百分之三十，社会福利将得到整体提高，收入不平等程度将得到充分降低，美国将达到澳大利亚或加拿大的代际流动水平和收入公平程度。虽然一般均衡效应和税收效应会减少市场的短期收益，但长期的、大规模的公共支出政策所导致的父母特征分布的长期变化可以较大程度地弥补这种短期收益损失。这是因为对孩子的人力资本投资不仅提高了他们的社会技能，也为下一代培养了更好的父母。因此，即使考虑一般均衡效应和税收效应，前几代人获得的收益较少，但每一代人的福利收益都是正的，并在转型期间迅速增长。第二代获得政府公共投资的劳动者将获得超过三分之二的最终福利收益。本书第六章的分析结果也同样呈现相似的规律。

某些类型的财政支出政策可以显著地提升社会的代际流动程度。财政政策主要通过两个路径对代际流动性产生影响：首先，政府为保障儿童机会均等投入多少资源以及如何分配这些资源做出不同的选择；其次，由于父母将家庭净收入的一部分用于子女的资本投入，税收政策将在一定程度上影响一个家庭可以用于投资子女的资本总量。因此，财政政策的结构规划和实施时机可以通过减少信贷约束对家庭行为的影响来改变社会的代际传递程度。

政府的公共教育投入越高，社会的代际流动程度就越高，这与公共教育投入有助于促进机会平等的理念是一致的。有关美国的数据研究发现，政府直接公共支出总额与代际收入流动存在较强的正相关，小学和中学的生均公共支出与代际收入流动之间也存在相似的规律[34]。政府的公共支出具有均衡效应，在美国，公共支出更高的地区，富裕家庭子女与弱势家庭子女之间的流动性差异要小于公共支出相对较低的地区。以改善低收入群体经济状况为目的的公共支出可以显著地改善弱势家庭子女的未来收入，对优势家庭子女的影响则相对较小。

阿特金森和布吉尼翁（2015）认为，任何一个发达国家，无论这个国家在其他方面，尤其是在就业方面的表现如何，都不可能通过低水平的社会支出来实现高水平的平等。一些研究表明，在发达国家中，直接税收和转移支付平均减少了约三分之一的收入不平等，其中四分之三是通过转移支付实现（Atkinson et al., 2015[256]）。公共支出和税收作为最为常见的公共政策彼此相互关联。通过征税筹集的资源限制了政府为使儿童享有平等机会以提高社会流动性而进行的公共支出。发展中国家尤其如此，与发达国家相比，发展中国家的税收额通常更少。

随着经济的日益富裕，政府公共支出对代际收入传递趋势的影响程度取决于公共支出的规模、性质和分配。如果公共支出有助于机会均等，通过对贫困儿童的投入，弥补富裕家庭和贫困家庭子女在家庭投入方面的差距，就可以减少家庭背景对个人人力资本累积的影响。现有文献认为，当公共支出规模足够大时，当公共支出的目标是造福贫困家庭或社区时，当公共支出侧重于儿童早期教育时，公共支出将较大程度地提升社会的代际收入流动。理论上说，社会的经济发展程度越高，政府公共支出的规模就会越大，代际收入流动程度将随着社会的经济增长而得到提升。基于 GDIM 的回归分析表明，在控制了一个国家的人均 GDP 之后，政府的公共支出越高（包括公共教育支出和总体支出占 GDP 的比例），社会的流动程度越高。

中国过去的近 30 年里，财政教育支出占 GDP 的比例始终低于世界大部分发达国家与部分发展中国家，这与蓬勃发展的经济增长率并不匹配。从 1991 年至 2011 年，财政教育支出占 GDP 的比例停留在 2.4% 到 3.93% 之间（牟欣欣，2018[257]）。1993 年中国首次提出国家教育投入需要达到 4% 的重要指标，但是直到 19 年后才首次实现目标，2012 年该指标达到 4.28%。从 2012 年至 2018 年，中国的财政性教育经费占 GDP 的比例虽然保持在 4% 以上，但是相比于世界各国而言，依然相对较低，且在整体上呈现出下降的趋势，2018 年降至 4.11%。依据世界银行（2014）提供的数据显示，2014 年各国财政教育经费占 GDP 比例的平均值为 4.71%，美国等发达国家财政教育经费占 GDP 比例均为 5% 以上。瑞典等公共支出规模较大的国家，该指标达到 7% 以上。大型发展中国家，如巴西等，该指标也达到 5% 以上。相比之下，当年中国该指标仅为 4.10%，远低于发达国家，在发展中国家中，也处于落后的位置。

政府公共总支出和公共教育支出（占 GDP 的比例）均可在一定程度上代表政府为促进机会公平进行的公共投资。它们都随人均 GDP 上升，并与代际流动程度高度正相关。随着经济的发展，代际收入流动的变化趋势是上升还是下降取决于是哪一种效应占主导作用：（1）由于提升家庭经济，加大私人教育投入而产生的代际收入流动阻碍效应；（2）由于降低信贷约束和增加公共教育投资，提升机会公平而产生的代际收入流动促进效应。

多国数据表明，当 GDP 增长到一定水平以上时，代际收入流动的促进效应将占主导地位。然而，如果经济发展程度较高的社会不加大公共支出保障公平的竞争环境，那么社会的代际收入流动就不会随着 GDP 的增长而增长。

随着经济的日益增长，这两种相反的效应开始相互作用，在社会不同的发展阶段对代际收入流动产生促进或者阻碍影响，而最终结果具体取决于哪种效应更强。一方面，经济增长可能通过几种途径对代际流动性产生积极影响。其中最突出的路径为资本市场的逐渐完善。资本市场的不完善是代际传递程度较高的一个重要原因（Piketty，2000[102]）。如果家境较差的父母在子女身上投资的信贷渠道有限，那么低水平的人力资本就会代代相传。随着社会的经济增长，如果较贫穷或低技能劳动者的收入增加，信贷市场变得更加有效，信贷约束的效果可能会下降，这可能会降低收入的代际传递（Maoz et al.，1999[258]）。另一方面，经济增长可能通过其他路径对代际流动性产生不利影响。假定父母愿意尽最大的努力提升子女的经济收入，基于经济学理论，对子女人力资本的私人投入将是家庭经济收入和父母人力资本的一个递增函数（Becker et al. 2018[259]）。父母受教育程度高的孩子受益于父母较高的人力资本，也受益于父母在人力资本方面较高投入。当父母的人力资本和对子女的私人人力资本投入作为公共教育投入的补充时，富裕家庭子女所享有的机会优势将会更加明显（Becker et al.，2015[259]；Heckman et al.，2014[260]）。随着经济的发展和居民平均教育水平的提高，父母对孩子的私人人力资本投入将变得更加有效，教育回报率将得到提升（Becker et al.，2015[259]）。假设信贷市场是完美的，没有政府的干预，除非父母的收入不平等与教育不平等程度显著下降，否则社会的代际收入流动程度将会显著下降。

当人均国内生产总值较低时，劳动者向上流动的概率会随国民收入的增加而增加，当人均国内生产总值超过某一水平，该概率不会再发生较大改变，社会的代际流动性会随着人均国内生产总值的提升而提升。社会的经济发展达到一定水平时，劳动者的基本教育能力也跨过一定门槛，在此基础上想要进一步提高受教育水平可能会变得更加困难。

而另一方面，如果劳动力市场的教育回报率随着科技的进步与时间的推移而上升，当人力资本的代际传递程度较高时，收入的代际流动性将趋于下降。虽然公共政策可以在人力资本和收入的代际传递过程中产生积极的影响，但仅仅提升政府公共支出规模并不足以做到这一点。为了提升代际收入流动，公共政策同样需要"进步"，这样相对贫穷的劳动者将比富裕的劳动者受益更多。需要进步的公共政策不仅包含直接公共支出政策，例如公共转移支出或对公共教育投入政策，同样也包含可能影响家庭和要素市场之间关系的公共政策，如税收结构和税收制度。

### 7.4.2 税收政策对代际流动的影响

税收政策对社会的流动性产生的影响至关重要，特别是累进的直接税，因为它与家庭消费、子女的家庭人力资本投入和家庭资本传递有直接联系[34]。相比于发达国家，在发展中国家，有限的税收和公共支出水平，以及税收的结构，均限制了社会的财政资源再分配（Lustig，2017）[261]。发展中国家对间接税依赖性更强，相比于直接税，间接税对资源再分配的影响较为有限，对提升社会代际收入流动的作用更小（Bastagli et al.，2015）[262]。经济税收收入较低、税收结构中直接税的比重较小的国家将会更加倾向于较低的代际流动性，贫困家庭子女向上流动的概率也将更小。与此同时，公共支出规模相对较大的国家往往表现出更大的流动性，这也是较富裕的国家流动性较高的一个原因。

累进的直接税不仅是减缓不平等在代际间传递的重要政策工具，同样也是社会公共支出的重要收入来源，这些公共支出可以进一步改善贫穷家庭的经济状况。一项 CEQ（Commitment to Equity）调查发现，在评价财政政策的累进性时，必须考虑整个财政系统的运转，包括税收和转移支付（Lustig，2017）[261]。增值税对劳动者在一定程度上具有累退性，但是，如果由增值税产生的大量税收可以用于有利于改善弱势群体环境的转移支付上，那么增值税的总体效果可能是累进的。

过去 30 年里，经合组织（OECD）国家的所得税累进程度有所下降。随着最高边际税率的下降和免税门槛的提高，越来越多的税收负担转移到了中产阶级身上。目前，发展中国家的相关研究较少，因此尚未得出定论，但限制发展中国家税收有效累进的一个重要因素是最高边际税率的高门槛，最高边际税率的门槛收入大约是中上等收入国家人均收入的 18 倍，低收入国家人均收入的 83 倍（Sabirianova et al.，2010）[263]。

分析累进税对社会代际流动性的积极影响时，也需要同时考虑到累进税可能对经济增长产生的不利影响。基于数据模拟，一些国外学者的研究表明，相比于比例税，累进税缓解了代际传递的不平等，提升了收入的流动性，但对经济增长产生了消极影响（Erosa et al.，2007）[264]。

因为更加累进的税收政策可能会削弱高收入劳动者工作、投资或创业的动机，因此，当考虑提升税收制度的累进程度时，必须考虑到累进税收对经济增长的抑制作用，从而从根本上提升社会代际流动性。然而，近年来国际货币基金组织（IMF，2017）的一项研究调查认为，至少在 20 世纪 80 年代以来，没有发现明确的证据表明累进税收的增长将对经济的增长造成消极的影响[265]。因此，国外研究者认为在保障经济增长的情况下提升税收的累进度是可行的，例如在累进率较低的国家中增加顶层劳动者的税收。尽管如此，IMF 提供的数据只适用于 20 世纪 80 年代以来观察到的累进率水平，这并不排除 70 年代及更早一些时期，发达国家实行的高度累进税制对经济增长产生负面影响的可能性。从理论上来说，高收入者的高税收是否会有助于提升国家的公共支出水平，取决于高税率所适用的顶端劳动者的多少，以及劳动力供应的弹性。而这些因素都存在相当大的不确定性。

扩大税收范围，例如对资本收入和资本所得利润征税，也可以提高税收累进率。与资本税密切相关的是财产税,目前在许多国家内,通过财产税获得的财政收入还相对较少。事实上,对房地产和土地征税是一种相对公平并且相对有效的税收方式,因为房地产和土地的交易难度相对较大,且不容易跨境流动。但是,实施这种税收政策的行政难度相对较大,管理政策的制定相对复杂。

实施累进所得税和财产税需要相当大的行政管理能力,这对一些低收入发展中国家而言难度较大。财产税的有效实施需要制定一份实时更新的地产、房产登记表,它是一个国家内所有房地产和产权边界的全面登记,并要求相关部门定期更新财产估价。国际货币基金组织(IMF)认为低收入国家可以首先设定一个相对较高的免税门槛,随着行政管理能力的提高,可以通过降低起征点来扩大个人所得税的覆盖面,通过建立税收阈值对富裕劳动者进行纳税,可以减少社会的行政管理负担并提高税收政策的进展性(IMF,2014[266])。与此同时,可以通过借助最新的网络科技技术,进一步简化财政政策的制定、设计和实施(Gupta et al. 2017[267])。因此,相比之下,对于发展中国家而言,采取渐进办法提高直接税的累进率是非常可行的。

部分研究者认为,遗产税可以在根本上直接解决财富的代际传递。在发达国家,从遗产税中收取的财政收入已经有所下降,目前已经成为财政收入的小部分来源(Atkinson et al., 2015)[256]。这是由于遗产税的税率通常相对较低,而且存在较多的免税途径以及减免政策来避免(IMF, 2013)[268]。大多数发展中国家均没有征收高额的遗产税(Bourguignon, 2015)[269]。遗产税的征收具有一定的政治敏感性,这与现行的社会制度与客观存在的实际现状息息相关。一些反对遗产税征收的学者认为,征收遗产税相当于双重征税,因为遗产税本就是由劳动者净收入累积而成的。然而,由于家庭收入中存在一部分收入,如资产收益,并未征税,因此,遗产税可以看成是对这些收入征收的最低税。

遗产税的效率成本,也就是劳动者是否会为了避免支付高额税收而降低储蓄或削弱劳动者的工作动机,是很难衡量的,因为这取决于父母的遗产转赠动机(Eyraud et al., 2015)[270]。虽然衡量难度较大,但是美国的相关研究有证据表明,遗产税确实减少了父母的财富积累,虽然效果较小。同时也有证据表明,子女接受遗产转赠之后劳动力市场参与率有所下降,因此可以推测，遗产税的实施可能会提升下一代人的工作动机。

有效的遗产税征收应该包括对在世人之间的转移或馈赠的征税。仅仅对过世之人的遗产进行征税将会进一步增加中产阶级劳动者的负担。富裕的家庭可以在活着的时候通过将财富作为赠礼进行转移来避税，但中产阶级家庭的财富更有可能被套牢在房屋和其他固定资产中（Boadway et al., 2010）[271]。虽然遗产税的实施具有一定程度的难度，但确实有一些国家成功通过征收遗产税增加了国家财政收入，如比利时和法国，这为遗产税的推行者提供了有效的证据。

一些经济学家认为对所有年轻劳动者提供一次性补助，可以有助于构建一个更加公平的竞争环境，并改善社会的代际流动性。Atkinson et al.（2015）提出了一项对英国劳动者终生资产收益征收税收的详细政策，这项政策涵盖了劳动者终生免税的条件和累进税率的结构[256]。这些财政收入将用于对所有家庭资产薄弱的 18 岁劳动者提供现金补助。这些补助将有效减少由于家庭资产赠予而造成的不平等，缓解信贷约束对代际流动性的阻碍效应。尽管家庭资产税收存在较大的行政执行问题，如技术能力、政治阻力等，但受益于金融技术创新，家庭资产的流向将更加容易追踪（Bourguignon, 2015[269]）。许多国家认为家族赠予可以成为劳动者社会保障性收入的替代方案。最低限额家庭继承的提倡者认为，相比于社会保障性收入，低额度的家族资产继承更加激励劳动者的主观能动性，因为它是一次性支付，而不是提供连续性收入的保险型福利。一些研究者还认为，如果社会资源再分配的主要目的是为了提升社会的机会平等程度，那么家族资助可能比社会保障性收入更加适合（Wright et al., 2006[272]）。

### 7.4.3 转移支付对代际流动的影响

转移支付为另外一种有效的再分配政策。目前，转移支付政策可以分为有条件的转移支付与无条件的转移支付。

Fiszbein et al.（2009）通过对现有的大量资料进行研究，发现有条件的现金转移支付增加了家庭消费，缓解了贫困状况和降低了突发意外事件对家庭的冲击，当有条件的现金转移支付规模较大，针对性较强，并且鼓励弱势家庭采取行动摆脱贫困时，这种政策所带来的收益就更加明显[273]。依据条件与程度的不同，有条件现金转移支付也同样有利于增加家庭对子女人力资本的投入，缩小性别与贫富家庭在一些公共项目上的差距，如义务教育入学率、公共卫生服务覆盖率、预防性疾病的检查率与疫苗接种率等。除此之外，还能在一定程度上提高女性劳动者的竞争力。

无条件的现金转移支付同样也具有一定程度的正向影响。近期在肯尼亚西部地区，一项以贫困农村地区为主的随机调查发现，无条件的现金转移支付对劳动者的家庭消费、资产投资和心理健康均产生了重大影响（Haushofer et al., 2016[274]）。这些由非政府公益组织发起的，通过移动电话转账提供的直接现金补助是无条件、大规模并较为集中的。通过无条件现金转移支付之后，受助人的心理健康状况得到大幅度改善，特别是幸福感和生活满意度提高显著，生活压力和抑郁情绪明显减轻。女性接受救济的家庭比男性接受救济的家庭，其心理健康改善程度更大。这在很大程度上是由于女性受到的压力要明显小于男性。通过观察家庭暴力的发生率与家庭妇女的决定权发现，女性的家庭生活条件发生了较大的改善。

基于墨西哥普洛斯佩拉项目进行的教育补助金研究是少数可以直接评估转移支付对机会不平等影响的研究（Figueroa et al., 2019[275]）。普洛斯佩拉项目为贫困的农村家庭提供教育补助金，条件是子女必须入学，并至少完成85%的课程。该研究基于父母无法控制的环境因素建立模型，预测有无现金转移支付的孩子出勤率是否有显著的差别。预测值的不平等被认为是教育的机会不平等，因为预测值完全是由个人无法控制的环境因素驱动的。研究发现，参与补助项目的家庭，其预测值的不平等将会明显减少。尽管这些发现表明，有条件的教育资助有助于减少教育的机会不平等，但对包括学习质量在内的长期教育结果的影响尚不清楚。教育补助金可以促进贫困家庭的子女入学，但他们在学校学到的东西也取决于学校为学生提供的教育质量。

目前，国外一些现金转移支付的政策被认为对劳动者的长期发展产生重要的影响。尼加拉瓜一项有条件的现金转移支付政策对9岁至12岁儿童的学业水平和经济收入产生了显著的正向影响，受益的儿童在19到20岁时比未受益的儿童享有更高的学业成就与劳动力市场的经济收益（Barham et al., 2017）[276]。这项政策之所以能起到较为显著的成果，是因为当地9岁至12

岁儿童具有较高的学校辍学率，因此家庭经济水平越低，这项政策对家庭的帮助越大，这也将直接削弱教育的机会不平等。

但在其他国家，现金转移支付对劳动者长期经济收入的影响并不显著。在墨西哥，一项连续三年的现金转移支付政策显著地提高了儿童的入学率，但是对入学儿童的阅读、写作和数学成绩没有显著影响（Behrman et al., 2011[277]）。在柬埔寨，对有女儿的中学家庭提供现金补助较大提高了家庭对女性受教育的重视程度，但是该项政策结束三年后并没有明显提高女性劳动者的学业成就、就业状况或经济收入（Filmer et al., 2014[278]）。在厄瓜多尔，人类发展福利项目为经济收入较低的家庭提供了较大规模的现金援助，但是从长期上来看，对贫困家庭的代际流动性影响较小（Araujo et al., 2017[279]）。儿童早期接受的现金援助并没有改善儿童后期的学习结果，对儿童后期，也就是升学阶段的儿童进行现金援助可以较大提升儿童的升学率，女性儿童的增长结果尤为明显，但是依然无法对其未来的继续教育程度与就业选择产生显著的影响。

可以推测，现金转移支付带来的短期收益可以在一定程度上改善长期结果，然而，转移支付对代际收入流动的长期影响需要进一步的证据证明。由于劳动者青年时期家庭接受的政策补助数据与成年后的经济收入数据难以同时获得，因此，目前尚未有定论。现有的有限证据表明，有条件现金转移支付对劳动者人力资本可能同时产生正面和负面的影响，对子女入学率产生积极的影响，但是对子女的学习状况与认知能力发展状况的影响却未知，对孩子正常发育产生积极的影响，但是对孩子的发育状况，如孩子的身高，影响未知（Fiszbein et al., 2009[273]）。而国外另一项研究成果表明，现金转移支付可能对教育成果产生了积极影响，但是对子女成年后的就业与经济收入的影响情况则未知。然而，这并不意味着这些政策无法对社会的长期收入公平产生影响。事实上，一些高收入国家的研究成果已经表明，在适当的条件下，这些政策可以取得较好的成果（Molina et al., 2016[245]）。

最近，针对1911年至1935年美国的一项现金转移支付政策（母亲养老金政策）的影响成果研究发现，儿童时期接受现金补助的男性平均多活一年。这些男性体重不达标的概率大大降低，受教育程度更高，他们在进入劳动力市场早期的收入高出其他劳动者约百分之十四，而这些收入大约占据劳动者终生收入的百分之七十五（Aizer et al., 2016[280]）。在美国，劳动所得税抵免（针对低收入家庭的税收优惠政策）是全国最大的现金转移支付政策之一。研究发现，在青少年时期额外获得 1000 美元的税收抵免，可以增加劳动者完成高中、大学学业，并成功就业获得经济收入的概率（Michelmore et al., 2018[281]）。一些其他研究也发现这种转移支付政策对孩子的学业成就有积极的影响（Dahl et al., 2012[282]）。

采取必要的补充措施以确保现金转移支付政策对代际流动提升产生积极的影响是非常重要的。目前有效的补充政策可分为两类：提高医疗卫生保健和公共教育服务质量的政策，以及促进儿童在家庭中享有更健康的环境，进一步提升儿童主观能动性的政策，例如在儿童发展早期提供额外的认知性和非认知性人力资本的投入。要提升现金转移支付政策的长期影响力，需要协调这些政策与现金转移支付政策的实施目的，并提高公共服务的质量。

## 7.5　国际经验对中国的借鉴与启示

2019 年中国教育三十人论坛主办的首届中国儿童发展论坛上，中国发展研究基金会副理事长卢迈指出，应当继续加大公共教育投入，关注农村留守儿童、随迁子女等特殊群体的教育问题，满足贫困家庭子女的基本需要，国家财政教育经费占国民生产总值的比例应当提高到 5% 以上。国务院发展研究中心党组书记马建堂认为提升儿童基础教育水平是阻断贫困代际传递的重要方式。保障贫困家庭子女教育发展的机会公平，促进弱势家庭子女教育的向上流动，才能有效地提升社会的代际收入流动。

促进经济增长、维持宏观经济稳定、改善投资环境和加强全球市场融合的公共政策，是改善社会代际收入流动性的关键。更高的社会流动性需要更迅速的经济增长，这种经济增长需要持续很长一段时间，才能有利于家庭经济水平的代际提高，提升社会的代际收入流动。较高的社会流动性需要提升劳动者人力资本存量，刺激市场创新力，并为扶贫的社会福利政策实施寻求广泛的社会共识，从而对长期经济增长产生积极的反馈效应。然而，即使社会中每个群体的生活水平都得到提高，也不足以确保社会流动性的提升。更高的收入不平等，通常与更高的机会不平等相关，从而导致了更低的收入流动性，而流动性的降低又进一步导致了机会的不平等，如此循环代代延续。这意味着，机会不平等的驱动因素可能也会成为收入流动性的障碍。因此，可以认为，促进经济增长、提升社会包容性的政策，也能有效地提升社会代际收入流动。

除了保障经济增长和提升社会机会公平的基本原则之外，促进流动性的政策可以根据中国政府预期要扮演的三个重叠角色来进行制定。第一个角色是公共产品的投资者，它为经济增长提供支持作用，并帮助劳动者的各个成长阶段建立公平的竞争环境。虽然政府可以分别在地方、区域或国家一级进行投资，但社会资源通常需要国家政策来进行协调，在空间范围内进行最佳分配。第二个角色是监管者，它让市场更有效、更公平地运行。这包括在要素（劳动力、土地和资本）市场和产品市场中制定适当的监管和竞争政策，同时充分认识到由于歧视、反竞争行为和垄断造成的市场扭曲会限制社会的流动性。第三个角色是资源再分配者。这包括完善税收和支出政策，以平衡经济的效率与公平。如果从更长远的角度来看，考虑经济增长与社会流动性的良性循环，这些政策可能是互补的。为了促进社会的代际流动性，政府扮演的三个角色的优先目标，可以是制定使劳动者各个成长阶段机会均等的政策。劳动者的出生环境，如家庭背景、性别和居住地的差异，对个人经济的向上流动越来越重要。政府可以在弥补弱势群体起点公平方面发挥积极的作用，创造公平的竞争环境。除了对劳动者与家庭进行早期干预外，政府在制定政策时还应考虑到地理位置对劳动者经济不平等的影响，力求在空间上实现劳动者的机会均等。财政政策是实现这些目标最有效的公共政策，它通过增加对公共产品的投资和通过再分配减少初始分配不平等来实现社会公平。

发展中国家提升代际收入流动的政策表明，公共投入对提高社会机会公平的作用极大，教育的代际流动性与社会的国民生产总值呈现出正相关的规律。经济发展水平更高的国家将投入更大规模的公共支出，使社会机会与经济发展水平相匹配。如果在经济增长的同时，增加公共投入以使机会均等，那么社会的代际收入流动将更有可能得到提升。此外，发展中国家代际教育流动与代际收入流动的相关性表明，提高教育流动性的公共政策，也可以有效地提升代际收入流动。政府公共投入的规模受到国家财政体系的限制，财政体系的建立必须平衡经济的效率和公平。通过防止贫困儿童陷入不平等陷阱，再分配政策也同样可以维护社会的经济增长。提升社会资源再分配，需要政府通过税收政策筹集更多的财政资源，因此，可以考虑提升所得税基数，提高累进率，这将有助于缓和当前社会的收入不平等，并在未来提高代际收入流动。原则上来说，遗产税是解决代际不平等和增加再分配资源的直接方式。但是，尽管许多国家都实施了遗产税，遗产税对财政收入的贡献依然微乎其微，这说明有关遗产税的政策制定还有待进一步的研究和探索。除了扩大财政税收，政府同样需要制定具有较强目的性的公共支出政策，优先保护妇女和新生幼儿的机会平等，尽管有关有条件和无条件转移支付政策对发展中国家的长期影响具有不确定性，但发达国家税后抵免等政策的成功经验表明，转移支付可以有效提升社会的代际收入流动。

## 7.6　小结

本章主要基于代际流动全球数据库（GDIM2018），对世界各国的代际收入流动程度进行了比较，并通过在世界范围内分析教育的代际传递与机会不平等对收入流动性的影响，进一步对代际传递的内在机制进行论证，中国的代际收入流动特征与世界各国既有共同性，也具有特殊性。最后，通过对公共政策实施的国际经验进行分析和比较，为中国特色的代际收入流动促进政策的制定寻求新的启示。通过对世界各国的教育与收入数据进行分析发现：

（1）发达国家的代际收入流动程度普遍偏高，发展中国家的代际收入流动程度普遍偏低。中国的代际收入流动程度在世界范围内处于中等水平，但是在发展中国家处于靠前的位置。社会代际收入流动的提升需要依赖大规模的政府公共支出，而大规模的公共支出需要依赖高速的经济增长，为了从根本上提升代际收入流动程度，中国目前依然需要大力发展社会经济，以提升国家财政收入。

（2）教育的代际流动是影响社会代际收入流动的重要因素，促进要素市场的良性发展，提高劳动者人力资本回报率，提升弱势家庭子女教育的向上流动可以有效地降低收入的代际传递。虽然发展中国家平均的教育代际流动性有所提升，但是中国的教育代际流动性却有所下降，下降的教育流动性有可能成为中国代际收入流动无法明显提升的重要原因。

（3）改善儿童早期生活环境是政策制定者寻求机会均等和增加社会流动性的第一步目标。当儿童较早的暴露在不利的社会环境之中，其成年以后的经济收入也难以通过后期的环境改善而得到显著的提升。

（4）随着经济的日益富裕，政府公共支出对代际收入传递趋势的影响程度取决于公共支出的规模、性质和分配。当社会的经济增长发展到一定程度时，经济增长对代际收入流动的促进效应将会占据主要地位。税收政策对社会的收入公平产生积极影响，同时也对劳动者的经济收入产生消极的影响，低收入国家可以首先设定一个相对较高的免税门槛，通过逐渐降低起征点来扩大个人所得税的覆盖面，建立税收阈值对富裕劳动者进行纳税，以提高税收政策的进展性。而转移支付政策可以在短期内对劳动者的经济收入产生积极的影响，但是其长远影响无法保证，提升现金转移支付政策的长期影响力，需要协调这些政策与现金转移支付政策的实施目的，并提高公共服务的质量。

# 8 维护社会公平，提升代际流动

阿玛蒂亚认为，贫困必须被视为基本可行为能力的剥夺，而不仅仅是收入低下。所谓基本可行为能力为劳动者可以有尊严地从事经济活动的基本能力，包括劳动者的性格特征、健康状况、理性认知和自主生活等能力。一个家庭的贫困是劳动者基本能力的匮乏、区域文化的影响和社会政策的制约等多方面因素长时间相互作用而形成的结果。从客观上来说，山地地区的交通限制、干旱地区的生产力限制等均是造成区域性贫困的重要因素，外部自然资源的匮乏阻碍了劳动者获得基本可行为能力的机会。从主观上来说，对教育的愚昧认知、对生产力的故步自封、对生活的因循守旧等均是造成地区思想文化落后的重要因素，劳动者内在认知的局限造成了贫困的代际传递。只有在满足基本可行为能力的基础上，劳动者才能拥有自由发展的可能。我国实行以按劳分配为主体，其他分配形式并行的分配体制，公平的市场分配机制需要政府的有效调节，这包括消除市场分配过程中的不平等因素、对市场初次分配的过程进行合理干预以及对不平等的初次分配结果进行有效的资源再分配三个方面。

## 8.1 完善社会制度，保障机会公平

### 8.1.1 统筹城乡协同，深化户籍改革

20世纪80年代末期，我国社会城乡经济发展出现了两极分化的趋势，向城市地区倾斜的教育、经济与社会保障政策在一定程度上促进了城市劳动者经济收入的飞速增长。此外，户籍制度的实施，限制了城乡之间劳动力的流动，城市与农村地区的劳动者面临不平等的就业机会和经济市场的竞争力。诸多因素共同导致了中国社会二元经济结构的成型，城市居民享有更优

质的教育资源、医疗保障等，城乡之间的收入差距不断加剧，劳动者起点不公平阻碍了代际收入流动的提升。因此，政府应当进一步推行户籍制度的改革，促进各区域、各阶层劳动者的社会融合。

首先，要取消城市与农村户口的区别，降低小型城市的落户要求，开放大型城市的落户限制，加速劳动力的迁移流动。除此之外，为了避免开放落户政策之后引起的劳动力过于集中，大型城市资源竞争过于激烈，应当加大对中小型城市的经济帮扶，为优势企业进驻中小型城市提供优惠政策，增加劳动者就业机会，完善经济欠发达地区的人才引进办法，促进各地区的协调发展。

其次，制定合理的阶层融合政策，避免因居住、文化隔离进一步导致的阶层固化，一是通过促进不同阶层的劳动者在日常生活中的沟通与交流，实现阶层之间的文化融合与经济交流，最终达到提升低收入群体经济收入的目的。二是通过不同阶层劳动者的公共资源共享，促进阶层之间的思想互动，一方面有助于完善社会的行为规范，提升参照群体的积极影响，另一方面可以倒逼公共设施管理者提升公共服务质量，健全公共服务管理办法，完善配套设施，提升社区居住环境，以满足不同阶层劳动者的差异性生活需求。目前，北美、欧洲等西方国家主要采取建立混合居住社区的方式，以缓解因居住隔离产生的诸多社会问题。混合居住社区并非强制要求不同阶层的劳动者在同一空间混合居住，而是采取在高端商品房社区内配备社会福利性质的公租房区域，一方面保障高收入阶层对高端社区的需求，另一方面可以为低收入群体提供高端社区服务。除此之外，为了避免不同阶层劳动者在同一居住环境，因思想和行为差异导致的生活摩擦，需要充分考虑不同阶层居住者的经济收入差异，同时利用中等阶层居住者的缓冲作用，缓解各类社会问题，提升社区的凝聚力，实现价值共创。不同阶层劳动者的居住融合，可以有效促进社会的文化流动与经济流动，有助于社会福利状况的整体提升。

### 8.1.2 提升机会公平，完善保障体系

为了打破社会高度不平等和社会低流动性的恶行循环，需要结合中国特色社会主义的国情，针对弱势群体的特殊需求，制定有利于贫困劳动者的政

策。根据社会环境和市场发展阶段，各地政府可以采用不同方式提升劳动者的竞争公平。在理论上，希望每个劳动者都能独立于家庭环境，自由发展，实现机会的完全公平。但是在实际生活中，彻底消除父母传递给子女的家庭优势是不可行的，甚至是不可取的。因为，需要通过政策干预来抵消那些社会问题产生的负面影响以达到居民所追求的机会平等，需要进行准确的概念界定，进行严格的价值判断。这种价值判断具有一定主观性，很可能在不同社会环境中有不同的表现形式，或者随着时代的变化而变化。

中国目前的教育流动性，即使在发展中国家中也排名相对较低。提升劳动者的机会公平应当首先基于政策措施对劳动者的童年成长进行早期干预，通过影响家庭行为和消费决策的方式，改善子女长期发展结果的流动性。这些早期干预措施包括改善孕妇保健状况和儿童早期发展情况，通过教育改革提高弱势儿童的学习成果和接受教育的机会。

国际上，为了提升弱势群体的机会公平，通常对贫困家庭子女的成长早期进行政策干预。早期儿童教育项目可以对低收入家庭子女的长期发展产生积极影响。在挪威，义务教育的时间从七年推迟到九年之后，缓解了家庭背景对教育成就的影响（Aakvik et al., 2010[283]）。牙买加的一项研究为发展中国家提供了重要的政策经验。在孩子出生后的前三年，通过干预政策提高他们的社会情感技能，可以对他们成年后的劳动收入产生积极而显著的影响。中国目前的政策与法规对区域的支持多，对家庭的支持少；对成年人的支持多，对幼儿的支持少；对儿童身体层面的保护多，对儿童心理层面的保护少。完善儿童福利政策，加大家庭层面的经济支持力度，可以进一步提升劳动者的机会公平。

我国现有的社会保障体系对贫困家庭的帮扶力度相对有限，在家庭层面上相关政策的缺乏加大了贫困家庭对子女儿童时期的抚育成本。例如，妇女的哺乳假无法保障幼儿之后的健康成长，父亲缺乏配套的育儿假期，进一步加重了妇女的生育负担，儿童入学后，父母的上下班时间无法与子女上学放学时间匹配，学校在工作日召开的家长会与父母的工作时间相冲突，儿童在生病期间需要父母陪同通常也无法保障。其次，贫困家庭的妇女无法同时兼顾家庭与工作，出于预算约束，大部分妇女无法外出工作，在一定程度上减少了家庭的经济收入，增加了机会成本，另一方面，由于贫困家庭的子女缺乏专业机构的教育指导，对家庭环境的依赖大大加强，如果子女在幼年时期处于不利的文化氛围中，则在其成长过程中获得良好非认知性人力资本的概率将会降低，成年以后的经济成就也将难以赶超其他劳动者。如果子女在幼年时期处于不利的文化氛围中，则在其成长过程中获得良好非认知性人力资本的概率将会降低，成年以后的经济成就也将难以赶超其他劳动者。因此，应当从社会保障体系的角度提升贫困家庭子女的机会公平。

首先，应当为生育家庭提供配套的生活支持，除妇女生育假期之外，应当保障父母在子女医疗、受教育期间的陪同时间，鼓励社区建立儿童服务机构，重视幼托服务，关注儿童良好性格的养成与认知能力的发展，以公共服务的层面解决家庭的后顾之忧。应当鼓励学校开展课后服务，在放学后开展文娱兴趣班和社会实践活动。一方面为有需要的家庭提供托管，在保障学生人身安全的同时，缓解家庭的经济压力。另一方面为学生个性化发展提供平台，方便学校针对不同能力的学生进行因材施教。

其次，应当实行针对儿童的重大疾病医疗保险，幼儿由于身体机能尚未发育完全，对疾病的抵抗力较弱，一些在成年人群发病率高的疾病渐渐呈现出低龄化趋势，在公共医疗保险中增加针对幼儿的重大疾病险，可以在一定程度上帮助幼儿抵御疾病风险，同时为贫困家庭减轻经济损失。

再次，政府在完善法制建设的同时，还必须确保政策制度的有效性和执行力度，从社会的实际情况出发，以群众的利益为导向，注重政策的可操作性，进一步健全资源要素分配制度。以平等竞争为原则，加强知识产权保护，深化资源类、公共产品价格改革，加快生产要素的市场流动性。完善市场管理，降低政治资本与社会资本对经济收入的影响，切断权力职能与市场资源的纽带关系，消除腐败经济，杜绝权力部门化、部门利益化、利益合法化的现象。维护社会稳定，保障市场的公正和有效性，激发市场活力与创造力，提升社会流动性。

最后，政府治理可以在减轻权力不对等方面发挥关键作用。权力的不对等阻碍了政策的有效实施。政策实施过程中的不平等现象妨碍了政策对穷人和弱势群体的需求做出更积极的反应。这导致了社会不平等在几代人之间持续存在，同时又反向强化了权力不对等，并使这种循环持续下去。世界银行（2017）认为，打破这种恶性循环需要改变部分权力群体的动机，重塑他们的偏好以支持有利于穷人利益的政策。这种转变可以促进改革的深化，刺激穷人和弱势群体的潜力，并建立一个良性循环。更高的代际流动性可以带来更高的效率和经济增长，降低社会不平等，形成一个更良性的竞争环境，并减少权力上的不对称，另一方面，也可以反向促进社会的代际流动性，使社会走上更有效、更稳定的长期发展道路。

### 8.1.3 完善税收制度，保障财政收入

中国的税收种类主要分为直接税与间接税，不同的税种在社会再分配过程中扮演不同的角色。间接税具有税收转移的特点，居民在消费过程中成为间接税的主要税收对象，因此，间接税无论从短期或长期来看，均呈现出明显的累退性，一定程度上限制了劳动者的消费投资决策，未对资源的再分配产生显著的正向影响，聂海峰等（2012）等通过实证发现，间接税可以有效削弱城乡间的收入不平等，对城乡内的收入不平等呈现提升作用，并对社会整体收入公平产生轻微的负向影响[284]。居民个人所得税为中国主要的直接税来源，对社会资源再分配产生显著的促进作用。但是由于目前直接税占据国家财政收入的比例较小，同时受到间接税负向影响的抵消，直接税对中国收入再分配的影响效应被一再降低。个人所得税对社会再分配的影响程度取决于社会整体平均所得税率，税率的降低与税基的缩小均能显著降低社会平均所得税率。另一方面，由于个人所得税对劳动者的可支配收入产生直接的负向影响，因此，当所得税规模过高时，不仅对劳动者的消费决策产生约束作用，同时也会打击劳动者的工作动机，刺激高收入劳动者的避税行为，增加财政部门的行政管理难度，对社会的经济发展产生不利影响。因此优化税收结构，合理化社会平均税率，对维护经济的效率与公平非常重要。

为了扩大社会财政收入总额，保障公共支出规模，政府应当逐渐调整国家财政税收结构，强化间接税对社会整体财政收入的促进效应，提升直接税的比例，强化直接税对社会资源再分配的促进效应。中国目前主要的直接税为个人所得税和房产税。

首先，对于个人所得税。近年来，主要的税收调整政策为纳税额减免、提升税收起征点、扩大低档税率适用范围等减税政策，其目的在于提升低收

入劳动者的可支配收入，削减个人所得税对低收入劳动者的消费预算约束。但是单纯的税收减免并不能从根本上提升劳动者的收入公平，劳动者的收入公平依赖社会再分配政策的有效实施，税收总额的减少将削弱再分配政策的效力，不利于弱势群体收入的向上流动。因此，相比于所得税的减免政策，所得税的结构调整显得更为重要，适当提升高收入劳动者的税收比例，合理化不同税率档位的收入间隔，扩大中等收入的纳税人群，在不加重低收入劳动者纳税负担的基础上，逐步提升个人所得税的社会总额。

其次，对于房产税。中国目前实行房产税的主要征收对象为城市和城镇的经营性房屋，对于自用的房屋，按照房产计税余值征收；对于出租房屋，按照租金收入计税，个人所有自用居住非营业性房屋免征房产税。中国作为传统的农业大国，对土地和房屋有着千年来的情结，在任何一个和平年代，房地产都始终占据着经济市场的重要地位。然而，房产税却并未占据税收的主要部分，一个非常重要的原因就在于房地产市场的主要组成部分，个人居住用房免征房产税，同时，大部分出租使用的个人住房，由于缺乏有效的监管，并未按照租金收入计税。因此，实际上中国的房地产领域存在较大的税收空间，在一二线城市房价过度上涨，三四线城市住房空置率居高不下的情况下，个人居住房屋的房产税征收有着必然性和必要性。对个人住房征收房产税，不仅可以加大社会财政性收入，对资源再分配产生积极作用，同时可以有效打击投机炒房的行为，降低房屋空置率，帮助房价恢复到合理水平，保障低收入人群的利益。除此之外，还应当提升房屋出租市场的税收管理能力，对个人出租房屋进行登记管理，提升房产税的执行力度，进一步提升税收总额。

再次，对于遗产税。目前，中国尚未实行有效的遗产税征收政策，遗产税的征收对收入再分配产生了毋庸置疑的直接影响，较大地削弱了家庭财富的直接传递，同时可以有效激励社会福利事业的发展。政府应当加强对遗产税征收的思想动员，加强居民的认同意识，尽快制定合理的遗产税收政策。除此之外，应当要加强财政部门的行政管理，完善居民收入的申报登记，加强行政监督，发挥工商管理部门的监管作用，配合财政部门完成税收的征管与行政执法。虽然国际上较多国家已经实行遗产税，但是却并未对本国的财政收入产生较大的影响，说明遗产税的征收制度依然是一个需要研究的课题。

即使在既定的税收政策之下，实际财政收入与理论财政收入之间也存在着较大的差距，通过加强行政管理，严格执行规章制度，可以较大程度地扩大税收总额，实现财政收入的增长（高培勇，2006[285]）。周黎安等（2012）认为，税收部门的努力程度将对社会的财政收入产生显著的影响[286]。当经济增长与税收政策不变的条件下，税收部门的管理效率每提升百分之一，财政收入将提升百分之四（吕冰洋等，2007[287]）。

## 8.2 优化财政支出，聚焦精准扶贫

### 8.2.1 完善支出结构，扩大支出规模

财政政策对社会流动性的影响是多方面的，提升社会流动性的财政政策通常有三个目标：扩大财政收入，为提升代际收入流动的公共投入提供财政支持；通过资源再分配缓和收入不平等，促进代际收入流动的提升；在经济的效率与公平之间寻求平衡。有效的财政政策包括扩大所得税的税基，通过财产税和遗产税等税收工具提高累进率，加强税收合规，提升政府投资建设行政能力等。在财政支出方面，除了增加资源投入以提升新生幼儿与产妇的机会公平之外，还可以通过转移支付政策减轻信贷限制对家庭人力资本投入的影响。国际上，不少国家常常试图通过燃油补贴等价格补助政策对贫困居民进行帮扶，事实上，这通常是一种低效的援助方式，富人往往比穷人收益更多，且同时消耗了大量稀缺资源。

目前，提升弱势群体机会公平的最为有效的措施为公共教育资源投入政策。公共教育投资的目的通常是为了促进劳动者的机会公平。通过国际比较发现，20世纪90年代公共教育支出占比更高的国家，教育的流动性也会更高。相比于发达国家，发展中国家教育的流动性与公共教育支出之间的联系更加紧密，这也是由于不同发展中国家的公共教育支出水平有很大的差异。无论是基础教育、中等教育还是高等教育，提高任意阶段的公共教育支出水平均能有效促进教育的流动性，但是对于发展中国家而言，基础教育的公共支出规模与教育流动性的相关性尤其紧密。发展中国家中等教育与高等教育的支出水平同教育流动性的关联性更弱，而发达国家的基础教育支出水平同

教育流动性的关联更弱。

首先，政府应当调整公共支出结构，将公共支出适当向公共产业倾斜，加大对基础教育的资源投入，深化教育公平，维护弱势群体的教育权利。加强偏远地区医疗保障体系的建立，提升政府的公共服务质量。目前公立幼儿园数量有限，且不少公立幼儿园属于"子弟"幼儿园，招生范围主要为单位职工的子女，对外招生的数额非常有限，而不少民办幼儿园由于资金有限，教学资源并不齐全，教师专业力量不强，主要靠生源学费来支持园区的完善与发展，这些幼儿园大多学费较低，贫困家庭成为主要的消费人群；资质更好的民办幼儿园通常学费高昂，普通家庭的经济状况难以承担。幼儿园的设施条件与幼儿教师的专业水平对儿童非认知性人力资本的发展产生重要的影响，为了帮助贫困家庭的子女脱离弱势环境的不良影响，应当以公共服务为途径，为贫困儿童提供良好的幼教，同时适当降低幼儿园的入学年龄，不仅及时对儿童的行为习惯进行早期干预，同时可以在一定程度上减轻贫困家庭的生育负担。

近年来，幼儿学前教育对劳动者一生的重要影响越来越被社会所接受。从2010年到2018年，全国幼儿园数量从15万所逐年上升到26.7万所，学前教育的毛入学率也从56.6%逐年上升至81.7%。2018年，全国财政性教育经费中学前教育的经费投入比2017年提高了0.2个百分点。但是从与世界各国的比较上来看，中国财政性教育经费投入占国民生产总值的比例依然落后于大部分发达国家，甚至在发展中国家中排名也较为落后。

其次，应当加强特殊教育学校的建立与儿童福利保护机构的建立。提升公益机构对特殊儿童的服务质量，提升服务效率，在保障特殊儿童基本生活条件的基础上，重点关注特殊儿童的能力发展，对有条件的残障儿童培养其独立经济生活的能力。除此之外，可以通过财政补助减轻特殊家庭的经济负担，对特殊儿童的父母进行公益讲座，提升家庭教育能力。

再次，要保障公共支出向偏远地区的资源倾斜，削弱经济发达地区的地方保护政策，促进社会资源在各地区之间的均衡分配，改善弱势群体的经济发展。地域差异较小或教育隔离程度较低的社会往往表现出较强的教育流动性与收入流动性。因此，实现公共资源在不同区域之间的均衡分配对社会流动性的提升非常重要。

目前，由于党和国家政府对偏远山区的学校建设给予了大力支持，相关法律的出台改善了贫困地区的办学条件，适龄儿童九年义务教育的权利得到一定程度的保障，但是一方面由于偏远山区的教学资源相对匮乏，教师队伍建设相对不足，降低了学生的学习效率；另一方面由于教育的经济实现周期长，教育成果具有隐性和不确定性的特征，导致偏远山区不少家庭对子女教育的重视程度不够，贫困家庭的孩子辍学率更高，到课率较低。因此，偏远山区学生有质量的义务教育无法得到保障。破除自然环境对区域文化交流的限制，转变落后地区劳动者的价值认同有助于从根本上改善贫困地区学生的教育问题。一是应当加大偏远山区教育经费的投入，改善教师教学环境，保障学生基本教育资源，加强贫困农村与落后山区的教育帮扶和教师队伍的建设，鼓励开展送教送研活动，以三年为周期实行城市与农村学校的教师轮岗。二是应当建立农村学校的对口帮扶机制，为贫困地区学生的对外交流和社会实践活动提供必要的经济支持，帮助学生拓展眼界，提升学习兴趣。三是应当加大偏远山区的教育宣传，提升贫困家庭对教育的重视程度，让贫困地区的学生想读书、能读书、读好书，促进城乡教育一体化均衡。

### 8.2.2 提升教育质量，促进代际流动

从收入的代际传递机制可以看出，家庭资源差异与家庭资源的经济回报率差异是导致经济收入代际传递的主要原因。提升公共教育质量，促进教育流动性将是阻断贫困代际传递的良性解药。我国公共教育事业的发展不仅包括教育质量的提升，也包括公共教育的均衡发展。前者有助于提升公共教育的经济回报率，降低家庭因素对下一代人力资本投入的影响，后者有助于削弱劳动者教育的机会不平等。教育的均衡发展主要有城乡之间、区域之间的教育均衡、区域内部不同学校之间的教育均衡以及同学校内不同学生群体之间的教育均衡（孔令帅，2010[288]）。

与世界发展中国家代际教育流动性逐渐上升的规律相反，近年来中国教育流动性却逐年下降。在性别歧视与部门分割的市场因素影响下，劳动者的教育回报率随着经济收入的增加而减小（刘生龙，2008[289]），劳动者个人能力在高中与大学学历上的差异较小，高中的教育回报率甚至高于大学的教育回报

率（简必希等，2013[290]）。一方面是由于研究者在衡量教育回报率时，未考虑相同教育程度劳动者之间教育质量的差异，另一方面是由于公共教育质量的不均衡与整体偏弱，导致劳动者的工作经验、个人能力与家庭环境等因素可以较大抵消低学历产生的负面效应，这间接加重了"教育无用论"对低收入家庭的影响，削弱了弱势家庭父母对子女人力资本投入的动机。此时经济水平较低的家庭较早地放弃了对子女的教育投入，低学历的子女继续教育的动力也随之减弱，经济收入停留在低水平的概率更高，而经济水平较高的家庭获得高质量教育的机会更大，子女的教育收益率将大大提升，这将进一步刺激子女继续教育的动力，经济收入停留在高水平的概率更高（邹薇等，2017[291]）。

首先，应当明确各级政府为落实区域公共教育均衡发展的第一责任主体，理顺管理体制，健全规章制度，深化督导体制改革，规范和落实教育督导的职能职责，完善教育监测的结果应用，推动各级政府认真履行教育职责，加大教育经费的投入，促进学校素质教育的持续发展。

其次，应当促进职业教育的发展。社会的产业结构调整与市场经济转型都离不开职业教育的大力发展。2019年习近平总书记在考察职业院校时指出，偏远地区受限于地理环境的不利影响，经济发展水平存在差异，公共教育质量存在不均衡，劳动者的个人发展存在显著的机会不平等。实体经济的发展可以有效促进社会经济总产值的提升，职业教育的发展可以从根本上缓解劳动者由于地域差异导致的就业机会不平等问题，实现人力资源市场与要素供求市场的动态平衡，促进劳动力市场的技术革新，直接加速区域的经济发展。2002年全国职业教育工作会议之后，中央政府以提升劳动者初次就业率为目的，大力发展职业教育。然而，由于经费投入不足，教育发展不均衡，专业教师资源匮乏，目前职业教育依然是中国教育的短板。在当前综合性大学社会认可度更高的环境下，职业教育的重要性不被广大社会所关注，且大量社会实践能力较弱的毕业生由于无法适应要素市场的实际需要，面临巨大的就业压力。此时，公共教育的经济回报率显著低于家庭教育资源的回报率。因此，需要大力加强职业院校的建立，加强师资队伍的建设，提升教师的专业水平，加强职业院校和社会组织的联系，鼓励教师与社会高级技术人员的交流与轮岗，引导社会力量的参与，充分发挥社会组织的人力资源作用，培养适应社会经济发展的技术性型人才，对待就业人员进行公益的就业指导，提升弱势群体的职业技能培训。

再次，应当强化教师的专业队伍建设，提升公共教育质量。一是要提升教师专业素养，促进教师与所教学科的专业对口。二是搭建教育资源共享平台，提升年轻教师的教学水平，建立学校之间的交流联系，鼓励城市教师去偏远地区支教，并保障支教教师的基础生活质量与基本权益，促进公共教育的区域均衡。三是应当借助社区的力量促进全民教育，加大社区公益图书馆的建设，动员社区居民积极参与，使读书活动进社区，营造良好的阅读氛围，推进全民阅读活动，提升社区教育的能力。四是要加强社区与学校之间联系，开拓学生的创新思维与实践能力，进一步促进素质教育的发展。

最后，在提升公共教育质量的同时，也需要呼吁社会和家庭重视劳动者非认知能力的培养，以发展的眼光看待人才的培养。随着科技的发展和人类文化的进步，教育对劳动者的影响与日俱增，相比于专业技能和认知性人力资本，非认知能力资本对劳动者的长远发展具有更为深刻的影响，劳动者需要有终身学习的毅力和决心，才能适应时代的快速发展，避免因为技能的更替而在市场上失去竞争力。因此，教育部门应当建立合理的人才培育观与社会评价体系，制定合理的教育干预政策，改变社会和家庭对子女的教育期望，注重青少年的全面发展，弱化家庭物质资本投入对劳动者人力资本积累的影响。提升非认知能力资本对劳动者经济收入的影响，破除唯分数论、唯文凭论的顽瘴痼疾。一方面帮扶弱势家庭子女依靠个人的努力获得良好的发展，使所有经济阶层的子女均能享受到公平而有质量的教育，另一方面为社会的全面发展提供多元化能力的储备人才，促进社会人才价值观的转变。

### 8.2.3　加强分配效率，助力教育扶贫

依据联合国发布的《2015年千年发展目标报告》，中国的极端贫困人口下降了4.2个百分点，是世界上减贫规模最大、率先实现联合国千年发展目标的国家。从2012年开始，我国开始实行农村和偏远地区的专项招生计划，给予弱势地区定额招生指标，提升弱势地区学生接受高等教育的概率，通过专项计划进入"双一流"高校的学生人数大约占据总人数的10%（张晓京，2019[292]）。同年，教育部宣布实施"三免一补"政策，免除新疆地区中等职

业院校学生的学校教育费用，并提供一定的生活补助，以此来支持新疆地区弱势学生的职业教育，保障他们的就业公平。此后，四川省、宁夏回族自治区等将该项政策在省内进行推广。上海市针对外来务工人员随迁子女实行中职院校学费减免政策，在推进本省职业教育发展的同时，提升弱势群体的机会公平。为了进一步推动贫困群体脱贫攻坚的内生驱动力，政府应当将精准扶贫、精准脱贫作为基本的方法策略，充分发挥公共教育在脱贫攻坚战上的积极作用。

首先，应当加强对农村地区与偏远地区的教育对口支援，教育的对口扶贫是摆脱经济贫困传递的良药。从 2006 年开始，我国开始实施九年义务教育，中国所有适龄的儿童，不分地区、性别、民族、收入阶层，都能享有受教育的权力，父母有责任落实子女小学、中学阶段的义务教育。然而在偏远山区，儿童辍学现象依然严重，甚至部分女童由于受到严重的性别歧视，无法享有法定的教育权力。因而当地政府应当针对教育意识缺乏的问题，对贫困家庭普及教育对子女发展的重要性，保障所有适龄儿童受教育的机会公平。通过对弱势教育地区进行专项帮扶，提升公共教育的回报率，可以帮助避免教育投资陷阱的产生，进一步促进贫困家庭子女人力资本的提升。

其次，应当对贫困家庭子女提供一定的生活补助。在保障贫困家庭子女健康状况，进一步提升弱势群体人力资本水平方面，学校膳食计划是已被证实的有效措施之一。目前，各国政府广泛采用学校膳食计划，以改善儿童健康营养和学校教育表现。20 世纪二三十年代，挪威在 26 个城市实施的营养早餐计划使居民人均受教育程度提高了 0.1 年，收入提高了 2 到 4 个百分点。20 世纪 60 年代，瑞典的一个类似项目将居民终生收入提高了大约 4 个百分点。而在发展中国家，学校膳食计划对儿童成长的短期影响更为多样，这是因为不同发展中国家实施的政策具有较大的差异性。印度最高法院实施了学校提供免费午餐的政策后，印度的入学率提升了 13 个百分点[293]。肯尼亚的学校膳食计划提高了学校参与度和学生学业水平[294]。而智利一项针对农村公立学校的高营养膳食计划却没有产生较大的效果。在发达国家，营养膳食计划产生的积极作用更加显著。英国学校改变了免费午餐的健康成分之后，改善了学生在数学、英语和科学方面的学习成果，减少了因疾病和健康原因导致的缺勤或者退学情况。美国的学校早餐计划则提高了学生在数学和阅读方面的学习成绩。

2011 年国务院针对农村地区学生首次启动营养改善计划，2016 年国家开始实行学生营养计划在全国贫困县域的全覆盖政策，旨在对贫困区县的学生实施普惠性福利政策。但是该项政策的受众人群为国务院扶贫小组办公室认定的国家贫困县，非贫困县或者是城市地区的贫困儿童则尚未涉及。因此，应当加大营养计划在全国的适用范围，以平衡不同经济阶层家庭的子女在幼年时期的发育差异。

除了营养膳食计划，另外一项与青少年权益息息相关的教育措施为校服规范制度。众所周知，通过统一着装来避免学生之间的服装攀比，可以有效削弱家庭经济差距对青少年心理健康的影响。然而，校服的购买也同样可能加重部分贫困家庭的经济负担。自 2006 年开始，教育部明确规定，中小学校不允许向学生强制收费购买教辅资料与学习用具，学生秉持自愿原则购买校服，并鼓励学校通过政府采购的方式向学生免费发放。近年来，不少地区围绕学生校服购买的问题推出了适合本地情况的惠民政策，如济南高新区自 2019 年秋季开始，免费向义务教育阶段学生提供校服，烟台莱州政府支付 700 万为义务教育阶段学生校服买单，山东省其他地区也在陆续试行这一政策。目前，国内各省份、各地市州对学生校服费用的减免政策并不统一，各地依据政府财政收支状况制定相关政策，但是并非全社会所有义务教育阶段学生都能享有校服免费的公共政策。虽然学校并未强制要求贫困学生购买统一的校服和教学用具，但是受限于家庭经济，而被社会区别对待也会间接导致群体隔离与排斥，对弱势家庭子女的心理健康产生较大的负面影响。因此，当地政府可以结合地区实际情况，以社区或村镇为单位，对居民家庭经济状况进行了解，对贫困家庭子女进行信息建档。学校可以针对弱势学生免费发放四季校服，一方面可以有针对性地对贫困家庭子女进行生活帮扶，同时也可以较大程度地缓解政府的财政压力。

## 8.3 深化市场改革，推动机制创新

### 8.3.1 推行财政分权，激发制度创新

相比于私营部门的"VIP"服务，社会公共服务由于受限于管理部门严

格的制度流程要求，存在效率偏低、服务质量相对较差的问题。提升公共服务的效率与质量，在推进职能部门政策创新与制度改革的同时，更加应当优先发动社会团体的力量，以人民需求为核心，借助社会团体的力量解决社会经济的难题。近年来，中国开始逐渐削弱私营部门在社会公共资源市场的准入壁垒，各级部门通过政府采购服务尝试获取私营部门的技术支持，提升市场的公开性，刺激劳动力的技术创新，缓解公共资源供给不足的状况。与此同时，加强职权部门与私营部门的社会交流，反向刺激公共部门的制度完善与改革，可以使社会生产活动更具活力。

首先，权力的下放有助于政府公共支出规模的提升与区域经济的有效增长（才国伟等，2010[295]），同时有利于资源市场的深化改革（袁渊等，2011[296]）。20世纪80年代以来，印度政府开始实行行政权力下放的制度，地方政府拥有教育的自由裁量权，以县为单位推行适合本县情况的公共基础教育投入与发展，以此来实现公共教育的协同发展。对基层政府实行行政分权与财政分权可以有效避免基层单位过度受限于上级行政单位的管辖，基层政府更多的裁量权给予了当地企业更宽松的政策环境，有助于当地的招商引资与企业的自主发展，激发弱势地区的活力，促进贫困地区的经济发展，增加政府的财政收入（刘冲等，2014[297]）。

其次，基层管理部门在鼓励私营部门共同参与社会公共服务活动的过程中，需要承担内部控制的财政风险，基层部门受制于风险管控，将有可能在经济活动中失去灵活性与创造性。上级部门应当适当放宽基层公共部门的财政裁量权，在保障行政权力的合理、合法、合规性的同时，保障基层职能部门的独立性，更加注重公共服务的经济与效率。

再次，政府应当适当扶持小型创业集体的发展，并为其社会活动提供更多的弹性空间，激发社会团体的公共服务意识，围绕工作绩效制定适当的激励措施，一方面对创业型劳动者提供足够的政策支持，另一方面促进公共服务质量的提升，消除部分公共部门结构性职能冗余对经济市场产生的不利影响。

### 8.3.2 强化竞争机制，提升市场活力

深化市场改革，创新就业机制，对贫困的高等教育毕业生进行就业帮扶

是提升高等教育回报率的重要内容。家境贫穷的高校毕业生由于市场资源相对匮乏，容易在就业市场缺乏较强的竞争力。虽然目前针对高校贫困生的经济状况，政府和高校分别制定了相应助学政策，缓解贫困家庭的学费负担，但是由于长时间的学费压力，导致高校毕业生在步入劳动力市场时，已经承担较大的贷款压力，出于迫切的就业心理压力，贫困生找到能充分发挥其人力资本工作的难度更大。

首先，政府应当保障经济市场的公平性，提高经济市场的透明度与有效性，消除垄断行业与垄断企业对社会资源的把控。一是要建立市场监管机制，塑造公平的竞争环境，提升劳动者自身人力资本对经济收入的影响。二是要避免行业间严重的技能溢价，提升基础行业的资源投入，保障低技能劳动者的收入水平，避免劳动者收入差距的进一步扩大。三是要提升市场的透明度，建立信息交流平台，完善信息传播机制，减轻劳动者信息不对称程度，打造良好的就业环境。

在市场化程度较低的行业，大型龙头企业或国企、央企几乎占有了绝大多数有利信息，外部竞争者难以进入市场，社会资本在劳动力市场产生的影响过大，权力较为集中，将导致社会流动性过低。因此，应当消除垄断行业与垄断企业对社会资源的把控，鼓励市场良性竞争，深化改革国有企业，推动市场的公开化与透明化。此外，应当进一步加快农村地区与偏远地区的信息化建设，借助互联网的资源共享，拉动农村地区的经济发展，促进互联网产业与实体经济的互融共进。目前部分农村地区由于受制于市场信息的滞后与销售渠道的有限，生产行业的发展遭遇诸多瓶颈，随着数字经济的蓬勃发展，生产行业联合电子商务融合发展成为未来互联网经济的主流趋势。政府应当鼓励传统行业创新发展机制、智能化生产方式、个性化服务定位，以实体生产为主体，完善数字化、网络化经营体制，促进农村地区实体经济提质增效。对于农村劳动者个体而言，借助互联网信息的普及，还可以实现劳动者技能的在线培训，一方面降低劳动者人力资本投入的成本，提升劳动者再教育的经济效率，另一方面可以拓展劳动者的就业思维，创造更多的就业机会，对城乡一体化协调发展具有重要意义。

其次，多方联动，建立贫困家庭能够参与的有效信贷金融机制，缩小家庭收入差距。由于贫困家庭资产总量较少，难以拥有房地产或者土地等固定资产，耐用品和现金成为了贫困人群的主要财富构成，而在传统的金融服务机构中，贫困家庭由于缺乏可抵押资产，在难以获得担保的情况，几乎无法获得必要的金融信贷服务，当不考虑金融资源有效分配时，一味加大金融机构的建立，扩大金融业务范围，将有利于经济收益向高收入人群流入，一定程度上损害了贫困人群的利益，加大收入差距。贫困家庭承受风险的能力较低，当发生不利事件时，贫困家庭需要借助金融市场的借贷服务来调节收入与消费的冲击。大多数研究者认为，在农村地区，贫困家庭是信贷市场的主要参与者，在满足日常生活、医疗消费的基础上，贫困家庭缺乏为子女进行额外人力资本投资的资金支持，除信贷约束之外，也缺乏相应的贷款偿还能力。因此，应当开展小额信贷扶贫项目，以贫困家庭为主要服务对象，提高弱势家庭金融服务可获得性，提升贫困地区金融信贷的有效性，扩大生产规模，缩小居民贫富差距。为贫困家庭信贷行为提供优惠政策，创新信贷产品，降低信贷利率，优化审批流程，为贫困家庭提供小额投资的机会。并强化贫困群体信贷风险预防，规范金融市场行为，加强贫困家庭风险防范和灾难应急培训，健全还贷机制，提升贫困家庭的贷款偿还能力。此外，开展教育扶贫借贷项目，帮助弱势家庭子女突破获取更高程度人力资本的资金限制，为劳动者自由发展提供平等的机会。

再次，应当形成以劳动者能力评价为标准的价值导向，为贫困家庭的子女提供公平的劳动环境。一方面，应当统筹城乡一体化均衡发展，加大贫困地区的公共服务，为农村偏远地区提供就业的绿色通道，保障就业信息的传递通畅。另一方面，应当对贫困劳动者进行精准识别，通过社区走访建立贫困档案，依据劳动者的经济状况和贫困程度进行界定，对不同的贫困劳动者分析贫困原因，并制定不同的扶贫方案，为贫困劳动者就业提供政策帮扶，使每一个贫困劳动者均能获得相对平等的就业机会。此外，应当加大社会职业培训学校建立的支持，加大资金投入，提供财政保障，降低贫穷家庭劳动者职业培训的学费压力，同时加大对贫困家庭子女的助学补助，帮助贫困学子顺利完成学业，减轻贫困高校毕业生的学贷压力，适当延长还贷周期，降低劳动者的就业压力，使每一个就业者都能充分地考虑其未来的职业规划，找到合适自身发展的职业和岗位，充分发挥人力资本的作用，提升人力资本的经济回报率。

最后，应当优化地方政府的考核机制。避免以经济发展为主要导向的评价方式，将区域经济的均衡发展作为考核的重要指标，完善官员的激励制度，强化地方政府的公共职能，提升公共服务效率，加强政府决策的民主公开化。

社会的代际收入流动是市场环境、劳动者自身资本因素与公共政策共同作用的结果。提升代际收入流动需要进一步优化资源配置，健全社会保障制度，兼顾效率与公平，协调区域均衡发展，同时更需要亿万中国人万众一心、众志成城的努力。当今中国社会在习近平新时代中国特色社会主义思想指导之下始终朝着有利于维护社会公平正义的方向前进，坚持以民为本，将人民的利益始终放在经济发展的各个环节。正如王文在《中国有能力跨越"中等收入陷阱"》中所说，中国有信心、有能力保持经济中高速增长，继续在实现自身发展的同时为世界带来更多发展机遇、增添更多发展动力。然而，社会流动性也并非越高越好，目前社会流动性与经济效率的最佳组合点并未达到研究者的共识，因此，必须避免一味牺牲经济效率以成全社会的收入流动举措，制定合理的公共政策，注重经济社会的发展规律，保障经济的稳定发展，最大限度地提升中下阶层劳动者的经济收入，削弱弱势家庭子女对家庭环境的依赖，均衡社会资源分配，提升劳动者的个人能力对就业市场的影响。

# 9 研究结论与展望

收入公平长期以来一直是社会、舆论、政府关注的焦点。缩小贫富差距，保障劳动者收入公平，促进经济的稳定增长，这一直都是政府制定公共政策的重要目标，收入的代际流动可以在一定程度上反映社会收入不平等的长期变化趋势，虽然对社会群体产生的影响并不如收入不平等指数那么直观，但是从研究角度看，代际收入流动比社会的总体收入差距更能反映社会的收入公平程度，如果劳动者的经济收入较大程度由自身能力决定，而不是依赖外部环境，那么即使收入的不平等较高，也是可以接受的。

社会代际收入流动的研究比普通的收入不平等研究对数据和模型的要求更高，需要将劳动者按照家庭单元进行一一匹配，获得父子的收入数据和其他相关经济特征数据。依托专业的学术机构和充足的研究资金，越来越多的微观数据库被应用于微观经济研究，北京大学中国社会科学调查中心执行的中国家庭追踪调查（CFPS）通过搜集个体、家庭和社区三个层面的数据，反映了中国社会、经济、人口、教育和健康的变迁，为学术研究和公共政策制定提供数据分析依据。本书参考了 CFPS 的面板数据结构，建立了相应的计量经济学模型，在国内外学者的文献研究基础上，对代际收入流动进行了估计，并从家庭、市场和公共政策三个方面探讨了代际收入流动的内部传递机制，解释了劳动者人力资本、社会资本、财富资本在收入的代际传递过程中产生的中介效用，分析了收入不平等与代际收入流动之间的交互影响，并尝试通过数值模拟探讨了在不同社会再分配比例之下，居民收入与代际流动的变化趋势。

## 9.1 主要研究结论

利用 CFPS（2016）最新微观数据库，本书利用三种模型对社会的代际收入流动进行了估计，并通过实证分析探讨了代际收入流动的内在传递机制。

本书的主要结论有以下几点：

（1）近年来，中国社会的代际收入流动依然相对较低，以子女人力资本、社会资本与财富资本为工具变量的代际收入弹性的 IV 估计为 0.322，城市的流动性低于农村，父女的代际收入传递程度高于父子。通过分位数回归发现，在 50 分位点上，收入的代际流动程度最高。将父子的经济收入从低到高分为 5 等份，依次分类为收入的 0%–20%、20%–40%、40%–60%、60%–80%、80%–100% 五个区间，最低水平收入组的家庭，子女经济收入停留在 0%–40% 收入区间的概率将近 50%，最高水平收入组的家庭，子女经济收入保持在 60%–100% 收入区间的概率将近 60%，处于收入分布函数两端的家庭呈现出较大的收入继承性，且高收入家庭的儿子继承父母经济地位的概率最大，而低收入家庭的女儿受父母经济状况的影响最大。

（2）从家庭层面来看，子女人力资本、社会资本与财富资本在代际收入传递过程中产生显著的中介作用，贡献率达到 40.92%。从城乡差异来看，农村地区父亲经济收入对子女经济收入影响的直接效应更大，而城市地区子女的人力资本与社会资本起到完全中介作用。从性别差异来看，人力资本与财富资本在父子的收入传递过程中产生显著的中介效应，贡献率为 19.72%，社会资本与财富资本在父女的收入传递过程中产生显著的中介效应，贡献率为 15.22%，且父女之间收入传递的直接效应更大。

（3）从市场环境方面来看，收入不平等对代际收入流动产生结构化的影响，机会不平等对代际收入流动起到抑制作用，而努力不平等有助于代际收入流动的提升。

（4）从公共政策的层面上来看，加大社会再分配比例，有助于社会资源的均衡分布，削弱外部环境对劳动者经济成就的影响，提升代际收入流动，但是社会整体经济发展水平将会降低，高能力劳动者的经济成就将被抑制。降低社会再分配比例，将提升优势家庭的产出能力，提升社会整体经济发展水平，但是外部环境对劳动者经济收入的影响将被加强，代际收入流动将会降低。经济的效率与公平无法同时达到最优。此外，适当提升税率，提高税收起征点，对低收入群体更为有利；降低税率，降低税收起征点，对高收入群体更为有利。

（5）通过国内外比较发现，中国的代际收入流动性在发展中国家排名靠前，在世界范围内排名居中，代际流动性依然需要进一步提升。虽然经济的效率与公平难以同时达最优，但是中国社会目前仍然需要大力发展经济水平，加大公共支出规模，政策的制定需要从有利于弱势群体提升经济收入的角度出发，提升公共教育质量与人力资本的市场回报率，从根本上带动收入的代际流动。

## 9.2 研究展望

本书对社会的代际收入流动进行了较为深入地分析，然而限于变量数据的可获得性与作者的研究水平，依然留下了很多不足需要在今后的研究中进一步地探索和弥补。

第一，本书所使用的北京大学中国社会科学调查中心公布的中国家庭追踪调查（CFPS 2016）数据库是目前已公开的具有较高数据质量、最新数据年限的微观数据库，是一项全国性、大规模多学科的社会跟踪调查项目，得到了广大学者的认同与使用。但是由于从 2010 年正式调查到 2016 年之间，有大量受访者进入调查和退出调查，因此本书所获取的面板数据库存在大量缺失数据，可用样本量受到限制，这在一定程度上对本书的数据分析产生了影响。

第二，本书将 2016 年样本子女的年龄限制在 31 岁到 46 岁之间，使子女的经济收入尽量接近其终生收入。但是由于劳动者终生收入的影响因素往往较为多样，估算方法也较为复杂，本书采用 2010 年到 2016 年 4 个观测年间劳动者的平均收入作为终生收入的估计值将会产生一定程度的偏差，为代际收入弹性系数的测算带来偏误。因此，探索更为合理和科学的方式对劳动者的终生收入进行估算是笔者在今后研究过程中需要努力的方向。

第三，代际收入流动的影响因素复杂多样，不仅包含劳动者的人力资本、社会资本与财富资本，同时包含劳动者个人遗传禀赋和其他非认知能力的影响。探索代际收入流动的内在传递机制可以帮助政府制定相应的政策，对弱势群体进行精准扶贫。本书仅从人力资本、社会资本与财富资本的视角进行研究具有明显的局限性，劳动者的非认知能力在资本的累积过程中起到至关重要的作用，不仅可以对劳动者职业选择产生影响，而且对劳动者人力资本的累积也产生长远的影响。有关非认知能力资本对劳动者经济收入的影响是笔者今后的一项研究内容。

第四，社会的再分配制度是一项非常复杂的系统，是包含社会保险、救助、补贴等一系列制度的总称，公共教育投入和税收仅是其中较小的一个组成部分，税收比例不足以对社会再分配政策进行准确描述。本书对劳动者的经济收入赋予一个或多个特定的税收比例，考虑不同税收比例下，劳动者经济收入和社会代际收入流动的动态变化趋势。这种税收比例对劳动者经济收入影响的均衡模型设定较为简单，并未对再分配政策进行结构化的讨论，政府在其他社会保险等方面的非生产性财政支出对代际收入流动的影响同样重要。这需要笔者在今后的研究过程中进行更进一步地探讨与分析。

# 参考文献

[1] Meng, X.. Economic Restructuring and Income Inequality in Urban China[J]. Review of Income and Wealth, 2004（50）: 357-379.

[2] Meng, X.. Wealth Accumulation and Distribution in Urban China[J]. Economic Development and Cultural Change, 2007（55）: 761-791.

[3] Benjamin, Dwayne, Loren Brandt, John Giles. The Evolution of Income Inequality in Rural China[J]. Economic Development and Cultural Change, 2005（53）: 769-824.

[4] Cheng, Y., Dai, J. Z.. Intergenerational Mobility in Modern China[J]. European Sociological Review, 1995（11）: 17-35.

[5] Yu, H., X. Liu. Did the Effect of Work Unit on Intergenerational Mobility in Urban China Decline? [J]. Sociology Studies（in Chinese）, 2004, 114.

[6] Wu, X.G., D.J.Treiman. The Household Registration System and Socia Stratificationin China: 1955-1996[J]. California Center for Population Research Online Working Paper, No. CCPR-00603, 2003.

[7] 严斌剑，王琪瑶. 城乡代际收入流动性的变迁及其影响因素分析[J]. 统计与决策，2014（17）: 91-95.

[8] 汪燕敏，金静. 中国劳动力市场代际收入流动研究[J]. 经济经纬, 2013（3）: 96-100.

[9] Cai, F., J. Giles, X. Meng. How Well do Children Insure Parents Against Low Retirement Income? Evidence from Urban China[J]. Journal of Public Economics, 2006（90）: 2 229-2 255.

[10] Takenoshita, H.. Intergenerational Mobility in East Asian Countries: A Comparative Study of Japan, Korea and China[J]. International Journal of Japanese Sociology, 2007（16）: 64-79.

[11] 李实. 中国收入分配研究回顾与展望[J]. 经济学（季刊），2003，2（2）: 379-404.

[12] 程永宏. 改革以来全国总体基尼系数的演变及其城乡分解[J]. 中国社会科学，2007（4）: 45-60.

[13] 徐晓红. 中国城乡居民收入差距代际传递变动趋势: 2002-2012[J]. 中国工商经济，2015（3）: 5-17.

[14] Lin, N., Y. J. Bian. Getting Ahead in Urban China[J]. American Journal of Sociology, 1991（97）: 657-688.

[15] Walder, A.G., B.B.Li, D.J.Treiman. Politics and Life Chances in a State Socialist Regime: Dual Career Paths into Urban Chinese Elite, 1949-1996[J]. American Sociological Review,

2000（65）：191-209.

[16] Bian，Y.，Chinese Social Stratification and Social Mobility[J]. Annual Review of Sociology，2002（28）：91-116.

[17] 汪燕敏. 收入代际转移决定因素的分解——来自中国营养与健康调查数据的观察[J]. 西华大学学报（哲学社会科学版），2013（05）：99-102.

[18] 张翼，薛进军. 中国的阶层结构与收入不平等[J]. 甘肃社会科学，2009（01）：1-6、53.

[19] 姚先国，赵丽秋. 中国代际收入流动与传递路径研究：1989-2000[M]. 浙江大学公共管理学院，2006.

[20] Deng Q.，Gustafsson B.，Li S.. Intergenerational Income Persistence in Urban China[J]. Review of Income and Wealth，2013，59（3）：416-436.

[21] Gong，H.，Leigh，A.，Meng，X. Intergenerational Income Mobility in Urban China[J]. Review of Income and Wealth，2012，58（3）：481-503.

[22] Zhang，Y.，Eriksson，T. Inequality of Opportunity and Income Inequality in Nine Chinese Provinces，1989-2006[J]. China Economic Review，2010，21（4）：607-616.

[23] Klanfer Jules. L'exclusion sociale[J]. Population，1968.

[24] Silver H. Social Exclusion and Social Solidarity：Three Paradigms[J]. International Labour Review，1994，133（5）.

[25] 孙炳耀. 转型过程中的社会排斥与边缘化——以中国大陆的下岗职工为例[C]，华人社会排斥与边缘性问题研讨会，2001年.

[26] 李斌. 社会排斥与中国城市住房制度改革[J]. 社会科学研究，2002（3）.

[27] Samuelson，P.A.. Foundations of Economic Analysis[M]. NewYork：Atheneum，1965.

[28] Chevalier，A.，Harmon，C.，Walker，I. Zhu，Y..Does Education Raise Productivity，or Just Reflect it[J]. Royal Economic Society，2004，114（499）：499-517.

[29] Spence，M. Job Market Signalling[J]. Quarterly Journal of Economics，1973（87）：355-374.

[30] 邱玉娜. 代际流动、教育收益与机会平等——基于微观调查数据的研究[J]. 经济科学，2014（01）：65-74.

[31] 李路路，朱斌. 当代中国的代际流动模式及其变迁[J]. 文化纵横，2015（05）：14.

[32] Corak，Miles. Income Inequality，Equality of Opportunity，and Intergenerational Mobility[J]. Journal of Economic Perspectives（American Economic Association）27，No. 3（2013）：79-102.

[33] Bound J，Johnson G.. Changes in the Structure of Wages in the 1980's：An Evaluation of Alternative Explanations[J]. American Economic Review，1992，82（3）：371-392.

[34] Mayer，Susan E.，Lopoo，Leonard M..Government Spending and Intergenerational Mobility [J]. Journal of Public Economics，2008（92）：139-158.

[35] Jäntti，Markus，Stephen P. Jenkins. Income Mobility[M]. In Handbook of Income Distribution Volume 2A，Anthony B. Atkinson and Francois Bourguignon，2015：807-936.

[36] Vogel，T. Reassessing Intergenerational Mobility in Germany and the United States：The Impact of Differences in Lifecycle Earnings Patterns. SFB Discussion Paper 2006-2055. Berlin：Humbolt University，2008.

[37] Lee, C. I., Solon, G. Trends in Intergenerational Income Mobility[J]. The Review of Economics and Statistics, 2009, 91（4）: 766–772.

[38] Dunn, C. E. The Intergenerational Transmission of Lifetime Earnings: Evidence from Brazil[J]. Journal of Economic Analysis & Policy, 2007, 7（2）(Article 5).

[39] 何石军, 黄桂田. 中国社会的代际收入流动性趋势: 2000～2009[J]. 金融研究, 2013（02）: 19–32.

[40] 韩军辉. 基于面板数据的代际收入流动研究[J]. 中南财经政法大学学报, 2010（04）: 21–25.

[41] 丁亭亭, 王仕睿, 于丽. 中国城镇代际收入流动实证研究——基于Jorgenson-Fraumeni未来终生收入的估算[J]. 经济理论与经济管理, 2016（07）: 83–97.

[42] 陈琳, 袁志刚. 中国代际收入流动性的趋势与内在传递机制[J]. 世界经济, 2012（06）: 115–131.

[43] 陈杰, 苏群. 中国代际收入流动性趋势分析: 1991-2011[J]. 安徽师范大学学报（人文社科版）, 2015（6）: 769–775.

[44] Guo, C., Min, W.. Research on the Relationship Between Education and Intergenerational Income Mobility of Chinese Urban Household[J]. Educational Research, 2007, 29（6）, 3–14(in Chinese).

[45] Sun, S., Huang, W., Hong, J.. Why Free Labor Migration is So Important?——Based on the Perspective of Intergenerational Income Mobility[J]. Economic Research Journal, 2012, 58（5）: 147–159(in Chinese).

[46] Solon, G.. Intergenerational Income Mobility in the United States[J]. American Economic Review, 1992（82）: 293–408.

[47] Mazumder, B.. Fortunate Sons: New Estimates of Intergenerational Mobility in the United States Using Social Security Earnings Data[J]. Review of Economics and Statistics, 2005（87）: 235–255.

[48] Bohlmark, A., M. J. Lindquist. Life-Cycle Variations in the Association Between Current and Lifetime Income: Replication and Extension for Sweden[J]. Journal of Labor Economics, 2006（24）: 878–896.

[49] Haider, S., G. Solon. Life-Cycle Variation in the Association Between Current and Lifetime Earnings[J]. American Economic Review, 2006（96）: 1 308–1 320.

[50] Nicoletti, C., J. F. Ermisch. Intergenerational Earnings Mobility: Changes Across Cohorts in Britain. B.E. Journal of Economic Analysis & Policy, 7(Contributions), Article 9, 2007.

[51] Grawe, N. D.. Life Cycle Bias in the Estimation of Intergenerational Earnings Persistence[J]. Labor Economics, 2006（13）: 551–570.

[52] Becker, G.S.. Human capital: A Theoretical and Empirical Analysis with Special Reference to Education[M]. University of Chicago Press, 1993.

[53] Yao, X., Zhao, L..Intergenerational Income Mobility and the Channels of Intergenerational Transmission in China: 1989–2000.LEPP working paper, 2007.

[54] Blumenthal, D., Hsiao, W.. Privatization and Its Discontents-The Evolving Chinese Health Care System[J]. New England Journal of Medicine, 2005（353）：1 165–1 170.

[55] Liu, J.. Expansion of Higher Education in China and Inequality in Entrance Opportunities： 1978–2003[J]. Society, 2006, 26（3）：158–209.

[56] Li, Y.. Institutional Change and Educational Inequality: Mechanisms in Educational Stratification in Urban China（1966–2003）[J]. Social Sciences in China, 2006, 27（4）：97–109.

[57] 杨新铭, 邓曲恒. 城镇居民收入代际传递现象及其形成机制——基于2008年天津家庭调查数据的实证分析[J]. 财贸经济, 2016（11）：47–61.

[58] 黄潇. 如何预防贫困的马太效应——代际收入流动视角[J]. 经济管理, 2014, 36（05）：153–162.

[59] Loury, G.. Intergenerational Transfers and the Distribution of Earnings[J]. Econometrica, 1981, 49（4）：843–867.

[60] Lucas, Robert E.B., Kerr, S.P.. International Income Immobility in Finland：Contrasting Roles for Parental Earnings and family Income[J]. Journal of Population Economics, 2013（26）：1 057–1 094.

[61] Moaz, Y., Moav, O.. Intergenerational Mobility and the Process of Development[J]. Economic Journal, 1999, 109（458）：677–697.

[62] Nakamura, T., Murayama, Y.. Education Cost, Intergenerational Mobility, and Income Inequality[J]. Economic Letters, 2011, 112（3）：266–269.

[63] Restuccia, D., Urrutia, C.. Intergenerational Persistence of Earnings：The Role of Early and College Education[J]. American Economic Review, 2004, 94（5）：1 354–1 378.

[64] Zhu, G., Vural, G.. Intergenerational Effect of Parental Time and Its Policy Implications. Working paper, 2012.

[65] Akbulut, M., Kugler, A.D.. Intergenerational Transmission of Health Status in the U.S. Among Natives and Immigrants. Mimeo[J]. University of Houston, 2007.

[66] Eriksson, T., Bratsberg, B., and Raaum, O.. Earnings Persistence Across Generations：Transmission Throughhealth? [J] Memorandum 35/2005.Oslo University, 2005.

[67] Currie, J., Moretti, E.. Biology as Destiny? Short and Long-run Determinants of Intergenerational Transmission of Birth Weight[J]. Journal of Labor Economics, 2007, 25（2）：231–264.

[68] Loureiro, M., Sanz-de-Galdeano, A., Vuri, D.. Smoking Habits：Like Fathers, Like Son, Like Mother, Like Daughter[J]. Oxford Bulletin of Economics and Statistics, 2010, 72（6）：717–743.

[69] 王晶. 农村市场化、社会资本与农民家庭收入机制[J]. 社会学究, 2013, 28（03）：119–144、244.

[70] Jacobos, Jane. The Death and Life of Great American Cities[M]. New York：Random House, 1961.

[71] Coleman, James S.. Commentary：Social Institutions and Social Theory[J]. American Sociological Review, 1990, 55（3）：333.

[72] Portes A . Social Capital：Its Origins and Applications in Modern Sociology[J]. Annual Review of Sociology，1998，24：1-24.

[73] Burt R S . The Continent Value of Social Capital[J]. Administrative Science Quarterly，1997，42（2）：339-365.

[74] 林南. 社会资本：关于社会结构与行动的理论 [M]. 上海：上海人民出版社，2005.

[75] 李春玲. 当代中国社会的声望分层——职业声望与社会经济地位指数测量 [J]. 社会学研究，2005（02）：74-102、244.

[76] 边燕杰. 城市居民社会资本的来源及作用：网络观点与调查发现 [J]. 中国社会科学，2004（03）：136-146、208.

[77] Lin Nan. A Theory of Social Structure and Action[M]. Cambridge University Press，2001.

[78] Zhang, Shuang, Ming Lu, Yuan Zhang. Does the Effect of Social Capital on Poverty Reduction Fall or Rise During Marketization? Evidence from Rural China[J]. China Economic Quarterly，2007,（2）：539-560.

[79] Loury，G.. A Dynamic Theory of Racial Income Differences. in A. Lemond and P. Wallace，eds., Women, Minorities, and Employment Discrimination, Lexington, MA：Lexington Books，1977，153-186.

[80] Granovetter, M.. The Sociological and Economic Approaches to Labor Market Analysis：A Social Structural View. in G. Farkas and P. England, eds., Industries, Firms, and Jobs, New York：Plenum Press，1988，187-216.

[81] Loury，G.. Intergenerational Transfers and the Distribution of Earnings[J]. Econometrica，1981，49（4）：843-867.

[82] Knight，John，Linda Yueh.The Role of Social Capital in the Labor Market in China. Department of Economics Discussion Paper. Oxford University，2002.

[83] Peng，Yusheng. Kinship Networks and Entrepreneurs in China's Transitional Economy[J]. The American Journal of Sociology，2004，109（5）：1 045-1 074.

[84] John R.Logan，边燕杰，关颖，卢汉龙，潘允康."Work Units" and the Commodification of Housing：Observations on the Transition to a Market Economy with Chinese Characteristics[J].Social Sciences in China，1997（04）：28-35、194.

[85] Li, Shuang, Ming Lu, Hiroshi Sato. The Value of Power in China：How Do Party Membership and Social Networks Affect Pay in Different Ownership Sectors[J]. World Economic Papers，forthcoming, 2008.

[86] 张昭时，钱雪亚. 城乡分割、工资差异与就业机会不平等——基于五省城镇住户调查数据的经验研究 [J]. 中国人口科学，2011（3）：34-41.

[87] 周兴，张鹏. 代际间的职业流动与收入流动——来自中国城乡家庭的经验研究 [J]. 经济学季刊.2014（1）：351-371.

[88] Li, Guo, Xiaobo Zhang. Does Guanxi Matter to Nonfarm Employment[J]. Journal of Comparative Economics，2003，31（2）：315-331.

[89] Bian, Yanjie. Guanxi Capital and Social Eating in Chinese Cities：Theoretical Models and

Empirical Analyses, in Nan Lin, Karen Cook, Ronald S Burt (eds.), Social Capital: Theory and Research, New York: Aldine de Gruyter, 2001.

[90] 边燕杰,李煜.中国城市家庭的社会网络资本[J].清华社会学评论,2000(2):1-18.

[91] 李实,佐藤宏,史泰丽.中国收入差距变动分析——中国居民收入分配研究Ⅳ[M].北京:人民出版社,2013,131.

[92] Kryshtanovskaya O.V.. Transformation of the Old Nomenklatura into a New Russian Elite[J]. Sociological Research, 1995, 34 (6): 6–26.

[93] 木志荣.国外创业研究综述及分析[J].中国经济问题,2007(6):53-62.

[94] 李雪莲,马双,邓翔.公务员家庭、创业与寻租动机[J].经济研究,2015(5):89-103.

[95] 吴一平,王健.制度环境、政治网络与创业:来自转型国家的证据[J].经济研究,2015(8):45-57.

[96] 李宏彬,孟岭生,施新政,吴斌珍.父母的政治资本如何影响大学生在劳动力市场中的表现?——基于中国高校应届毕业生就业调查的经验研究[J].经济学(季刊),2012,11(03):1 011-1 026.

[97] 胡咏梅,李佳丽.父母的政治资本对大学毕业生收入有影响吗?[J].教育与经济,2014(1):22-23.

[98] 谭远发.父母政治资本如何影响子女工资溢价[J].管理世界,2015(3):22-23.

[99] 李辉文,张质.教育、社会资本与个人收入——来自CHIPS数据的经验证据[J].湘潭大学学报(哲学社会科学版),2015,39(01):50-54、79.

[100] 樊平.社会流动与社会资本——当代中国社会阶层分化的路径分析[J].江苏社会科学,2004(01):28-35.

[101] 周晔馨.社会资本是穷人的资本吗?——基于中国农户收入的经验证据[J].管理世界,2012(07):83-95.

[102] Piketty, Thomas. Theories of Persistent Inequality and Intergenerational Mobility[J].In Handbook of Income Distribution, by Anthony B. Atkinson and Francois Bourguignon, 429476. Oxford: Elsevier B.V., 2000.

[103] Piketty, Thomas, Gabriel Zucman. Capital Is Back: Wealth-Income Ratios In Rich Countries 1700–2010. Quarterly Journal of Economics (Oxford University Press), 2014, 1 255-1 310.

[104] Roine, Jesper, Daniel Waldenström. "Income Mobility." In Handbook of Income Distribution Volume 2A, by Anthony B. Atkinson and Francois Bourguignon, 2015, 469–592.

[105] 李实,魏众,B.古斯塔夫森.中国城镇居民的财产分配[J].经济研究,2000(3):16-23.

[106] 刘建和,胡跃峰.基于家庭财富资本的居民收入代际传递研究[J].浙江金融,2014(09):11-16.

[107] 赵人伟,李实.中国居民收入差距的扩大及其原因[J].经济研究,1997(09):19-28.

[108] 袁磊.我国居民代际收入流动的实现路径——兼文献综述[J].经济问题探索,2016(11):173-181.

[109] Solon, G.. Intergenerational Mobility in the Labor Market. In O. Ashenfelter & D. Card (Eds.), Handbook of Labor Economics (Vol. 3, p. 1761–1800). Elsevier Science, 1999.

[110] Bowles S., Gintis H., Osborne M.. The Determinants of Earnings: A Behavioral Approach[J]. Journal of Economic Literature, 2001, 39 (4): 1 137–1 176.

[111] Currie, J..Inequality at Birth: Some Causes and Consequences[J].American Economic Review, 2011 (101): 1–22.

[112] 陈琳. 中国代际收入流动性的实证研究: 经济机制与公共政策 [D]. 复旦大学, 2011.

[113] Borjas G. J.. To Ghetto or Not to Ghetto: Ethnicity and Residential Segregation[J]. Journal of Urban Economics, 1998, 44 (2): 228–253.

[114] Sampson R. J.. Great American City: Chicago and the Enduring Neighborhood Effect[M]. University of Chicago Press, 2012.

[115] 王军鹏. 居住隔离视角下的邻里效应研究 [D]. 华中科技大学, 2018.

[116] 周东洋, 吴愈晓. 教育竞争和参照群体——课外补习流行现象的一个社会学解释 [J]. 南京师大学报 (社会科学版), 2018 (05): 84–97.

[117] 李国武, 陈姝妤. 参照群体、社会身份与位置考虑 [J]. 社会学评论, 2018, 6 (06): 3–15.

[118] Durlauf, S.N..Groups, Social Influence and Inequality: A Memberships Theory Perspective on Poverty Traps.Working papers from Wisconsin Madison–Social Systems, 2002, No.18.

[119] Chetty, R., Grusky, D., Hell, M., Hendren, N., Manduca, R., Narang, J.. The Fading American Dream: Trends in Absolute Income Mobility Since 1940 [J]. Science, 2017 (356): 398–406.

[120] Heckman, James J., Jora Stixrud, Sergio Urzua. The Efeect of Cognitive and Noncognitive Abilities on Labor Market Outcomes and Social Behavior[J]. Journal of Labor Economics, 2006, 24 (3): 411–482.

[121] McLanahan, Sara. Diverging Destinies: How Children Fare Under the Second Demographic Transition[J]. Demography, 2004 (41): 607–627.

[122] 杨穗. 中国农村家庭的收入流动与不平等 [J]. 中国农村经济, 2016 (02): 52–67.

[123] Ermisch John, Jäntti Markus, Smeeding Timothy and Wilson James. Advantage in Comparative Perspective. In: Ermisch, John; Jäntti, Markus; Smeeding, Timothy, editors. From Parents to Children. New York: Russell Sage, 2012, 3–31.

[124] Neckerman Kathryn, Torche Florencia. Inequality: Causes and Consequences[J]. Annual Review of Sociology, 2007 (33): 335–357.

[125] Solon Gary. A Model of Intergenerational Mobility Variation over Time and Place. In: Corak, Miles, editor. Generational Income Mobility in North America and Europe. Cambridge, MA: Cambridge University Press, 2004, 38–47.

[126] 周兴, 王芳. 中国城乡居民的收入流动、收入差距与社会福利 [J]. 管理世界, 2010 (05): 65–74.

[127] 权衡. 中国城乡居民收入流动性与长期不平等: 实证与比较 [J]. 上海财经大学学报,

2015，17（02）：4-19、113.

[128] Duncan, Otis Dudley. Path Analysis[J]. American Journal of Sociology, 1966（72）：1-16.

[129] Banerjee, A., Newman, A.Risk-bearing and the Theory of Income Distribution[J].Eview of Economic Studies，1991（58）：211-235.

[130] 赖德胜. 教育与收入分配 [M]. 北京：北京师范大学出版社，2000.

[131] 李菁，林毅夫，姚洋. 信贷约束、土地和不发达地区农户子女教育投资 [J]. 中国人口科学，2002（6）：10-26.

[132] 谢勇，李放. 贫困代际间传递的实证研究——以南京市为例 [J]. 贵州财经学院学报，2008（1）：94-97.

[133] Fields G.S.. Does Income Mobility Equalize Longer-term Income? New Measure of an Old Concept[J]. Journal of Economic Inequality, 2010, 8（4）：409-427.

[134] 黄仁伟，权衡. 基尼系数的局限性及其补充：中国经验 [J]. 学术月刊，2006（05）：17-21.

[135] 刘志国，James Ma. 收入流动性与我国居民长期收入不平等的动态变化：基于 CHNS 数据的分析 [J]. 财经研究，2017，43（02）：60-69、134.

[136] Roemer, John E..Equality of Opportunity, Harvard University Press, Cambridge, 1998.

[137] Alesina, Alberto, George-Marios Angeletos. Fairness and Redistribution[J]. American Economic Review, 2005, 95（4）：960-980.

[138] Bénabou, Roland, Jean Tirole. Belief in a Just World and Redistributive Politics[J]. Quarterly Journal of Economics, 2006, 121（2）：699-746.

[139] World Bank.World Development Report 2006：Equity and Development[M]，The World Bank and Oxford University Press，Washington，2006.

[140] Bourguignon, François, Francisco H. G. Ferreira, Marta Menéndez. Inequality of Opportunity in Brazil[J]. Review of Income Wealth, 2007, 53（4）：585-618.

[141] Marrero, Gustavo, Juan G. Rodríguez. Inequality of Opportunity and Growth[J]. Instituto de Estudio Fiscales and Departamento de Economía Aplicada, Universidad Rey Juan Carlos, Unpublished Manuscript, 2009.

[142] 方鸣. 代际收入流动性与收入不平等——基于面板数据联立方程模型的分析 [J]. 经济研究导刊，2014（29）：14-17.

[143] 李超，商玉萍，李芳芝. 中国居民收入差距对代际收入流动的影响研究 [J]. 云南财经大学学报，2018，34（01）：32-46.

[144] 李莹. 城乡居民收入流动对收入不平等的影响效应研究 [J]. 当代经济科学，2019，41（01）：47-55.

[145] Alderson Arthur, Beckfield Jason, Nielsen Francois. Exactly How Has Income Inequality Changed[J]. International Journal of Comparative Sociology, 2005（46）：405-423.

[146] Reardon Sean. The Widening Academic Achievement Gap Between the Rich and the Poor. In：Duncan, Greg；Murnane, Richard, editors. Whither Opportunity?. New York：Russell Sage，2011，91-116.

[147] Autor David, Katz Lawrence, Kearney Melissa. Trends in US Wage Inequality[J]. Review of Economics and Statistics, 2008（90）: 300-323.

[148] Barker Dean, Bernstein Jared. Getting Back to Full Employment[J]. Center for Economic and Policy Research, 2013.

[149] 王敏, 李茜. 教育深化、社会资本差异与我国代际收入公平——新"读书无用论"引发的思考[J]. 云南财经大学学报, 2008（5）: 107-111.

[150] 章奇, 米建伟, 黄季焜. 收入流动性与收入分配: 来自中国农村的经验证据[J]. 经济研究, 2007（11）: 123-138.

[151] Bloome D.. Income Inequality and Intergenerational Income Mobility in the United States[J]. Social Forces, 2015（93）: 1 047.

[152] Hout Michael, Janus Alexander. Educational Mobility in the United States Since the 1930s. In: Duncan, Greg; Murnane, Richard, editors. Whither Opportunity?. New York: Russell Sage, 2011, 165-186.

[153] Downey Douglas. When Bigger Is Not Better: Family Size, Parental Resources, and Children's Educational Performance[J]. American Sociological Review, 1995（60）: 746-761.

[154] Adriaan Kalwiji, Arjan Verschoor. Not by Growth Alone: The Role of the Distribution of Income in Regional Diversity in Poverty Reduction[J]. European Economics Review, 2007（51）: 805-829.

[155] Corak, M. Do Poor Children Become Poor Adults? Lessons From a Cross Country Comparison of Generational Earnings Mobility[J]. Research on Economic Inequality, 2006, 13（1）: 143-88.

[156] 权衡. 政府权力、收入流动性与收入分配——一个理论分析框架与中国经验[J]. 社会科学, 2006（5）: 64-73.

[157] 卢盛峰. 转型期中国财政再分配效应研究[D]. 武汉大学, 2013.

[158] Ravallion, M., Pro-poor Growth: A Primer[J]. Development Research Group, The World Bank, Washington DC, 2004.

[159] 徐俊武, 张月. 子代受教育程度是如何影响代际收入流动性的？——基于中国家庭收入调查的经验分析[J]. 上海经济研究, 2015（10）: 121-128.

[160] 徐英. 基于政府公共支出视角下的收入流动性研究[D]. 上海: 上海师范大学, 2013.

[161] 齐良书. 新型农村合作医疗的减贫、增收和再分配效果研究[J]. 数量经济技术经济研究, 2011（8）: 35-52.

[162] Iyigun, Murat F..Public Education and Intergenerational Economic Mobility[J].International Economic Review, 1999, 40（3）: 697-710.

[163] Hassler, J., J. V. Rodriguez Mora, and J. Zeira. Inequality and Mobility[J]. Journal of Economic Growth, 2007（12）: 235-259.

[164] Fernandez, Raquel, Richard Rogerson.Public Education and Income Distribution: A Dynamic Quantitative Evalution of Education-Finance Reform[J].The American Economic Review, 1998, 88（4）: 813-833.

[165] Schuknecht, L., Tanzi, V.. Reforming Public Expenditure in Industrialised Countries are

There Trade-offs [J] European Central Bank Working Paper Series 435，2005.
[166] Harberger, Amold C..Taxation and Income Distribution：myths and realities, in J.Alm, J.Matinez-Vazquez and M.Rider, eds., The Challenges of Tax Reform in a Global Economy，2006.
[167] Siqueira, R.B., J.R.Nogueira, H. Levy. The Effects of Federal Taxes and Benefits on Household Income in Brazil[J]. World Bank，2002.
[168] Edwin Goni, J.Humberto Lopez, Luis Serven. Fiscal Redistribution and Income Inequality in Latin America[J].World Development，2011，39（9）：1 558-1 569.
[169] 李永友，沈坤荣．财政支出结构、相对贫困与经济增长[J]．管理世界，2007（11）：14-26.
[170] 解垩．公共转移支付和私人转移支付对农村贫困、不平等的影响：反事实分析[J]．财贸经济，2010（12）：56-61.
[171] 岳希明，徐静，刘谦，丁胜，董莉娟．2011年个人所得税改革的收入再分配效应[J]．经济研究，2012（9）：113-124.
[172] Caminada, K., Goudswaard, K.. International Trends in Income Inequality and Social Policy[J].International Tax and Public Finance，2001，8（4）：395-415.
[173] Ocampo, J. A..Income Distribution, Poverty and Social Expenditure in Latin America[J]. CEPAL Review，1998（65）：7-14.
[174] James B. Davies, Jie Zhang, Jinli Zeng．Intergenerational Mobility under Private vs. Public Education[J].The Scandinavian Journal of Economics，2005，（9）：399-417.
[175] Bernasconi, M., P. Profeta. Redistribution or Education? The Political Economy of the Social Race[J]. CESifo Working Paper，2007.
[176] 魏颖．中国代际收入流动与收入不平等问题研究[M]．北京：中国财政经济出版社，2009.
[177] Andrea Ichino, Loukas Karabarbounis, Enrico Moretti. The Political Economy of Intergenerational Income Mobility[J]. Economic Inquiry, Western Economic Association International，2011，49（1）：47-69.
[178] 岳树民，卢艺，岳希明．免征额变动对个人所得税累进性的影响[J]．财贸经济，2011，（2）：18-24.
[179] Machin Stephen, Anna Vignoles. Education Inequality：The Widening Social-Economic Gap[J].Fiscal Studies，2004，25（2）：107-128.
[180] Machin Stephen. Education Expansion and Intergenerational Mobility in Britain. In：Woess-man Ludger Peterson Paul eds.，Schools and the Equal Opportunity Problem[M].MIT Press，2007.
[181] 陈琳．中国城镇代际收入弹性研究：测量误差的纠正和收入影响的识别[J]．经济学（季刊），2018，15（1）：33-52.
[182] 周波，苏佳．财政教育支出与代际收入流动性[J]．世界经济，2012（12）：41-61.
[183] 蒋乃华，黄春燕．人力资本、社会资本与农户工资性收入——来自扬州的实证[J]．农业经济问题，2006（11）：47-51、81.

[184] 谢勇. 人力资本与收入不平等的代际间传递[J]. 上海财经大学学报，2006（02）：51-58.

[185] 胡伟华. 人力资本代际转移研究进展[J]. 经济学动态，2013（6）：142-150.

[186] 王宇. 财富效应、人力资本和金融深化对农村家庭投资组合的影响研究——农村家庭金融市场参与的比较研究[J]. 经济经纬，2008（06）：133-137.

[187] 郭丛斌，闵维方. 中国城镇居民教育与收入代际流动的关系研究[J]. 教育研究，2007（05）：3-14.

[188] 秦雪征. 代际流动性及其传导机制研究进展[J]. 经济学动态，2014（09）：115-124.

[189] 唐可月. 教育在代际流动机制中的作用分析——基于中国家庭跟踪调查数据（CFPS）的分析[J]. 辽宁大学学报（哲学社会科学版），2019，47（06）：55-66.

[190] Narayan, Ambar van der Weide, Roy Cojocaru, Alexandru Lakner, Christoph Redaelli, Silvia Mahler, Daniel Ramasubbaiah, Rakesh Thewissen, Stefan. Fair Progress？：Economic Mobility Across Generations Around the World[M].World Bank，2018.

[191] 尹恒，李实，邓曲恒. 中国城镇个人收入流动性研究[J]. 经济研究，2006（10）：30-43.

[192] 王学龙，袁易明. 中国社会代际流动性之变迁：趋势与原因[J]. 经济研究，2015，50（09）：58-71.

[193] 阳义南，连玉君. 中国社会代际流动性的动态解析——CGSS 与 CLDS 混合横截面数据的经验证据[J]. 管理世界，2015（04）：79-91.

[194] 李力行，周广肃. 代际传递、社会流动性及其变化趋势——来自收入、职业、教育、政治身份的多角度分析[J]. 浙江社会科学，2014（05）：11-22、156.

[195] Eide, E., Showalter, M.. Factors Aecting the Transmission of Earnings Across Generations：A Quantile Regression Approach[J]. Journal of Human Resources，1999（34）：253-267.

[196] Peters, H. E.. Patterns of Intergenerational Mobility in Income and Earnings[J]. Review of Economics and Statistics，1992，456-466.

[197] Zimmerman, D.. Regression Toward Mediocrity in Economic Stature[J]. American Economic Review，1992（82）：409-429.

[198] Becker G., Tomes N.. Human Capital and the Rise and Fall of Families[J]. Journal of Labor Economics，1986（4）：1-39.

[199] Black S. E , Devereux P J . Recent Developments in Intergenerational Mobility[J]. Cepr Discussion Papers，2010，4（1）：1 487-1 541.

[200] Koenker R., Bassett G.. Regression quantiles[J]. Econometrica，1978（46）：33-50.

[201] 韩军辉. 我国居民代际收入流动性实证研究[D]. 西南交通大学，2011.

[202] Hammarstedt M., Palme M.. Human capital transmission and the earnings of second-generation immigrants in Sweden[J]. IZA Journal of Migration，2012，1（1）：4.

[203] Clark-Kauffman E., Duncan G J., Morris P..How Welfare Policies Affect Child and Adolescent Achievement[J]. American Economic Review，2003，93（2）：299-303.

[204] Philip Oreopoulos, Marianne Page, Ann Huff Stevens. The Intergenerational Effects of Worker Displacement[J]. Journal of Labor Economics，2008，26.

[205] 陈杰，苏群. 我国居民代际收入传递机制研究[J]. 江西社会科学，2015，35（05）：

74-80.

[206] 卓玛草, 孔祥利. 农民工代际收入流动性与传递路径贡献率分解研究[J]. 经济评论, 2016（06）：123-135.

[207] 龙翠红, 王潇. 中国代际收入流动性及传递机制研究[J]. 华东师范大学学报（哲学社会科学版）, 2014, 46（05）：156-164、183.

[208] Lord F. M., Novick M. R., Statistical Theories of Mental Test Scores[J]. Journal of the American Statistical Association, 1968（66）：335-651.

[209] Bjorklund, A., M. Lindahl, E.. Plug. The Origins of Intergenerational Associations：Lessons from Swedish Adoption Data[J]. Quarterly Journal of Economics, 2006, 121（3）：999-1028.

[210] Morris, P., G. J. Duncan, C. Rodrigues. Does Money Really Matter? Estimating Impacts of Family Income on Children's Achievement with Data from Random-Assignment Experiments. Working Paper（Evanston, IL：Northwestern University）, 2004.

[211] Dahl G. B., Lochner L.. The Impact of Family Income on Child Achievement[J]. Institute for Research on Poverty, 2005, 102（5）：56.

[212] Bowles, S., H. Gintis. The Inheritance of Inequality[J]. The Journal of Economic Perspectives, 2002, 7（16）：3-30.

[213] Cappelen A. W., S. Rensen E., Tungodden B . Responsibility for what? Fairness and Individual Responsibility[J]. European Economic Review, 2010, 54（3）：429-441.

[214] 文雯. 我国劳动收入机会平等性测算与分析[J]. 上海经济研究, 2020（01）：47-61.

[215] 林晶. 教育水平代际流动性会影响收入差距吗——基于机会不平等视角[J]. 经济研究参考, 2019（03）：56-64.

[216] 高国希. 机会公平与政府责任[J]. 上海财经大学学报, 2006（06）：3-10.

[217] 刘波, 胡宗义, 龚志民. 中国居民健康差距中的机会不平等[J]. 经济评论, 2020：1-19.

[218] Aizer, Anna, Janet Currie.The Intergenerational Transmission of Inequality：Maternal Disadvantage and Health at Birth[J]. Science, 2014, 344（6186）：856-861.

[219] Field, Erica, Omar Robles, Maximo Torero.Iodine Deficiency and Schooling Attainment in Tanzania[J]. American Economic Journal：Applied Economics, 2009, 1（4）：140-169.

[220] 孙三百. 机会不平等、劳动力流动及其空间优化[D]. 对外经济贸易大学, 2014.

[221] 范剑勇, 张雁. 经济地理与地区间工资差异[J]. 经济研究, 2009, 44（08）：73-84.

[222] 杨沫, 王岩. 中国居民代际收入流动性的变化趋势及影响机制研究[J]. 管理世界, 2020, 36（03）：60-76.

[223] 龚锋, 李智, 雷欣. 努力对机会不平等的影响：测度与比较[J]. 经济研究, 2017, 52（03）：76-90.

[224] 黄春华. 中国机会不平等、经济增长与教育作用[D]. 华中科技大学, 2016.

[225] Sen A.. Inequality Reexamined[M]. Harvard University Press, 1995.

[226] 陈晓东, 张卫东. 机会不平等与社会流动预期研究——基于 CGSS 数据的经验分析[J]. 财经研究, 2018, 44（05）：48-60.

[227] Van de Gaer, Dirk. Equality of Opportunity and Investment in Human Capital[D]. Katholieke Universiteit Leuven, 1993.

[228] Bourguignon, François, Francisco Ferreira, Marta Menendez. Inequality of Opportunity in Brazil[J]. Review of Income and Wealth, 2007, 53(4): 585–618.

[229] Checchi, Daniele, Vito Peragine. Inequality of Opportunity in Italy[J]. Journal of Economic Inequality, 2010, 8(4): 429–450.

[230] Lefranc, Arnaud, Nicolas Pistolesi, Alain Trannoy. Inequality of Opportunities vs. Inequality of Outcomes: Are Western Societies All Alike[J].Review of Income and Wealth, 2008, 54(4): 513–546.

[231] Ferreira, Francisco H. G., Jérémie Gignoux. The Measurement of Inequality of Opportunity: Theory and an Application to Latin America[J]. Review of Income and Wealth, 2011, 57(4): 622–657.

[232] Alams L., Cappelen A.W., Lind J. T., Sarensen E., Tungodden B.. Measuring Unfair Inequality[J]. Journal of Public Economics, 2011(95): 488–499.

[233] 雷欣, 程可, 陈继勇. 收入不平等与经济增长关系的再检验[J]. 世界经济, 2017, 40(03): 26–51.

[234] Duclos J.Y., Araar A.. Poverty and Equity: Measurement, Policy and Estimation with DAD[J]. New York, NY: Springer International Development Research Centre, 2006.

[235] 厉以宁. 论"反事实度量法"及其适用范围[J]. 经济科学, 1983(01): 52–59.

[236] R. 福格尔, 王薇. 历史学和回溯计量经济学[J]. 国外社会科学, 1986(08): 51–55.

[237] C. J. Gil-Hernández, I Marqués-Perales, S Fachelli. Intergenerational Social Mobility in Spain between 1956 and 2011: The Role of Educational Expansion and Economic Modernisation in a Late Industrialised Country[J]. Research in Social Stratification & Mobility, 2017(51): 14–27.

[238] T. Kotera, A Seshadri. Educational Policy and Intergenerational Policy[J]. Review of Economic Dynamics, 2017, 25.

[239] B. Callaway, W. Huang. Intergenerational Income Mobility: Counterfactual Distributions with a Continuous Treatment[J]. Detu Working Papers, 2018.

[240] 李任玉, 杜在超, 何勤英, 龚强. 富爸爸、穷爸爸和子代收入差距[J]. 经济学(季刊), 2015, 14(01): 231–258.

[241] 王学龙, 袁易明. 中国社会代际流动性之变迁: 趋势与原因[J]. 经济研究, 2015, 50(09): 58–71.

[242] Banerjee, Abhijit V., Rema Hanna, Gabriel E. Kreindler, Benjamin A. Olken. Debunking the Stereotype of the Lazy Welfare Recipient: Evidence from Cash Transfer Programs[J].The World Bank Research Observer, 2017, 32(2): 155–184.

[243] Meyer, Bruce D., Dan T. Rosenbaum.Welfare, the Earned Income Tax Credit, and the Labor Supply of Single Mothers[J]. The Quarterly Journal of Economics, 2001, 116(3): 1 063–1 114.

[244] Manoli, Day, Nick Turner. Do Notices Have Permanent Effects on Benefit Take-up[J]. Tax

Law Review, 2016 (70): 439.

[245] Molina-Millan, Teresa, Tania Barham, Karen Macours, John A. Maluccio, Marco Stampini. Long-term Impacts of Conditional Cash Transfers in Latin America: Review of the Evidence[J]. IDB Publications (Working Papers), 2016.

[246] Restuccia D., Urrutia C..Intergenerational Persistence of Earnings: The Role of Early and College Education[J].American Economic Review, 2004, 1 354–1 378.

[247] Annabi N., Harvey S., Lan Y.. Public Expenditures on Education, Human Capital and Growth in Canada: An OLG Model Analysis[J]. Journal of Policy Modeling, 2011, 33 (6): 852–865.

[248] 郭庆旺, 贾俊雪. 公共教育政策、经济增长与人力资本溢价[J]. 经济研究, 2009 (10): 23–36.

[249] 徐丽, 杨澄宇, 吴丹萍. 教育投资结构对居民收入代际流动的影响分析——基于OLG模型的政策实验[J]. 教育经济评论, 2017 (04): 38–64.

[250] Castello-Climent, Amparo, Rafael Domenech. Human Capital and Income Inequality: Some Facts and Some Puzzles[J]. BBVA Research Working Paper, 2017.

[251] Piraino, Patrizio. Intergenerational Earnings Mobility and Equality of Opportunity in South Africa[J]. World Development, 2015, 67: 396–405.

[252] Hertz T.. A group-specific measure of intergenerational persistence[J]. Economics Letters, 2008, 100 (3): 0–417.

[253] Rao, Vijayendra. On 'Inequality Traps' and Development Policy[R]. World Bank, 2006.

[254] Im, Fernando, Sandeep Mahajan, Allen Dennis, Sailesh Tiwari, Alejandro Hoyos Suarez, Shabana Mitra, Phindile Ngwenya, Ambar Narayan. South Africa Economic Update: Focus on Inequality of Opportunity[R]. World Bank, 2012.

[255] Daruich, Diego. The Macroeconomic Consequences of Early Childhood Development Policies[J]. University of Chicago Working paper, 2018.

[256] Atkinson A. B., François Bourguignon. Introduction: Income Distribution Today[J]. Handbook of Income Distribution, 2015, 2: xvii–xiv.

[257] 牟欣欣. 中国公共教育支出对代际收入流动性的影响研究[D]. 辽宁大学, 2018.

[258] Maoz Y. D., Moav O.. Intergenerational Mobility and the Process of Development[J]. Economic Journal, 1999, 109 (458): 677–697.

[259] Becker G S, Kominers S D, Murphy K M, et al. A Theory of Intergenerational Mobility[J]. Journal of Political Economy, 2018, 126 (1): 7–25.

[260] Heckman J. J., Mosso S.. The Economics of Human Development and Social Mobility[J]. Annual Review of Economics, 2014, 6 (1): 689–733.

[261] Lustig N.. Fiscal Policy, Income Redistribution and Poverty Reduction in Low and Middle Income Countries[J]. Ssrn Electronic Journal, 2017.

[262] Bastagli, Francesca, David Coady, Sanjeev Gupta.Fiscal Redistribution in Developing Countries: Policy Issues and Options[J]. Inequality and Fiscal Policy, 2015, 57–76.

[263] Sabirianova Peter K., Buttrick S., Duncan D.. Global Reform of Personal Income Taxation, 1981–2005: Evidence from 189 Countries[J]. National Tax Journal, 2010, 63(3): 447–478.

[264] Erosa A., Koreshkova T.. Progressive Taxation in a Dynastic Model of Human Capital[J]. Journal of Monetary Economics, 2007, 54(3): 667–685.

[265] Piketty T., Saez E.. Stantcheva S.. Optimal Taxation of Top Labor Incomes: A Tale of Three Elasticities [J]. Cepr Discussion Papers, 2014.

[266] Martine Guerguil. Fiscal Monitor: Public Expenditure Reform: Making Difficult Choices[R]. International Monetary Fund, 2014.

[267] Gupta, Sanjeev, Michael Keen, Alpa Shah, Geneviève Verdier. Digital Revolutions in Public Finance[R]. International Monetary Fund, 2017.

[268] IMF (International Monetary Fund). Fiscal Monitor: Taxing Times[R]. International Monetary Fund, 2013.

[269] François Bourguignon. The Globalization of Inequality[J]. Economics Books, 2015, 1(3): 1 845–1 881.

[270] Eyraud, Luc. The Wealth of Nations: Stylized Facts and Options for Taxation[R]. Inequality and Fiscal Policy, 2015, 121–137.

[271] Boadway, Robin, Emma Chamberlain, Carl Emmerson. Taxation of Wealth and Wealth Transfers[C].Dimensions of Tax Design: The Mirrlees Review, 2010, 737–814.

[272] Wright, Erik Olin. Two Redistributive Proposals–Universal Basic Income and Stakeholder Grants[J].Focus, 2006, 24(2): 5–7.

[273] Fiszbein, Ariel, Norbert Schady, Francisco H. G. Ferreira, Margaret Grosh, Niall Keleher, Pedro Olinto, Emmanuel Skoufias. Conditional Cash Transfers: Reducing Present and Future Poverty[C]. World Bank Policy Research Report, 2019.

[274] Haushofer, Johannes, Jeremy Shapiro. The Short-term Impact of Unconditional Cash Transfers to the Poor: Experimental Evidence from Kenya[J]. The Quarterly Journal of Economics, 2016, 131(4): 1 973–2 042.

[275] Figueroa, José Luis, Dirk Van de Gaer. Did Progresa Reduce Inequality of Opportunity for School Reenrollment? [J]. Economic Development and Cultural Change, 2019.

[276] Barham, Tania, Karen Macours, John A. Maluccio. Are Conditional Cash Transfers Fulfilling their Promise? Schooling, Learning, and Earnings after 10 Years[J]. CEPR Discussion Paper, 2017.

[277] Behrman J. R., Parker S. W., Todd P. E.. Do Conditional Cash Transfers for Schooling Generate Lasting Benefits?: A Five-Year Followup of PROGRESA/Oportunidades[J]. The Journal of Human Resources, 2011, 46(1): 203–236.

[278] Filmer, Deon, Norbert Schady. The Medium-Term Effects of Scholarships in a Low-Income Country[J]. Journal of Human Resources, 2014, 49(3): 663–694.

[279] Araujo, M. Caridad, Mariano Bosch, Norbert Schady. Can Cash Transfers Help Households Escape an Inter-Generational Poverty Trap?[C]. The Economics of Poverty Traps, 2017.

[280] Aizer, Anna, Shari Eli, Joseph Ferrie, Adriana Lleras-Muney. The Long-Run Impact of Cash Transfers to Poor Families[J]. American Economic Review, 2016, 106(4): 935-971.

[281] Michelmore K., Bastian J.. The Long-Term Impact of the Earned Income Tax Credit on Children's Education and Employment Outcomes[J]. Journal of Labor Economics, 2018, 36(4).

[282] Dahl, Gordon B., Lance Lochner. The Impact of Family Income on Child Achievement: Evidence from the Earned Income Tax Credit[J]. American Economic Review, 2012, 102(5): 1 927-1 956.

[283] Aakvik, Arild, Kjell G., Salvanes, Kjell Vaage. Measuring Heterogeneity in the Returns to Education Using an Education Reform[J]. European Economic Review, 2010, 54(4): 483-500.

[284] 聂海峰, 岳希明. 间接税归宿对城乡居民收入分配影响研究[J]. 经济学（季刊）, 2012, 12（01）: 287-312.

[285] 高培勇. 中国税收持续高速增长之谜[J]. 经济研究, 2006（12）: 13-23.

[286] 周黎安, 刘冲, 厉行. 税收努力、征税机构与税收增长之谜[J]. 经济学（季刊）, 2012, 11（01）: 1-18.

[287] 吕冰洋, 李峰. 中国税收超GDP增长之谜的实证解释[J]. 财贸经济, 2007（03）: 29-36.

[288] 孔令帅. 教育均衡发展与政府责任——试论印度政府在基础教育均衡发展中的作用[J]. 比较教育研究, 2010, 32（05）: 48-52.

[289] 刘生龙. 教育和经验对中国居民收入的影响——基于分位数回归和审查分位数回归的实证研究[J]. 数量经济技术经济研究, 2008（04）: 75-85.

[290] 简必希, 宁光杰. 教育异质性回报的对比研究[J]. 经济研究, 2013, 48（02）: 83-95.

[291] 邹薇, 程波. 中国教育贫困"不降反升"现象研究[J]. 中国人口科学, 2017（05）: 12-28.

[292] 张晓京. 凝练教育扶贫的中国经验[N]. 光明日报, 2019（1）: 13.

[293] Jayaraman, Rajshri, Dora Simroth. The Impact of School Lunches on Primary School Enrollment: Evidence from India's Midday Meal Scheme[J]. The Scandinavian Journal of Economics, 2015, 117(4): 1 176-1 203.

[294] Vermeersch C., Kremer M.. Schools Meals, Educational Achievement and School Competition: Evidence from a Randomized Evaluation[J]. Policy Research Working Paper, 2005.

[295] 才国伟, 黄亮雄. 政府层级改革的影响因素及其经济绩效研究[J]. 管理世界, 2010（08）: 73-83.

[296] 袁渊, 左翔. "扩权强县"与经济增长：规模以上工业企业的微观证据[J]. 世界经济, 2011, 34（03）: 89-108.

[297] 刘冲, 乔坤元, 周黎安. 行政分权与财政分权的不同效应：来自中国县域的经验证据[J]. 世界经济, 2014, 37（10）: 123-144.